Rolf H. Ruhleder · Methoden
Arbeitstechniken – Rhetorik – Streßbewältigung

Dipl.-Kfm.
Rolf H. Ruhleder (Herausgeber)

Methoden

Arbeitstechniken – Rhetorik – Streßbewältigung

Fünfte, durchgesehene Auflage

VOGEL Buchverlag Würzburg

ROLF H. RUHLEDER
geb. am 2. 10. 1944, führt Seminare in Rhetorik, Unterneh-
mensführung, Marketing und Verkaufstraining durch. Er
trainiert Unternehmer, Topmanager und Spitzenpolitiker.
Mehr als 600 Artikel – Ergebnisse seiner Seminartätigkeit –
wurden in diversen Magazinen veröffentlicht.
Nach seinem Studium der Volks- und Betriebswirtschaftslehre war er in der Verkaufsleitung in einem Unternehmen
der Investitionsgüter-Industrie, danach der Marketingleiter
der Akademie für Führungskräfte der Wirtschaft e. V. in Bad
Harzburg und ist jetzt Geschäftsführer des Management-
Instituts Ruhleder.

CIP-Titelaufnahme der Deutschen Bibliothek

Ruhleder, Rolf H.:
Methoden. Arbeitstechniken – Rhetorik –
Streßbewältigung/Rolf H. Ruhleder (Hrsg.).
5. Aufl. – Würzburg: Vogel, 1990
(Reihe Management)
Bis 3. Aufl. u. d. T.: Management-Wissen Methoden
ISBN 3-8023-0672-4
NE: Ruhleder, Rolf H. [Hrsg.]

ISBN 3-8023-0672-4
5. Auflage. 1990
Printed in Germany
Copyright 1980 by Vogel Verlag und Druck KG, Würzburg
Herstellung: Alois Erdl KG, Trostberg

Vorwort

In diesem Band sind die wichtigsten und interessantesten Beiträge zusammengefaßt, die aus dem Methodenbereich in 7 Jahrgängen der Zeitschrift «Management-Wissen» veröffentlicht wurden. Sie können unter den Oberbegriff Selbstmanagement zusammengefaßt werden.

Fast alle Beiträge dieses Bandes beschäftigen sich im Grunde genommen mit der «Kunst der Selbstbehandlung». Mit der richtigen Einstellung zu sich selbst und den anderen beginnt jeder Erfolg.

Am Anfang stehen Arbeitsorganisation und Arbeitstechnik des Managers, ein meist vernachlässigtes Gebiet. Mit der Flucht in Tagesarbeit und Routinefälle drückt man sich vor den eigentlichen Management-Aufgaben. Welche das sind, zeigt eine umfassende Übersicht in Form einer Checkliste zur Managementmethodik. Alle Beiträge des ersten Kapitels sollen und können dabei helfen, im Bereich der eigenen Arbeitstechnik Schwachstellen zu erkennen und diese abzubauen.

Ein ebenso wichtiges Merkmal des erfolgreichen Managers ist die Fähigkeit zur Kommunikation. Er muß nicht nur bei vielen kleinen und großen Anlässen Reden halten, oft genug aus dem Stegreif, er muß auch genauso geschickt und erfolgreich verhandeln und diskutieren können. Tröstlich dabei zu wissen, daß auch beim Reden noch kein Meister vom Himmel gefallen ist und auch gestandene Manager vor solchen Situationen manchmal Lampenfieber haben. Dagegen kann man etwas tun. Je besser man vorbereitet ist und je mehr man erprobte Grundregeln kennt, um so erfolgreicher wird man dabei sein. Ebenso ist die Verhandlungstechnik eine klassische Kunst, die man erlernen kann.

Wenn man die Erkenntnisse und Hinweise aus den beiden ersten Kapiteln beherzigt, dann sollte der Streß eigentlich kein Thema mehr sein. Doch wer ist schon frei davon? Wie man damit fertig wird, zeigen verschiedene Beiträge in Kapitel 3. Dazu gehören auch Gesundheit und Urlaub. Das Buch endet schließlich mit dem sehr nachdenklichen Beitrag eines anerkannten Lebensphilosophen. Sein Fazit: Nichts ändert sich – außer wir ändern uns!

Ein bißchen dazu beitragen möchte auch dieser Band aus der Reihe «Management-Wissen», denn erfolgreiches Management beginnt bei sich selbst.

Bad Harzburg   *Rolf H. Ruhleder*

Inhaltsverzeichnis

Kapitel 1

ARBEITSTECHNIKEN UND MANAGEMENT-METHODEN

Die eigene Arbeitsorganisation und Selbstkontrolle

Von Parkinson stammt die Feststellung, daß jede Bürotätigkeit beliebig dehnbar ist. Daraus folgt der Umkehrschluß, daß jede Büroarbeit – wenn auch nicht beliebig, so doch bis zu einem gewissen Optimum – auch verkürzbar sein muß. Bei steigender Arbeitslast wird die Zeit für die einzelne Arbeit immer kürzer. Es müssen also Mittel und Wege gefunden werden, daß dennoch eine effektive Arbeitsleistung hervorgebracht wird, nicht durch härteres, sondern durch klügeres Arbeiten. «Work smarter, not harder» ist dafür eine einprägsame Formel aus Amerika.

Der eigene Aufgabenbereich

Zu den Aufgaben eines jeden Vorgesetzten gehört es, seine Mitarbeiter zu kontrollieren und Anregungen zu geben für eine rationellere Arbeitsweise. Er unterstellt dabei meist für sich selbst, daß er selbstverständlich effektiv und rationell arbeitet, und fragt sich nie oder nur selten, ob das auch wirklich der Fall ist. Würde er sich einmal ehrlich und objektiv selbst beurteilen, wäre er sicherlich überrascht, wieviel Leerlauf und unnütze Arbeit in seinem eigenen Aufgabenbereich vorhanden sind, die durch geeignete Maßnahmen verhindert werden könnten. Aber dazu benötigt man geeignete Kontrollmethoden und auch eine Portion Selbstdisziplin.

Es bedarf zunächst einer Erfassung des eigenen Aufgabenbereichs mit der bewährten Formel «Ist – Soll – Also».

D.h.:

1. Feststellen der Aufgaben,
2. Ermittlung dessen, was man tatsächlich tut,
3. Vergleich zwischen gestellten und erfüllten Aufgaben = Grad der Leistungserfüllung.

Um den Grad der Leistungserfüllung zu verbessern und die eigene Arbeit noch mehr zu rationalisieren, ist folgender Stufenweg sinnvoll:

Ist-Zustand ermitteln → Analyse durchführen → Plan aufstellen → Soll-Zustand erreichen.

Dabei sind alle vorliegenden betrieblichen Richtlinien wie das Organisationsbuch, die Stellenbeschreibung, Arbeitsanweisungen und dergleichen selbstverständlich zu berücksichtigen.

Analyse und Beurteilung der Tätigkeit

Wir verstehen die Kontrolle nicht als eine Daueraufgabe, sondern als eine Stichprobe. Demzufolge ist auch die Selbstkontrolle nicht permanent durchzuführen, aber doch für einen gewissen Zeitraum, der dann als Beispiel gilt und die Akzente setzen kann für eine eigene klügere Arbeitsweise.

Bei der Analyse der eigenen Tätigkeit wird festgestellt, welche Tätigkeiten immer wiederkehren (Daueraufträge), welche in unregelmäßigen Abständen auftreten und sich nicht wiederholen (Einzelaufträge) und wieviel Zeit jeweils beansprucht wird. Dies geschieht am besten anhand einer Tätigkeits- und Terminliste.

Nach den individuellen Bedürfnissen kann diese Liste selbstverständlich auch anders gegliedert sein. Interessant ist übrigens, daß kaum jemand noch exakt angeben kann, was er vor 14 Tagen getan hat, wenn man ihn danach fragt. Insofern ist eine solche Liste auch eine Art eigener Rechenschaftsbericht, obgleich der erfahrene Mitarbeiter bei Routinearbeiten sicher auch ohne Liste weiß, wann er periodisch wiederkehrende Aufträge zu erfüllen hat. Allerdings weiß kaum jemand exakt anzugeben, welchen Zeitaufwand er für eine bestimmte Arbeit benötigt hat. Deshalb ist die Erfassung des Zeitaufwands besonders wichtig. Wer seine

Arbeitszeit besser nutzen will, muß wissen, für welche Arbeiten der Zeitaufwand am höchsten ist, und versuchen, hier mit Rationalisierungsmaßnahmen anzusetzen.

Nach der Erfassung der ausgeführten Tätigkeiten folgt als nächster und ganz wesentlicher Schritt die Beurteilung der Tätigkeiten: Man lege sich dabei beispielsweise die folgenden Fragen vor:

- ☐ Muß diese Arbeit überhaupt durchgeführt werden?
- ☐ Muß ich sie machen oder gehört sie eigentlich gar nicht in meinen Aufgabenbereich?
- ☐ Muß ich diese Arbeit oft ausführen und brauche ich dazu so viel Zeit?
- ☐ Welche Arbeit war besonders nützlich, welche überhaupt nicht?

Viele Arbeiten halten eigentlich einer kritischen Prüfung nicht stand. Nicht alle Besprechungen sind notwendig, viele Aktennotizen überflüssig. Oft genügen Monatsstatistiken anstelle von Wochenstatistiken – die Beispiele lassen sich beliebig verlängern.

Es sei auch die Frage erlaubt, ob das, was an schriftlichen Unterlagen in einem Büro produziert wird, überhaupt von jemandem gelesen wird. Ein provokativer Rat: Wer etwa Wochenberichte über Verkaufserfolge, Kundenbesuche oder dergleichen zu verfassen hat, lasse einmal eine Woche ausfallen. Wenn der Empfänger nicht reklamiert, ist der Beweis erbracht, daß der mühsam erstellte und zeitraubende Bericht eigentlich vergeblich ist. Dann sollte man schnellstens einen entsprechenden Verbesserungsvorschlag machen. Eine Arbeit, die man nicht tut, war auch nie vergeblich und man kann die so gewonnene Zeit wahrscheinlich effektiver verwenden.

Hier spielt also besonders die Frage der Häufigkeit periodisch wiederkehrender Arbeiten eine wesentliche Rolle. Auch hierfür Beispiele:

- ☐ Müssen die Vertreter wirklich täglich berichten?
- ☐ Müssen Geschäftswagen täglich gewaschen werden?
- ☐ Müssen von jeder Besprechung Protokolle angefertigt werden?
- ☐ Muß die Post viermal täglich zugeleitet werden?
- ☐ Müssen die Büros jeden Tag gesäubert werden?

Um die Zeit richtig in den Griff bekommen zu können, ist eine exakte Terminplanung notwendig. Dabei muß man allerdings berücksichtigen, daß man nicht immer Herr seiner Zeit ist. Besprechungen, die der Chef ansetzt, haben Vorrang. Wenn es sich ermöglichen läßt, sollten allerdings im allseitigen Einvernehmen für ständig wiederkehrende Besprechungen oder Konferenzen feststehende Termine eingeführt werden, so daß der Mitarbeiter über die übrige Zeit selbst verfügen kann, also etwa: Postkonferenz jeden Tag von 9 bis 10 Uhr, Verkaufsleitersitzung jeden Freitag oder dergleichen. Der gute Chef vermeidet es ohnehin, seine Mitarbeiter dauernd zu stören, nur weil er einen neuen Gedanken hat und den Zwang verspürt, diesen sofort loswerden zu müssen.

Ein anderes Problem sind die unnötigen Wartezeiten. Eine Besprechung kann nicht beginnen, weil ein Teilnehmer sich verspätet. Vielleicht müssen deshalb fünf andere warten. Pünktlichkeit ist nicht nur ein Gebot der Höflichkeit, sondern auch der rationellen Arbeitsweise. Zeit ist Geld, und die sollte man nicht sich und anderen stehlen. Sind Wartezeiten durch irgendwelche Ereignisse unumgänglich, sollte man versuchen, diese Zeiten sinnvoll zu nutzen.

Arbeitsvorbereitung

Eine Arbeitsvorbereitung ist im technischen Betrieb selbstverständlich, sie ist aber auch für die Büroarbeit sinnvoll. Wer ohne Überlegung und Vorbereitung an eine Aufgabe herangeht, wird diese Aufgabe weder schnell noch gut lösen. Folgende Punkte sind für die Arbeitsvorbereitung im Büro wichtig:

- ☐ Welche Zeit benötige ich für die Aufgabe?
- ☐ Was wird erwartet und wie kann die Aufgabe gelöst werden?
- ☐ Wie perfekt muß die Lösung sein?
- ☐ Welche Unterlagen und welches Material werden benötigt?
- ☐ Welche Unklarheiten müssen vor Inangriffnahme der Aufgabe noch geklärt werden?

Neben der Arbeitsvorbereitung gelten auch Regeln für die Arbeitserleichterung, die zwar selbstverständlich klingen, aber dennoch meist nicht beherzigt werden. Wendet man diese Regeln an, läßt sich jede Arbeit – auch im Büro – schneller und leichter erledigen. Die wichtigsten Regeln lauten:

☐ Man konzentriere sich auf eine Aufgabe und versuche nicht, mehrere Dinge gleichzeitig zu tun.

☐ Man erledige eine Aufgabe möglichst sofort von Anfang bis Ende. Muß man eine Aufgabe mehrmals mit Unterbrechungen beginnen, so muß man sich stets von neuem einarbeiten und konzentrieren. Das kostet Zeit und Nervenkraft.

☐ Man trenne Wesentliches von Unwesentlichem und bearbeite nur das Notwendige. Dazu gehört der Mut, alles zu vernachlässigen, was nicht unbedingt wichtig ist, und bewußt manche Dinge unbearbeitet zu lassen.

☐ Man halte die Ergebnisse von Denkprozessen und Besprechungen in Stichworten schriftlich fest. Was aufgeschrieben ist, braucht nicht mehr das Gedächtnis zu belasten.

☐ Man sammele wichtige Informationen. Was andere schon vorher gedacht haben, braucht man nicht selbst noch einmal zu erarbeiten.

☐ Man versuche, für seine Arbeiten ein Denkschema zu erarbeiten, etwa in Form einer Checkliste. Dadurch gerät nichts in Vergessenheit, das Arbeitsergebnis erfolgt schneller und ist qualitativ besser.

Normung und Programmierung

In der industriellen Produktion ist Normung selbstverständlich, desgleichen die Programmierung in der Datenverarbeitung. Aber auch bei allgemeiner Büroarbeit lassen sich diese Begriffe sinnvoll einsetzen. Auch hierfür einige Beispiele:

Vertreter brauchen nicht langatmige Besuchsberichte zu schreiben, sondern erhalten ein vorgedrucktes Formblatt, in dem sie die wichtigsten Punkte nur anzukreuzen brauchen.

Häufig wiederkehrende Brieftexte werden gesammelt und zu einer «Baustein»-Korrespondenz zusammengestellt (programmierte Textverarbeitung).

Für bestimmte Fälle (z.B. Jubiläen, Glückwünsche, Todesfälle) sammele man Musterbriefe.

Die schon erwähnten Checklisten lassen sich für viele Fälle sehr sinnvoll einsetzen, etwa zur Instruktion von neuen Mitarbeitern, zur Vorbereitung von Sitzungen und dergleichen.

Die Informationsverarbeitung

Wesentliches Kennzeichen der Büroarbeit ist, daß sie stets Informationen be- oder verarbeitet – im Gegensatz zur Produktion, in der Material verarbeitet wird. Der Buchhalter erhält Informationen in Form von Bankbelegen über eingegangene Zahlungen und verarbeitet sie weiter. Der Verkaufsleiter erhält Berichte seiner Vertreter und trifft darauf die notwendigen Folgerungen. Der Chef braucht Kennzahlen, Berichte und Meldungen, um aus den dadurch gewonnenen Erkenntnissen neue Zielsetzungen zu formulieren.

Wesentlich zum Erfolg der Bürotätigkeit trägt also bei, die Informationen in den Griff zu bekommen. Dazu sollte man sich ein Informationssystem schaffen, sowohl für Informationen, die man selbst erhält, als auch für solche, die man weitergibt.

1. Regel:
Informationen müssen richtig, vollständig und aktuell sein.

2. Regel:
Wir prüfen, ob wir zu viele oder zu wenige Informationen erhalten oder weitergeben.

3. Regel:
Wir brauchen nicht alle Informationen, sondern nur die für uns wichtigen.

Zweckmäßig ist es, sich einen Katalog für regelmäßige Informationen zusammenzustellen, sowohl für die, die man zu erhalten, wie auch für die, die man weiterzugeben hat.

Zur Informationsverarbeitung gehört auch, daß man sich für den eigenen Gebrauch eine übersichtliche Dokumentation schafft. Niemand kann alles im Kopf behalten und alles wissen. Wesentlich ist aber, zu wissen, wo was zu finden ist. Ein «Datenspeicher» am Arbeitsplatz ist eines der wichtigsten Arbeitsmittel.

Dadurch werden folgende Mängel abgestellt:

- [ ] Zeitverlust durch langes Suchen
- [ ] Belastung durch Nichtfinden
- [ ] Belastung, weil man daran denken muß
- [ ] Doppelarbeit
  usw.

Aber auch hier ist Beschränkung notwendig. Die größte Dokumentation ist nicht die beste. Zweckmäßig erscheint folgende Einteilung:

- [ ] Arbeitsanweisungen
- [ ] Nachschlagewerke (Telefonverzeichnis, Fahrpläne, Lexika usw.)
- [ ] Nachschlagematerial, das ständig benötigt wird (Kennzahlen usw.)
- [ ] Muster (Musterbriefe u. ä.)
- [ ] Laufende Geschäfte (Vorgänge, die gerade in Bearbeitung sind, müssen sofort greifbar sein)
- [ ] Zukünftige Geschäfte
- [ ] Nebenaufgaben (z. B. Ausschußtätigkeit o. ä.)
- [ ] Interessantes und Wissenswertes
- [ ] Idee-Kartei

Die Dokumentation sollte mittels Dokumentationsnummern und optischen Signalen einfach und gut, ausgerichtet nach den individuellen Bedürfnissen, gestaltet sein.

Fazit:

Eine gute Arbeitstechnik kann die Arbeitsweise im Büro ganz wesentlich erleichtern und zur individuellen Leistungssteigerung beitragen. Aber sie allein genügt nicht: Ein gutes Betriebsklima, Aufgeschlossenheit und positive Einstellung zur Arbeit sind genauso wichtig.

Kurzdiagnose zur Führungs- und Arbeitsmethodik

Oft wird gefragt, was eigentlich das Erfolgsgeheimnis eines guten Managers sei. Sicherlich gehört dazu einerseits Berufung, andererseits aber auch eine gehörige Portion sogenannter Management-Methoden. Der folgende Beitrag vermittelt in Form von Checklisten sicherlich einen Idealzustand, ist aber auch geeignet, daß sich jeder prüfe, welches der aufgeführten Gebiete für ihn persönlich ganz besonders wichtig bzw. verbesserungsbedürftig ist.

Das Institut für Führungs- und Arbeitsmethodik (IFA) in Hirschberg bei Heidelberg hat die gesamte allgemeine Management-Aufgabenstellung in einer Übersicht erfaßt. Diese umfaßt drei Teile: Die Selbstführung (Self-Management), die Mitarbeiterführung – Team-Management und die Arbeitsmethodik (Work-Management).

Entsprechend ist die Checkliste aufgebaut. Im Teil A können Sie Ihre Selbstführung überprüfen. Beginnend mit einer persönlichen Zielanalyse bis hin zur Entfaltung der persönlichen Kräfte werden alle wesentlichen Faktoren zur Selbstführung dargestellt. Dabei kreuzen Sie an, ob Sie schon Techniken zu den einzelnen Punkten haben und einsetzen können, vertiefen wollen oder dazu lernen wollen.

Im Teil B wird die Technik der Mitarbeiterführung überprüft. Es gibt kaum ein Naturgenie, das ohne bestimmte geeignete Techniken eine Gruppe oder Organisation erfolgreich führen kann. Die wesentlichen Techniken einer zeitgemäßen Mitarbeiterführung sind in diesem Teil der Checkliste erfaßt.

Im Teil C geht es um die Arbeitsmethodik der Gruppe oder des einzelnen. Nicht nur ein gutes Verhalten, sondern auch ein systematisches Arbeiten ist entscheidend für den Erfolg. Die bekannten und bewährten Arbeitstechniken zeigt Ihnen die Checkliste im Überblick. Selbstverständlich für jede Aufgabe. Je mehr Sie aber bei Bedarf einsetzen können, desto besser.

Diese hier in 3 Teilen dargestellten Managementtechniken sind ein allgemeinnützliches Know-how, das über das reine Fachwissen hinausgeht und zur Lösung von Problemen, gleichgültig welcher Art, eingesetzt werden kann. Ein «General»-Manager benötigt von diesen Techniken besonders viele, ein Sachbearbeiter weniger – aber nicht nichts, wie oft unterstellt wird. Managementmethodik ist für jeden Mitarbeiter zur erfolgreichen Arbeit notwendig, nicht nur – wenn auch vor allem – für die oberen Führungskräfte.

Fazit:

Mit einer stetigen Persönlichkeits- und Organisationsentwicklung und einer immer besseren Arbeitsmethodik kann erfolgreicher, wirtschaftlicher und gleichzeitig menschlicher gearbeitet werden. Die hier dargestellten 3 Checklisten zur Managementmethodik sind eine erste Hilfe dazu. Die Weiterentwicklung beginnt in der Erkennung und sukzessiven Verbesserung der eigenen Schwachstellen. (HELMUT L. BECKER)

Teil A

Selbstführung (Self-Management) Zur Entfaltung der persönlichen Leistungsfähigkeit	Techniken hierfür		
	wende ich bewußt an	möchte ich vertiefen	will ich lernen
a Eigene Willensbildung – *Persönliche Zielanalyse* (Was will ich?)			
– *Konzentration* auf die gestellte Aufgabe (Anpacktechnik, konzentrierte Zeitnutzung, systematisches Ausschalten von inneren und äußeren Störungen . . .)			
– *Selbstkommunikation* (Techniken, mit sich selbst zurechtzukommen, mit seinen inneren Widersprüchlichkeiten klarzukommen . . .)			
– *Selbstmotivation* (sich selbst die Erfüllung von Wünschen in Aussicht stellen, sich selbst in Schwung bringen, Positives sehen . . .)			
– *Entspannung* (Entspannungsgymnastik, Yoga, autogenes Training, Meditation, Pausentechnik)			
b1 Entfaltung der Kritikfähigkeit – *Wissensaufnahme, Lerntechnik*			
– *Gedächtnis, Mnemotechnik*			
– *Logisches, analytisches Denken* (Einsatz von Analysetechniken)			
2 Entfaltung der Gestaltungsfähigkeit – *Kreatives Verhalten* (Offen sein für Neues, andere Möglichkeiten suchen . . .)			
– *Entwicklung der Kreativität* (Spielen kreativer Spiele, Gestaltung von Dingen, Entwicklung von Projekten, Phantasie- und Kombinationsübungen . . .)			

Teil A

Selbstführung (Self-Management) Zur Entfaltung der persönlichen Leistungsfähigkeit	Techniken hierfür		
	wende ich bewußt an	möchte ich vertiefen	will ich lernen
– *Schöpferisches, konzeptionelles Denken* (Einsatz von Ideenentwicklungs- und Konzeptionstechniken bei der Arbeit)			
3 Entfaltung der Kontaktfähigkeit – *Kontakt* (Techniken zur Steigerung der Sensitivität, zur Herstellung von Kontakten . . .)			
– *Psychohygiene* (seelischen Haushalt in Ordnung halten, Abwehr gegen psychischen Streß . . .)			
– *Strategisches, operationelles Denken und Einfühlen* (Einsatz von realistisch-abstimmenden Planungstechniken)			
4 Entfaltung der Vitalität und Durchsetzungsfähigkeit – *Gesunde Lebensweise* (Richtige Ernährung, ausreichend Schlaf, Körperpflege . . .)			
– *Fitneßtraining* (Dauerlauf, Trimm Dich, Sport)			
– *Reaktionsvermögen, Entschlossenheit* (Geschicklichkeitsübungen . . .)			
– *Auftreten, Körpersprache, Rhetorik*			c IFA

Teil B

Mitarbeiterführung (Team-Management) Zur Entfaltung der Leistungsfähigkeit einer Gruppe bzw. Organisation	Techniken hierfür		
	wende ich bewußt an	möchte ich vertiefen	will ich lernen
a Gemeinsame Willensbildung – *Gemeinsame Zielanalyse, Zieldiskussion* (Was wollen wir?)			
– *Aufgabenformulierung mit Zielvereinbarung* (Technik der Aufgabenformulierung, Stellenbeschreibung, Projektdefinition, Briefing, Technik der Delegation)			
– *Kommunikation und Teambildung* (Zusammenarbeitskonzept, Kommunikationsablauf, Technik der Teambildung, Prüfung der Zusammenarbeitsweise . . .)			
– *Motivation und Verhaltensänderung* (Lob, Anerkennung, Entlohnung, Kritikgespräch, Motivermittlung, Belehrung)			
– *Konfliktbewältigung* (Techniken der Entspannung von festgefahrenen, gegeneinander gerichteten Interessen . . .)			
– *Führungs- und Leistungsbeurteilung* (Verfahren zur Mitarbeiterbeurteilung, Vorgesetztenbeurteilung . . .)			
b1 Systematische Information aller Teammitarbeiter zur Hebung des Wissensstandes und der Kritikfähigkeit im Arbeitsbereich – *Nutzen eines Informationssystems* (Einsatz von Informationstechniken, Berichtswesen, Datenbank . . .)			

Teil B

Mitarbeiterführung (Team-Management) Zur Entfaltung der Leistungsfähigkeit einer Gruppe bzw. Organisation	Techniken hierfür		
	wende ich bewußt an	möchte ich vertiefen	will ich lernen
2 Systematische Ideenentwicklung durch die Teammitarbeiter zur Nutzung des vorhandenen Ideenpotentials im Arbeitsbereich – *Nutzen eines Kreativitätssystems* (Einsatz von Innovationstechniken, Vorschlagswesen, Ideenbank . . .)			
3 Systematische Planung, in der Tätigkeits-, Zeit-, Kosten- und Ertragspläne aufeinander abgestimmt werden – *Nutzen eines Planungssystems* (Einsatz von Planungstechniken, von realistischen Zielsetzungsverfahren, Soll-Ist-Vergleichen . . .)			
4 Gemeinsame Entscheidung und systematische Durchführung der Aufgaben – *Nutzen eines Prozedurensystems* (Einsatz von Entscheidungs- und Durchführungstechniken)			c IFA

Teil C

Arbeitsmethodik (Work-Management) Zur systematischen Problemlösung und Arbeitserledigung	Techniken hierfür		
	wende ich bewußt an	möchte ich vertiefen	will ich lernen
a *Bestimmung des Arbeitszieles* (Aufgabenstellung, Problemdefinition, Aufgabenanalyse, Priorität setzen . . .)			
b1 Erarbeitung der Fakten und Daten zur Feststellung des Istzustandes – *Informationstechnik* für den Aufgabenbereich (Informationsquellenkatalog, Fragebogentechnik, Interviewtechnik, Schnell-Lesetechnik, Tätigkeits- und Ergebnisberichte . . .)			
– *Datenaufbereitung* (Dokumentation von Informationen, Datenkartei, Statistiken, Kennzahlen, Diagramme, Prognosen . . .)			
– *Anfertigung von Analysen* (Situationsanalyse, Problem- oder Ursachenanalyse, Nutzen- oder Wertanalyse, Schwachstellenanalyse, Markt- und Konkurrenzanalyse, Kosten- und Ertragsanalyse, Risikoanalyse)			
2 Suche nach neuen Möglichkeiten – *Ideenfindung* (Führen einer Ideenkartei, Nutzen des Vorschlagswesens, gelenktes Brainstorming, Brainwriting, synektische Kreismethode)			
– *Entwickeln von Konzepten* (Techniken dazu: Morphologischer Kasten, Konzeptionstableau, Konzeptionsrad, Ringkonzept . . .)			
3 Erstellen von Plänen zur Erreichung eines Sollzustandes – *Zeitplanung* (Tagesplan, Jahres-, Monats-, Wochenplan, Terminkalender, Termintafel)			

Teil C

Arbeitsmethodik (Work-Management) Zur systematischen Problemlösung und Arbeitserledigung	Techniken hierfür		
	wende ich bewußt an	möchte ich vertiefen	will ich lernen
– *Detailplanung* von Kosten, Erträgen, Tätigkeiten; Festlegung von Planzielen, Soll-Ist-Vergleiche (Kontrolltechnik)			
– *Investitionsplanung* für größere Objekte			
– *Schnellplanung* bei großem Zeitdruck oder bei kleineren Aufgaben			
4 Entscheidung und Durchführung – *Entscheidung* (Aufstellen einer Rangliste, Entscheidungstafel mit Vor- und Nachteilen, Entscheidungsmatrix, Entscheidungsanalyse, Nutzwertverfahren)			
Zur schnellen Durchführung: – *Arbeitsvorbereitung* (Arbeitsplatzorganisation, Einsatz von Checklisten, Maßnahmenkatalogen, Flußdiagrammen, Laufmappen . . .)			
– *Arbeitsunterweisung* zur Einarbeitung eines Mitarbeiters oder Korrektur einer fehlerhaften Arbeitsweise			
– *Systematisiertes Schreiben* mit Formularen, Formularbriefen, Bausteinkorrespondenz, Schreibautomat . . .			
– *Konferenztechnik* (Besprechungen und Verhandlungen führen, Argumentationstechnik . . .)			
Laufende Rückmeldungen zur *Erfolgskontrolle* (Ergebnisberichte . . .)			c IFA

Die zwei wichtigsten Regeln für erfolgreiches Arbeiten

In diesem Beitrag wird versucht, die Quintessenz von Organisationslehren, Führungsmodellen, Managementtechniken, Erfolgsmethoden, Verhaltenspsychologie, Organisationssoziologie, von Führungs- und Arbeitsmethodik in zwei einfache, für jeden verständliche Verhaltens- bzw. Arbeitsregeln zu fassen. In größtmöglicher Verdichtung soll dieses Wissen für eine tägliche Schnellanwendung genutzt werden können.

Jeder ist in seinem Arbeitsbereich Manager und benötigt neben dem Fachwissen auch Managementfähigkeiten, um Erfolg zu haben. Die folgenden Ausführungen gelten also für jeden arbeitenden Menschen, nicht nur für Manager der Wirtschaft.

Was ist wohl das Erste und Wichtigste, um als Unternehmen oder Einzelperson Erfolg zu haben? – Bevor Sie weiterlesen, überlegen Sie bitte selbst einmal, und beantworten Sie die Frage für sich.

Wir meinen, zunächst muß man wissen, was man will. Man muß ein Ziel, eine Aufgabe oder ein Projekt unter vielen auswählen, sich für etwas entscheiden.

Die Entwicklung einer Organisation, eines Unternehmens wie auch eines einzelnen Menschen hängt im Kern davon ab, für was er sich laufend entscheidet, welchen Vorrang er verschiedenen Verhaltensmöglichkeiten laufend gibt.

1. Prioritäten setzen

Ziel jeder Managementtätigkeit ist es, den bestmöglichen Gewinn für ein Unternehmen zu erwirtschaften bzw. eine Organisation zu einer bestmöglichen Leistung zu bringen bzw. im Selbstmanagement des einzelnen, seine bestmögliche Selbstverwirklichung zu erreichen. Kriterium für die Auswahl eines Verhaltens oder einer Tätigkeit ist also der Nutzen, den die Tätigkeit für den einzelnen oder die Organisation bringt. Je höher der Nutzen, desto vorrangiger die Tätigkeit, desto höher ihre Priorität. Dies gilt kurzfristig für den Tag wie langfristig für Jahre.

Wie stellt man nun diese vorrangigen Aufgaben fest?

1. Wir listen in Gedanken oder auf einem Blatt Papier alles auf, was wir jetzt und heute tun wollen und müssen (vergleiche dazu Post, Akten, Termine ...). Komplexe Probleme, unübersichtliche Situationen werden dabei zergliedert und in konkret faßbaren, einzelnen Gegebenheiten ausgedrückt (was, wo, wann, wie genau?). Eine solche kurze Situationsanalyse ist meist mehrmals am Tag zu machen, da wir morgens, mittags, abends, bei jeder Arbeit, bei jeder Besprechung in einer neuen Situation stehen und uns entsprechend verhalten müssen.

2. Wir überlegen, welche Tätigkeit lang- oder kurzfristig den größten Nutzen bringt oder wo wir einen möglichen Schaden verhindern können. Dabei sind die Auswahlkriterien Bedeutung und Dringlichkeit. Z.B. die Bedeutung eines Besuches eines großen Kunden ist für meinen Verkauf hoch. Die Dringlichkeit, einen kleinen Kunden zu beliefern, ist mit einem festen Termin gegeben. Geht der große Kunde nicht verloren, wenn der kleine Kunde heute beliefert wird, dann erhält die Tätigkeit, den kleinen Kunden zu beliefern, den Vorrang vor dem Besuch des Großkunden. – Situationen, Probleme, Aufgaben, die unseren Arbeitsbereich nicht betreffen, werden sofort ausgesondert. – Zur Kennzeichnung der Bedeutung und Dringlichkeit kann man Buchstaben, Zahlen oder Zeichen verwenden, z.B. Hoch, Mittel, Niedrig oder 3, 2, 1 oder + +, +, o.

Beispiel zum Prioritätensetzen eines Verkaufsleiters:

Situation, Problem, Aufgabe	Bedeutung	Dringlichkeit	Priorität
Reklamation von Kunde R	N	N	8
Bestellung von Demo-Konzern	H	H	1
Gabelstapler umgefallen	N	M	6
Konkurrenz B in Bezirk D	M	N	7
Vierteljahresplan erstellen	M	H	4
Verkäuferrundschreiben	M	M	5
Besuch von Werbeagentur wegen Herbstaktion	H	M	3
Abendschulung	H	H	2

Alle Beurteilungen einer Situation sind letztlich subjektiv. Über Prioritäten läßt sich streiten. Die Situation selbst sollte jedoch so weit wie möglich mit Fakten belegt sein.

Sind die Prioritäten gesetzt, dann ist die erste und wichtigste Managementarbeit geleistet. Das ist der Kern einer guten Führung: Zu wissen, was man will, wofür es sich lohnt (vergl. Motivation) zu arbeiten. Mit einem laufenden Prioritätensetzen haben wir eine stetige Führung unser selbst oder unserer Organisation. (In einem Team sind selbstverständlich die Prioritäten aller Teammitglieder zu diskutieren, wenn Prioritäten für ein Team festgelegt werden sollen.)

Faustregel 1 lautet also: Laufend Prioritäten setzen! In jeder Situation – allein oder im Team. Jeder hat normalerweise zu viel zu tun. Wir können aber nicht alles tun. Also beginnen wir mit dem Wichtigsten. Dies ist der Anfang allen erfolgreichen Arbeitens.

2. Planmäßig vorgehen

Wenn Sie festgestellt haben, was zu tun ist, wenn Sie sicher sind, das Wichtigste zuerst in Angriff zu nehmen, wie erledigen Sie dann diese Aufgabe?

Bitte beantworten Sie diese Frage wieder zunächst für sich selbst, bevor Sie weiterlesen.

Im Grunde tun Sie wieder das gleiche wie beim Prioritätensetzen, nur etwas ausführlicher. «Die Arbeit artet aus.» Sie denken bzw. planen jetzt mehr, bevor Sie entscheiden bzw. handeln. Sie analysieren, konzipieren und planen eingehender die Handlungsalternativen. Diese Handlungsmöglichkeiten müssen Sie zuerst z.T. mühsam entwickeln, oder Sie haben bereits schon bestimmte, erprobte Durchführungsprozeduren bzw. Verhaltensmuster, die Sie nur kurz «bedenken» und dann anwenden. Auch hier entscheiden Sie wieder und geben der nutzbringenden Handlungsalternative den Vorrang, die Priorität.

Wichtig ist bei einem planvollen Vorgehen, daß man nicht zuviel und nicht zu wenig plant. Der Aufwand für die Planung muß im Verhältnis zur Aufgabe stehen.

Ein planmäßiges systematisches Vorgehen zeigen wir im folgenden Beispiel:

Systematische Erledigung einer Aufgabe nach der	Aufgabe: Bestellung von Demo-Konzern bearbeiten
4-Phasen-Arbeitsmethode	Bemerkungen dazu:
1. *Istzustand* mit Fakten und Analysen feststellen.	Der Kunde ist neu. Er hat einen großen Bedarf. Die Preisvereinbarung ist günstig für uns. Bestellungen sind unregelmäßig.
2. *Möglichkeiten* der Verbesserung mit Ideen und Konzepten entwickeln.	Regelmäßigen Liefervertrag mit günstigeren Konditionen anbieten. Oder: Dem Kunden Auftragsgarantien abverlangen. Oder: Über regelmäßige Belieferung sprechen.
3. *Sollzustand* mit Zeit- und Realplänen beschreiben.	Der Kunde soll für uns als Dauerkunde gewonnen werden. Die bestehenden Konditionen nach Möglichkeit erhalten, höchstens bis 50 % Nachlaß. Noch in diesem Jahr.
4. *Maßnahmen* zur Durchführung der Pläne aufstellen.	– Sofortige Auslieferung des vorliegenden Auftrages. – Verhandlungstermin wegen regelmäßiger Belieferung vereinbaren.

IFA-Arbeitsmethodik in 4 Phasen – vereinfachte Darstellung zur Schnell-Anwendung

Diese Vorgehensweise gilt im Prinzip für alle Tätigkeiten und zur Lösung aller Aufgaben, seien es kleine Tagesaufgaben (wie im Beispiel) oder große Projekte.

Versuchen Sie selbst einmal, eine Aufgabe nach nebenstehendem Ablaufschema zu erledigen.

Faustregel 2 lautet also: Systematisch, d. h. planmäßig vorgehen! Bei jeder Aufgabe. Die 4 Phasen entsprechend der Größe der Aufgabe durchgehen, entweder nur kurz gedanklich abhaken (Priorität? – Istzustand? Möglichkeiten? Sollzustand? Maßnahmen?) oder ausführlich schriftlich bearbeiten (z. B. Marketing – Marktanalyse, Marktideen, Marketingplan, Maßnahmenkatalog). Nach jeder Maßnahme haben wir eine veränderte Situation, einen neuen Istzustand. Der Ablauf beginnt aufs neue (vgl. hierzu Feedback und kybernetischer Regelkreis). Beide dargelegten Faustregeln müßten eigentlich für den Manager Selbstverständlichkeiten sein. Prüfen Sie doch selbst, wieviel Unwichtiges mit größter Akribie bearbeitet wird und wieviel Aufgaben dagegen nicht systematisch genug durchgeführt werden, weil man z.B. nicht analysieren kann, nicht innovieren kann oder keine Ruhe hat zum Denken.

Fazit:

Alles erfolgreiche Arbeiten beginnt im Kopf. Nicht durch große Betriebsamkeit und wilden Arbeitseifer erreichen wir unsere Ziele, sondern durch gründliches Nachdenken und Ideen, die dann um so schneller durchzuführen sind. Erst denken, dann schnell und konsequent handeln. (HELMUT L. BECKER)

Arbeitsmethodik in 4 Phasen

Bewährte Arbeitstechniken zusammengefaßt in einem System

Wenn wir ehrlich sind, muß doch jeder von uns zugeben, daß er weitgehend unsystematisch arbeitet. Zu sehr lassen wir uns von den Zufälligkeiten des Tages lenken, beschäftigen uns mit dem, was uns gerade auf den Schreibtisch kommt. Gar nicht oft genug kann deshalb auf bewährte Arbeitstechniken hingewiesen werden. Jeder sollte sich täglich neu zu systematischer und methodischer Arbeit zwingen.

Gleichgültig, auf welchem Gebiet Sie tätig sind, bei allen Arbeiten, die Sie erfolgreich durchführen wollen, müssen Sie denken und handeln, und Sie müssen wollen. Sie haben ein mehr oder weniger bestimmtes Ziel, das Sie erreichen wollen. Dafür haben Sie Fachkenntnisse, z.B. im Verkauf, als Bauunternehmer, als Wissenschaftler oder als Kraftfahrer, und Sie haben eine gewisse Arbeitstechnik, mit deren Hilfe Sie versuchen, die oben genannten Ziele zu erreichen. Die Fachkenntnisse sagen Ihnen inhaltlich, was zu tun ist; Ihre Arbeitsmethodik ist Ihr Weg zum Ziel. Sie setzen z. B. Informationstechniken ein zur Klärung von Umsatzfragen, zu Auskünften zum Hausbau, zur Literaturbeschaffung oder zur Klärung der Frage, wo lasse ich den Autoreifen wechseln. Sie können zu allen Ihren beruflichen Tätigkeiten auch Ideen entwikkeln, wie man es anders oder besser machen kann. Alles, was Sie beabsichtigen zu tun, können Sie auch mehr oder weniger planen. Grübeln Sie dabei sehr lange, dann müssen Sie sich sehr beeilen, wenn Sie noch etwas erreichen wollen. Haben Sie zuwenig nachgedacht, bereuen Sie oft, was Sie getan haben. Dies gilt für alle Berufe; für große und kleine Aufgaben.

Eine Arbeitsmethodik, die die verschiedensten Arbeitstechniken umfaßt, die alle Kräfte, alles Können (auch das Fachkönnen) einer Persönlichkeit berücksichtigt und die für alle Aufgaben einsetzbar ist, ist die 4-Phasen-Arbeitsmethode.

Arbeitsweise der Erfolgreichen

Betrachten wir die Arbeitsweise der Erfolgreichen (Bild I.1).
  Wie gehen sie vor?

1. Sie sind hellwach und nehmen begierig alle *Informationen* auf, die ihnen nutzen. Sie sammeln überall, sogar auf Zetteln, Visitenkarten usw., Informationen. Sie fragen oft und sichern bei jeder Gelegenheit ihre Informationen ab. Und sie gehen den Dingen auf den Grund. Sie *analysieren* die Tatbestände (1. Phase).
2. Sie haben Ideen und nochmals *Ideen,* wo anderen nichts einfällt. Sie machen *Konzepte* und schmieden Pläne (2. Phase).
3. Sie sind trotz aller Begeisterung *Realisten* und *planen* ihre Ziele, indem sie ihre Ideen mit den realen Fakten verknüpfen. Sie sind lebensnah und berücksichtigen die *Zeit,* in der etwas möglich oder nicht möglich ist (3. Phase).
4. Sie wissen, was sie wollen. Sie sind *entscheidungsfreudig.* Sie *handeln* schnell und zielbewußt (4. Phase).

Kurz: Sie sind gut informiert, haben Ideen, machen realistische Pläne und handeln so *zielbewußt* und schnell. Sie arbeiten nach der

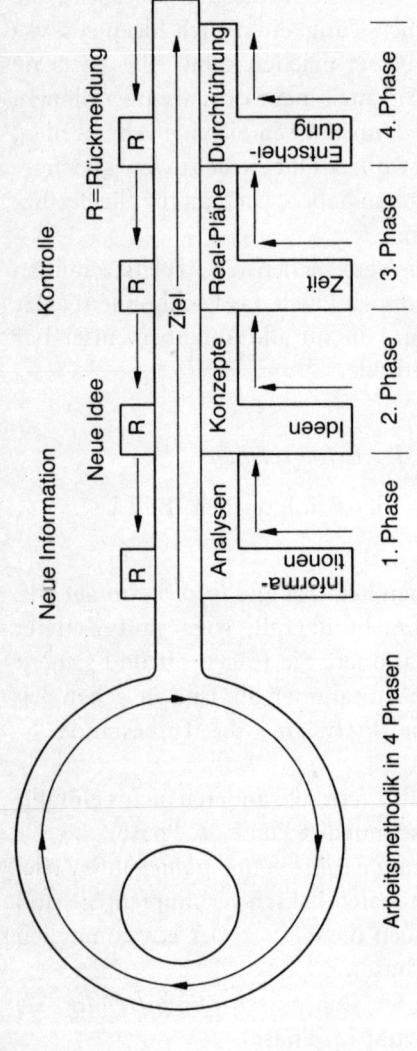

Arbeitsmethodik in 4 Phasen

So kann man bei allen Arbeiten systematisch immer bessere Ergebnisse erzielen

Bild I.1   So kann man *bei allen Arbeiten* systematisch immer bessere Ergebnisse erzielen

4-Phasen-Arbeitsmethode. Sie haben den «Schlüssel zum Arbeitserfolg»:

Im Durchlauf von 4 Phasen berücksichtigen wir systematisch alles, was zur Erreichung eines Zieles wichtig ist. Wir sammeln Informationen im Rahmen der gestellten Aufgabe. Wir werten die Informationen aus und erstellen Analysen (1. Phase). Dann suchen wir nach weiterführenden Ideen und entwickeln Konzepte, die ideelle Lösungsmöglichkeiten einer Aufgabe zeigen (2. Phase). Bevor wir nun darangehen, ein Konzept, einen Roh- oder Idealplan in die Praxis umzusetzen, erstellen wir einen Realplan, in dem ausdiskutiert ist, mit welchen Mitteln, wie, wo und wann die Ziele zu erreichen sind. Für die Ablaufplanung der Tätigkeiten spielt die Zeit die Hauptrolle. Wir sehen sie als *die* Vorbedingung für die Realplanung (3. Phase). Kurz bevor wir starten, ist die Entscheidung zur Durchführung fällig. Danach werden die weiteren Durchführungsvorbereitungen getroffen und gehandelt. Das Handeln kann darin bestehen, daß man Aufträge erteilt, Briefe schreibt, diskutiert oder manuell z. B. eine Schraube löst. Es endet (vorläufig) mit einer Rückmeldung (4. Phase).

Rückmeldungen

Rückmeldungen sind zunächst alles Informationen zur Zielerreichung. Sie werden bei der Durchführung der Aufgabe gewonnen.

Sie können auch neue Ideen sein, die spontan bei der Durchführung auftauchen. Besonders wichtig sind die Rückmeldungen jedoch zum Soll-Ist-Vergleich, zur Kontrolle, bei der anschließend entschieden werden muß, ob eine Kurskorrektur erfolgen soll. Aber auch unmittelbar während der Durchführung einer Aufgabe überprüft man sein Vorwärtskommen, ohne allerdings dabei Zeit zum Nachdenken zu haben wie beim Soll-Ist-Vergleich.

Bei großen Aufgaben wird man schriftlich und ausführlich alle 4 Phasen durchgehen; bei kleinen Aufgaben werden u. U. nur kurz in Gedanken die 4 Phasen durchlaufen.

Im folgenden geben wir einen Überblick über die derzeit für die einzelnen Phasen angebotenen Arbeitstechniken:

---

1. Phase: Informations- und Analysentechnik
Informationstechnik
  Informationsbedarf
  Datenbeschaffung
  Datenaufbereitung
  (Dokumentation, Statistik)
Analysentechnik
  Situationsanalyse
  Problem- oder Ursachenanalyse
  Zielanalyse
  Funktions- oder Aufgabenanalyse
  Zeitanalyse
  Konkurrenzanalyse
  Kosten- und Ertragsanalysen
  (Break-even-Analyse)
  Soll-Ist-Analyse (Abweichungs-
  analyse)
  Zukunftsanalysen und Prognose-
  technik
    Sicherung eines Planes
    (Wenn-dann-Analyse)
    Risiko-Analyse
    Prognoseverfahren
    (Hochrechnung, Trendrechnung)
→ Informationssystem

*2. Phase: Ideen- und Konzept-
entwicklung*
Kreativitätstraining und Ideen-
entwicklungstechniken
  Phantasieübungen
  Kreative Verhaltensübungen
  Übungen zur Flexibilität
  Kombinationsübungen
  Gelenktes Brainstorming
Konzeptionstechniken
  Konzeptionstableau
  (Morphologischer Kasten)
  Konzeptionsrad
→ Kreativitätssystem

3. Phase: Zeit- und Realplanung
Zeitplantechnik (Zeitmanagement)
  Jahres-, Monats-, Wochenplan
  Tagesplan
  Terminkalender, Termintafel
Planungstechniken
  Schnellplanung
  Detailplanung
    Planungsvorbereitung
    Planerstellung
  Projektplanung (Netzplantechnik)
    Pfeildiagramm
    Netzplan
  Unternehmenspläne
    Periodische Gewinnplanung
    Mittel- oder langfristige Planung
    Kurzfristige Kosten- und
    Ertragspläne
→ Planungssystem

*4. Phase: Entscheidung und
Durchführung*
Entscheidungstechniken
  Rangliste
  Entscheidungstafel
  Entscheidungsmatrix
Durchführungstechniken
  Aufgabenstellung
  Direkte Arbeitsvorbereitung
  Konzentrations- und «Anpack»-
  Technik
  Kommunikationstechniken
    Rhetorische Selbstverbesserung
    Rationelle Schreibtechnik
    Konferenztechnik
    Argumentations- und
    Verhandlungstechnik
  Entspannungstechniken
  Rückmeldung (Erfolgskontrolle)
→ Prozedurensystem

Alle Phasen sind gleich wichtig. Es kommt nicht auf möglichst viele Informationen an, auf möglichst viel Wissen, auf möglichst viel Phantasie oder einen möglichst großen Tatendrang – sondern auf eine gewichtete Abstimmung der einzelnen Tätigkeiten. Ideen, Informationen, Pläne oder Kräfte, die nicht zielgerichtet genutzt werden, verteuern unsere Arbeit. Wie viele Informationen beispielsweise bleiben ungenutzt? Wie viele Informationen werden unnötig produziert und können gar nicht mehr aufgenommen werden? Es ist wirtschaftlicher, etwas Analysentechnik, Kreativitätstechnik, Planungstechnik und Durchführungstechnik zu beherrschen beziehungsweise von allem genügend zu haben als eines in Überfülle. Außerdem ist es wirtschaftlicher, wenn möglichst viele Mitarbeiter dies können als nur wenige Spezialisten. So ist es beispielsweise nicht wirtschaftlich, wenn einige nur denken und andere nur agieren. Je mehr geforscht, analysiert und mit Phantasie entwickelt wird, dest bessere Pläne werden wir haben. Bessere Pläne ermöglichen ein planvolleres und somit besseres Wirtschaften. Besseres Wirtschaften erbringt bessere Erträge. Je besser also die Entscheidungen durchdacht und begründet sind, desto besser werden die Ziele getroffen werden. Wird diese Arbeit systematisch fortgesetzt, so zeigt sich ein *Spiraleffekt* (Bild I.2).

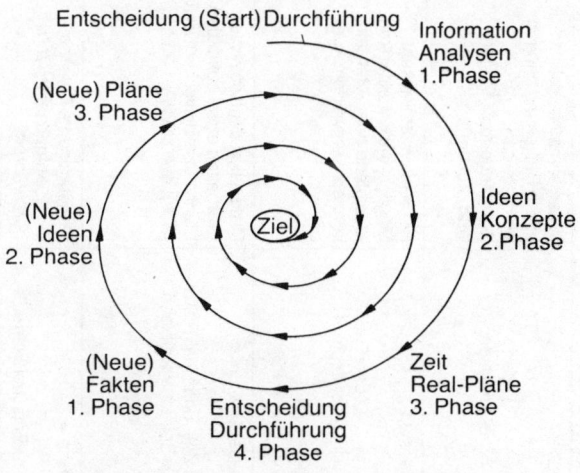

Bild I.2   Spiraleffekt

Die 4 Phasen im Überblick

Organisatorische Kennzeichnung	Tätigkeiten	Menschliche Bedeutung und Kräfteeinsatz	Bedeutung für die Zusammenarbeit	Wirtschaftliche Bedeutung
Phase 1 Daten Analysen	Daten sammeln, ordnen und in Beziehung bringen; *analysieren* (Vergangenheit, Gegenwart, Zukunft).	*Sicherheit* durch Fakten und den analysierenden Verstand. Einsatz der *Geisteskraft,* Ratio.	*Information* der Mitarbeiter; objektivere Kontrolle der Leistungsergebnisse; Daten zur Willensbildung. *Interdependenzen* begreifen.	Betriebsanalysen, Marktanalysen; Kennzahlen zur Erfolgskontrolle; abgesicherte Tätigkeiten. *Anpassung an die Gegebenheiten.*
Phase 2 Ideen Konzepte	Neue Ideen entwickeln, Möglichkeiten ausdenken, Idealpläne oder Alternativkonzepte entwerfen; *konzipieren.*	*Veränderung* durch neue Ideen und die konzipierende Vorstellungskraft. Einsatz der *Phantasie.*	Sach-*Motivation* der Mitarbeiter; eigene Ideen und Wünsche in die Diskussion bringen. *Identifikation* mit den Aufgaben und Zielen.	Neue Methoden, neue Produkte, neue Leistungen; Beweglichkeit des Betriebes. Gestaltung, Innovation. *Einwirkung auf die Gegebenheiten.*
Phase 3 Zeit- und Real-Pläne Soll-Ist-Vergleiche	Diskussion der Konzepte, Erarbeiten eines optimalen Plans mit realistischem Ziel (Soll); *real planen.*	*Willensspannkraft,* geboren aus Sicherheitsbedürfnis und Veränderungswille, gehalten durch das vermittelnde Gefühl. Einsatz der *Gefühlskraft.*	*Gemeinsame Willensbildung* während der Diskussion der vorgelegten Pläne oder Konzepte, Entscheidungen im Team über die zu erreichenden Ziele. *Integration* der Mitarbeiter.	*Optimaler Einsatz der Mittel,* konsolidiertes Wachstum; bestmögliche Zielpläne.
Phase 4 Entscheidungen Aufgabenstellungen	Genehmigung, Entscheidung, Aufgabenstellung, *durchführen,* organisieren, delegieren.	*Willensstoßkraft* zur Erreichung der Ziele und Lösung der Spannung durch den realisierenden Trieb. Einsatz der *Triebkraft.*	*Entscheidung* zur selbstverantwortlichen Durchführung der Pläne *(Delegation);* kooperative Aufgabenerfüllung, zielbejahte Zusammenarbeit, *Interaktion.*	Zielbewußtes, schnelles (weil vorbedachtes), engagiertes Handeln; *höchstmöglicher* Erfolg bzw. *Rendite der eingesetzten Mittel.*

Psychologische Grundlagen

Die 4-Phasen-Methode basiert auf Erkenntnissen der Psychologie über die Zusammensetzung der menschlichen Persönlichkeit. In ihr sind vier Grundkräfte integriert:

Persönlichkeit
- *Geisteskraft, Ratio, Intellekt*
- *Vorstellungskraft, Phantasie*
- *Gefühls- oder Empfindungskraft*
- *Vital- oder Triebkraft*

Die Kräfte bedingen und durchdringen sich gegenseitig.

Alle Kräfte einer Persönlichkeit sollen in der 4-Phasen-Methode eingesetzt werden. Sie bilden die Grundlage dieser Arbeitsmethode, die alle Kräfte entfaltet, integriert und insgesamt zu besseren Arbeitsleistungen nutzt. Die Führungs- und Steuerungskraft, die Willenskraft, richtet schließlich als übergreifende Kraft die vier Grundkräfte dem Willen bzw. Ziel entsprechend aus.

Fazit:

Die Arbeitsmethodik in vier Phasen faßt die vielfältigen bestehenden Arbeitstechniken in einem abgestimmten Ablauf zusammen. Sie folgt damit dem Aufbau der menschlichen Persönlichkeit. Mit dieser Methode denken und handeln Sie systematisch. Das sich immer mehr konkretisierende Ziel lenkt den Einsatz der Kräfte, die Rückmeldungen ermöglichen einen fortschreitenden Lernprozeß.

H. L. BECKER

Zeitplanung und Zeitmanagement

Jemand, der heute 40 Jahre alt ist und mit 65 Jahren in Pension geht, hat (bei 200 Arbeitstagen im Jahr) ein Zeitkapital von 5000 Tagen. Diese Zeit läuft unwiderruflich ab; sie ist für den einzelnen nicht ersetzbar. Verlorene Zeit ist also immer schlimmer als verlorenes Geld, das ersetzbar ist. Man sollte demnach Zeit noch kritischer ausgeben als Geld.

Zeitmanagement

Zeitmanagement heißt, die zur Verfügung stehende Zeit für die ertragsreichen Tätigkeiten einsetzen und unnötig zeitkostende Faktoren ausschalten. Hilfen dafür sind: Zeitanalysen (1. Phase), Zeitsparideen (2. Phase), Zeitplantechniken (3. Phase) und Tätigkeitsberichte (4. Phase).

Je besser wir unsere Zeit eingeteilt haben, desto besser können wir sie nutzen. Wir überschauen unsere Aufgaben, können Wichtiges von Unwichtigem und Dringendes von weniger Dringendem unterscheiden. Wir tun die wirklich wichtigen und ertragreichen Dinge zuerst und «vertun» nicht unsere Zeit mit Nebensächlichkeiten. (Vgl. hierzu das Pareto-Zeitprinzip oder die ABC-Analyse.)

Wir haben Zeit und Termine besser im Griff. Wir vergessen nichts. Wir kommen nicht laufend in Zeitnot. Das ständige zeitbedingte Gehetztsein verschwindet. Mit eingeplanten Pausen vermeiden wir Streß, Magengeschwüre und Herzinfarkte. Der zeitbedingte Geschäftsärger wird in Schach gehalten.

Planen wir beispielsweise bei Terminen, daß wir 5 min zu früh kommen, dann vermeiden wir nicht nur, daß wir 5 min zu spät kommen. Wir vermeiden damit auch Ärger, Hetze, Entschuldigungen usw. Wir sind im Gegenteil voller Spannkraft, konzentriert, gelassen und freundlich. Das folgende Gespräch wird wesentlich besser werden.

Im allgemeinen trifft es für die Praxis zu, daß man mit mehr Aufwand an Zeitplanung weniger Zeit für die Durchführung benötigt. (Dies gilt tendenziell für alle Planung.) Verschiedene Untersuchungen haben folgenden Tatbestand bewiesen:

Zeitverlustanalyse		
Ich verliere die meiste Zeit durch	×	wie oft
1 Schlechte Erklärungen an Mitarbeiter, dadurch *Rückfragen*		
2 Unkonzentriertes Arbeiten, *Abschweifungen*		
3 Zu lange *Konferenzen*		
4 Zu viele unangemeldete *Besucher*		
5 Schlechte Arbeitsplatzorganisation, *Durcheinander*		
6 *Informationssuche,* weil benötigte Informationen fehlen		
7 *Redseligkeit,* Quasseleien		
8 *Unentschlossenheit*		
9 *Ungeduld,* dadurch übereiltes, ungeplantes Handeln		
10 *Streit* und Konflikte mit Mitarbeitern und Vorgesetzten		
11 Zu vieles Lesen, *Papierflut,* langatmige Berichte		
12 Zu viele *Routinearbeiten*		
13 Zu viele und lange *Telefonate*		
14 Unrealistische Zeiteinschätzung und *Fehlplanungen*		
15 *Störungen* bei Ausarbeitungen, wonach ich von neuem anfangen muß		
16 *Perfektionismus;* alles muß «101 %ig» sein		
17 *Verschieben* von Aufgaben		
18 *Mangelnde Planung*		
19 alles selbst machen wollen, *zuwenig Delegation*		
20 Zu viele *Geschäftsreisen*		
21		
22		
× *Die hauptsächlichsten Zeitverlustquellen ankreuzen und dann quantifizieren mit Strichliste (wie oft).* c MSB		

Selbstverständlich gibt es auch die Gefahr, daß man zu lange plant und dadurch unwirtschaftlich arbeitet. Als Richtschnur für den Zeitaufwand für die Zeitplanung kann man etwa 1 % der einzuteilenden Zeit ansetzen (Faustregel). Für einen Jahreszeitplan mit etwa 200 Arbeitstagen würden wir rund 1 bis 2 Tage für die

Zeitplanung ansetzen; für einen Tagesplan mit 8 Arbeitsstunden (480 min) rund 5 bis 10 min für die Zeitplanung. Setzen Sie Ihre Zeit richtig ein? Oder beschäftigen Sie sich mit zu vielen Dingen gleichzeitig? Oder übergewichten Sie verhältnismäßig unwichtige Dinge? Haben Sie Zeit, eine Arbeit ganz durchzuführen oder werden Sie immer wieder dabei gestört und müssen dann von neuem beginnen?

Nehmen Sie Ihren Terminkalender, Ihr Tagebuch oder Ihre Tagespläne, und analysieren Sie einmal kritisch Ihre «vertane» Zeit. Um eine ergiebige Zeitanalyse zu bekommen, untersuchen Sie 2 × 14 Tage Ihre Zeitnutzung mit Hilfe der abgebildeten Checkliste.

Zeitverluste können u.a. eintreten durch Unterbrechungen, Zwangspausen, Rückfragen, Telefonate, Besprechungen, Besuche, Unklarheiten, Trödelei, Beschäftigung mit Nebensächlichkeiten, durch physische Störungen wie Lärm, Hitze, optische Ablenkungen.

Fragenkatalog zur Zeitnutzungsanalyse

☐ Waren «wichtige Arbeiten» wirklich wichtig?
☐ Wurden wichtige Dinge zusammenhängend bearbeitet?
☐ Waren bei vielen wichtigen Aufgaben Prioritäten gesetzt?
☐ Wurden die wichtigsten Dinge zuerst und rechtzeitig erledigt?
☐ Wurden Routineaufgaben schnell erledigt?
☐ Wurden kleine Aufgaben, Telefonate, Diktate, verschiedene Besorgungen oder Besuche zusammengefaßt und auf einem Wege erledigt?

Zeitnutzungsanalyse			
Zeitspanne	Ausgeführte Tätigkeiten (vergleiche Tagebuch)		
vom: bis:	Wichtige Arbeiten	Routine-Arbeiten	Zeitverluste durch Störungen ...)
Montag			
Samstag			

□ Waren einige Routinearbeiten zu delegieren?
□ Waren Zeitverluste durch eigene Disziplin zu verringern?
□ Waren Störungen vermeidbar?
□ Könnten einige Arbeiten u. U. ganz abgestellt werden?
□ Könnten zeitraubende Besprechungen straffer geführt werden?
□ Könnte das Telefon zeitweise abgeschaltet werden?

Tragen Sie zuerst die täglich ausgeführten Tätigkeiten stichwortartig in das Formular zur Zeitnutzungsanalyse ein. Stellen Sie sich dann obige Fragen.

Gehen Sie den Zeitverlusten mit einer Zeitverlustanalyse und einer Störungsanalyse weiter auf den Grund.

Nutzen Sie die Ergebnisse der Zeitanalysen bei Ihrer Zeitplanung.

Störungsanalyse

Sind die Zeitverluste durch Störungen besonders hoch, dann empfiehlt es sich, eine Störungsanalyse anzufertigen. In der Störungsanalyse halten wir fest, woher die Störungen kommen, wie oft sie von der gleichen Stelle kommen und welcher Art die Störungen sind. Wie lange sie dauern, interessiert uns dabei weniger, wenn es nur um einige Minuten geht. Wir stoppen also nicht jede Störung mit der Stoppuhr. Dies halten wir für übertrieben. Wir führen lediglich eine Strichliste. Die Strichliste liegt auf dem Schreibtisch.

Das obenstehende Formular ist jeweils für einen Tag gedacht. Führen Sie die Störungsanalyse ähnlich wie die Zeitanalyse 2 × 14 Tage lang durch. Sammeln Sie dann die Ergebnisse auf einem Blatt.

Störungsanalyse	Name:			Datum:					
Störungsstellen:	Telefon	Besuche	Sonstiges	Min.				Std.	
				−5	10	20	30	1	2	3
(Namen)									
⋮									

Sprechen Sie danach mit den Hauptstörungsstellen über eine beiderseitig befriedigende Regelung. Oft können Störungen auch in Gegenseitigkeit reduziert werden.

Zeitplantechnik

Bei der Zeitplantechnik ist die Zeit Hauptgegenstand der Planung. Dies gilt vor allem, wenn eine Fülle von zu erledigenden Aufgaben terminiert werden muß und die Zeit bestmöglich genutzt werden soll.

Die wesentlichen Vorteile einer gekonnten Zeitplantechnik:

- ☐ Zeitlicher Überblick. Man weiß, was wann zu tun ist und wieviel Zeit dafür zur Verfügung steht.
- ☐ Prioritätenbildung. Das Wichtigste wird in jedem Falle getan.
- ☐ Durch Bündelung von Aufgaben werden viele Aufgaben schneller erledigt.
- ☐ Besseres Gefühl für den Zeitbedarf, dadurch realere Zeiteinschätzung, weniger Fehlkalkulationen.
- ☐ Weniger Streß, da notwendige Pausen eingeplant sind.
- ☐ Weniger geplatzte Termine, da Vorkehrungen zur Einhaltung von Terminen rechtzeitig getroffen werden.

Eine bessere Zeitnutzung wirkt sich in einem höheren Gewinn aus, gleichgültig was man dabei als Gewinn anstrebt: mehr freie Zeit, mehr Zeit zum Denken, mehr Geld, mehr Sicherheit oder mehr Kunden beispielsweise.

Das Mindeste, was jeder haben sollte, ist ein grober Jahresplan und Tagespläne. Als weitere Stufe schlagen wir zusätzlich Monatspläne vor. Eine weitere vertiefte Zeitplanung geht dann über alle Stufen vom Vierteljahresplan bis zum Tagesplan.

Am Jahres-, Monats- oder Wochenanfang wird die zur Verfügung stehende Zeit berechnet. Anschließend werden die feststehenden und voraussehbaren Aufgaben sowie Termine für diesen Zeitraum ermittelt. Dann sind die Verpflichtungen mit der zur Verfügung stehenden Zeit in Einklang zu bringen.

Wenn die Zeit nicht ausreicht, müssen Prioritäten gesetzt werden und weniger wichtige Dinge zusammengedrängt, delegiert oder gestrichen werden.

Benutzen Sie ein Formularblatt zur Vorbereitung Ihres Zeitplanes. Übertragen Sie dann die korrigierten Werte in den Zeitplan.

Tagesplanung

1. Nehmen Sie sich 10 min vor Beginn der Tagesarbeit oder besser noch am Vorabend.
2. Machen Sie einen Tagesrückblick. Überprüfen Sie in einer kurzen Selbstkontrolle, was Sie erreicht haben und was nicht. Damit schließen Sie den vorangegangenen Tag ab, ziehen eine Lehre daraus und nehmen sich Neues für den kommenden Tag vor.
3. Schauen Sie in Ihren Terminpaln (Leporello-Plan) und in Ihren Wochen-, Monats- oder Jahresplan, soweit Sie einen haben.
4. Notieren Sie das bereits Vorgesehene und die für den kommenden Tag beabsichtigten Arbeiten auf einem Zettel. Schneller geht es mit dem Formular «Tagesplan-Vorbereitung».
5. Ordnen Sie, was auf dem Zettel steht. Fassen Sie verschiedene kleine Vorgänge, wie Telefonate, Kurzbriefe, kurze Besprechungen, kleine Erledigungen usw., zusammen, und sehen Sie hierfür jeweils eine zusammenhängende Zeit (Zeitblock) vor.
6. Schätzen Sie dann den Zeitbedarf für diese Zeitblocks sowie für die größeren Vorgänge wie Konferenzen, Ausarbeitungen, Verhandlungen, Besuche u. a. Schätzen Sie dabei in $\frac{1}{4}$-, $\frac{1}{2}$-, $\frac{3}{4}$- und 1-Std.-Einheiten, nicht in Minuten genau. Letzteres wäre unpraktikabel.
7. Die geschätzte Gesamtzeit für die kleinen und großen Vorgänge wird oft schon länger sein als die zur Verfügung stehende Arbeitszeit. Dazu kommt noch eine Reservezeit, die wir vorsehen müssen. Die Reservezeit sollte mindestens 1 Std. betragen. Somit können Sie bei einem 8-Std.-Tag höchstens 7 Std. zeitlich verplanen.
   Sie überarbeiten also Ihre Aufgabenliste: Was ist unbedingt zu erledigen? Was kann anders oder in kürzerer Zeit erledigt werden? Welche Aufgaben müssen gestrichen, delegiert oder verschoben werden?
   Die verbleibenden Aufgaben werden mit Dringlichkeitszeichen versehen.

8. Die Aufgaben werden mit dem Dringlichkeitszeichen in das Tagesplan-Formular zeitlich verteilt eingetragen.

Kürzen Sie dabei immer wiederkehrende Begriffe, wie Telefonieren, Besprechung, Postlesen, Diktieren usw., ab. Sie nutzen so den knappen Raum der Formulare besser, haben eine bessere Übersicht und sind mit dem Schreiben schneller fertig.

Planungshilfen

Kaufen Sie sich für den Tagesplan einen sogenannten Chef-Tagesplaner, ein Kalenderbuch mit Tagesplänen, oder benutzen Sie Formulare. Jedes Tagesblatt ist in Stunden eingeteilt. Die einzelnen Tätigkeiten werden mit der voraussichtlichen Zeitdauer und einer Dringlichkeitsstufe eingetragen.

Jeder kann und sollte 5 min täglich seinen Tageslauf planen. Für stellvertretende Mitarbeiter oder die Sekretärin kann ein Durchschlag gemacht werden.

Das Tagesplan-Formular ist eine gute Hilfe, wenn viele Termine am Tag wahrzunehmen sind. Bei wenigen Terminen je Tag reicht u. U. der bekannte Leporello-Kalender. Als Terminübersicht für die Westentasche benutzt ihn heute praktisch jeder.

Zur Projektverfolgung hat sich im Büro die Termin-Tafel bewährt. Hier sieht man auf einen Blick, wie weit die Realisierung der Pläne fortgeschritten ist. Eine Übervisualisierung mit großen Plantafeln ist jedoch nicht wirtschaftlich.

Eine Terminkartei wird mit meist farbigen Reitern, die auf den einzelnen Karteikarten stecken, geführt.

Die Terminkartei dient der Terminüberwachung für Zahlungen, Zahlungseingänge, regelmäßige Besuche eines Kundenstammes, Bestellungen, Lieferungen u. a.

Das Balken- und das Pfeildiagramm eignen sich gut zur grafischen Darstellung von Zeitabläufen. Man gewinnt dadurch einen guten Überblick über die Folge und den zeitlichen Zusammenhang von einzelnen Tätigkeiten. Mit einer gestrichelten oder andersfarbigen Linie kann man die tatsächlich benötigte Zeit gegenüber der geplanten festhalten. Bei künftig ähnlichen Aufträgen läßt sich die so objektiv festgehaltene Zeiterfahrung verwerten.

Zeitspartechniken			– Checkliste –	
Maßnahmen zur effektiven Zeitnutzung	vorgesehen		durchgeführt	
1 Tagesplan täglich vor Arbeitsbeginn				
2 Tagesplan immer mit sich führen				
3 Erledigungen kontrollieren				
4 Notizblatt für Ideen dazulegen				
5 Adressen, Telefonnummern, Visitenkarten und ausreichend Geld mitführen				
6 Systematisch Pausen einlegen				
7 Beim Telefonieren kurzfassen				
8 Komplexe Fragen telefonisch erledigen, anstatt langen Briefwechsel zu führen				
9 Die leistungsstärksten Arbeitsstunden für die wichtigsten Arbeiten nutzen				
10 Störungsarme Zeiten einführen, wo Sie nur im äußersten Notfall zu sprechen sind. Etwa bis 10 Uhr und ab 16 Uhr				
11 Aufgaben an Mitarbeiter eindeutig und mit Terminen delegieren				
12 Mitarbeiter selbstverantwortlich handeln lassen; keine Rückdelegationen annehmen				
13 Nicht jede Arbeit annehmen. Auch einmal nein sagen. Nicht alles machen wollen				
14 Gleitzeitmöglichkeiten nutzen. Z. B. nicht zur Arbeit oder nach Hause fahren, wenn der größte Stau ist				
15 Nur zu unumgänglichen Verhandlungen reisen. Vieles läßt sich telefonisch oder schriftlich schneller erledigen				
16 Arbeitssparende Checkliste und Formulare nutzen (Formularbriefe, Kurzbriefe u. a.)				
17 Nicht jeden Besucher empfangen. Nicht immer für alle da sein.				c MSB

Abbau von zeitraubenden Gewohnheiten		– Checkliste –		
Gewohnheit	Abbaumöglichkeit	Abbau überprüft		
		am:	am:	am:
1 *Selbstmachen* wollen aus Angst oder Ungeduld	Mitarbeitern vertrauen, auch wenn Arbeiten nicht 100 %ig erledigt werden			
2 Überengagement, zu temperamentvolles spontanes Handeln; *Spontanreaktionen,* die dann widerrufen werden	Zuerst schweigen und überlegen. Bedenkzeiten einführen, überschlafen, kritischer werden. Die Dinge hinterfragen			
3 *Zu genaues Arbeiten.* Ständig alles überprüfen und absichern. Aus dem Denken nicht herauskommen	Nicht grübeln, sondern geplante Arbeiten flott in die Tat umsetzen, auch wenn Details im Plan noch zu verbessern wären			
4 *Unordnung* am Arbeitsplatz; *Durcheinander*	Es darf nur am Arbeitsplatz liegen, was für die Erledigung der jeweiligen Aufgaben benötigt wird			
5 *Termine nicht einhalten* können; chronisches Zuspätkommen	Zeit realistischer einschätzen. Mehr Reservezeit vorsehen. Grundsätzlich Termine 5 min zu früh wahrnehmen			
6 *Schlechte Erklärungen,* dadurch ständig Rückfragen	Vergewissern, ob man verstanden worden ist			
7 *Redseligkeit,* von einem zum anderen kommen	Immer nur *ein* Sachthema behandeln			
8 Entscheidungen nicht rechtzeitig treffen; *Unentschlossenheit*	Entscheidungshilfen einsetzen (Vorteil-/Nachteil-Liste, Entscheidungsmatrix)			
9 *Unangenehme Aufgaben* werden immer wieder verschoben	Unangenehme Aufgaben möglichst gleich erledigen oder einen festen Termin zur Erledigung setzen			
10 *Ständig in der Routine* stecken, Wursteln	Weniger machen, dafür mehr denken. Planen			
11 *Alles wissen* wollen	Nur noch die Hälfte lesen. Weniger Neugier zeigen			c MSB

Fazit:

«Keine Zeit» ist meist eine faule Ausrede bzw. ein Zeichen von Desorganisation. Das Gefühl, keine Zeit zu haben, ist außerdem der schlimmste Streßfaktor, und ein Vorgesetzter, der nie Zeit hat, frustriert die Mitarbeiter. Dabei ist es relativ einfach, mit geeigneten Organisationsmitteln und der Kenntnis entsprechender Techniken seine Zeit effektiver einzuteilen und zu nutzen.   (H. L. BECKER)

Ökonomische Arbeitstechnik für Führungskräfte

Wie kann ich mehr leisten? Wie kann ich meine tägliche Arbeit schneller, besser, sicherer ausführen, ohne in die Mühle des Streß zu gelangen? Eine Frage, die jede Führungskraft angeht, eine Aufgabe, die täglich gelöst werden muß. Über eine Tatsache sollte man sich restlos klar sein: Keine noch so gute Arbeitstechnik, Systematik oder ausgeklügelte schablonenmäßige Anleitung wird helfen, zu größeren Erfolgen zu kommen oder Streßgefahr zu vermeiden. Nur der einzelne selbst, seine geistige Blickrichtung, seine zielstrebige Entscheidung können die Voraussetzungen schaffen. Setzen wir uns deshalb als erstes mit unseren eigenen geistigen Steuerungskräften auseinander. Das sind Willensimpulse, die durch Interesse oder Notwendigkeit unsere Antriebskräfte einschalten.

Selbstbefehlstechnik

Dank des Fortschritts der Wissenschaft auf dem Gebiet der Psychologie und der Kybernetik weiß man heute, wie diese geistigen Steuerungskräfte positiv eingesetzt werden können. Ein ganz wesentliches Mittel zur Beherrschung dieser geistigen Steuerungskräfte ist die Selbstbefehlstechnik.

Die Methode dieser Technik beruht auf der Versachlichung der eigenen Person. Durch den Selbstbefehl wird das eigene Ich in zwei Persönlichkeiten aufgespalten; eine befehlende und eine ausführende. Die dadurch entstehenden Steuerungsenergien bringen bedeutende Erleichterungen in der selbständigen und freien Arbeitsdurchführung. Sehen wir uns einmal die Praxis an. Überlegen wir, wie vielen Fremdbefehlen wir am Tage unbewußt ganz spielend gehorchen. Der pünktliche Beginn der Arbeitszeit ist ein solcher Fremdbefehl. Fährt der Autobus um 7.30 Uhr von der Haltestelle ab, so sind wir zur Stelle.

Unbewußt unterstellen wir uns hier einem Fremdbefehl, für den kaum geistige Steuerungsenergien gebraucht werden.

Wir kennen aber auch alle die lange hinausgeschobenen Arbeiten, zu denen uns kein zwingender Fremdbefehl zur Arbeitsausführung führt, z.B.: Die kostenmäßige Durchleuchtung der Abteilung müßte vorgenommen werden. Die Überarbeitung einer Preisliste wäre schon lange fällig. Die Weiterbildung des Verkaufspersonals müßte durchgeführt werden. Ein neues Fachbuch wartet immer noch darauf, gelesen und durchgearbeitet zu werden. Diese und ähnliche Arbeiten werden immer wieder verschoben, bis uns die Notwendigkeit den Fremdbefehl aufzwingt.

Hier nun beginnt die Technik des Selbstbefehls, z.B.: Morgen um 9.00 Uhr wird mit der Durchführung einer schon lange hinausgeschobenen Arbeit begonnen. Man lege sich eine scharf festgelegte Arbeitsdurchführungsfrist vor. Man befolge diese Frist genau und vor allem pünktlich, sogar minütlich. Der eindeutige Befehl, die klare Durchführungsfrist, schafft dabei eine Zielvorstellung, die das gesamte Willensfeld beherrscht. Willenskraft ist Kraftfreiheit, Willensschwäche Krafthemmung. Die Gedanken müssen sich in Marschrichtung formieren. Die geistigen Steuerungskräfte werden dabei in eine bestimmte Vorstellungsrichtung hineingedrängt. Die so gelenkte Arbeitsdurchführung erfährt eine nicht unwesentliche Hilfe. Man hüte sich aber vor unbestimmten Zeitangaben, vor allem bei den ersten Übungen dieser Arbeitstechnik. Sie verführen dazu, daß der Arbeitsanfang verschleppt wird oder daß die Arbeit mit dem behaglichen Schlendrian begonnen wird. Man übe langsam zuerst mit einer Arbeitsdurchführung, um innerlich zu erleben, welche ungeahnten Arbeitsfortschritte dabei zu bewältigen sind. Durch die Macht der Überzeugung wird man dann fähig, einen größeren Kreis von Arbeiten mit dieser Methode zu meistern. Bei dem Üben mit einer bestimmten Arbeitsdurchführung muß das Selbstkommando scharf und entschlossen sein. Die straffe Befolgung der Ausführung ist besonders für den Anfang wichtig. Man nimmt am besten eine täglich sich wiederholende Arbeit und kleidet diese in die Selbstbefehlsmethode. Nach eineinhalb bis zwei Wochen wird man dann sicherer; der oftmals erzeugte seelische Hemmungszustand löst sich, und es genügt später der einfache Vorsatz zur pünktlichen Ankurbelung einer Arbeit.

Am besten ist es, wenn wir die wichtigsten Arbeiten auf führungstechnischem Gebiet in schriftliche Vorsätze kleiden. Ein wichtiges Hilfsmittel zur Beherrschung der Selbstbefehlstechnik ist die Erfolgsüberwachung.

Selbstkontrolle

Am Ende jeder Woche setzt man eine halbe Stunde fest, die ausschließlich der eigenen Arbeitsüberwachung dient. Den Termin für diese Kontrolle muß man vorher genau festlegen. Wenn man ehrlich gegen sich selbst ist, wird die Selbstkontrolle in jedem Falle gute Übungsfortschritte in der Selbstbefehlstechnik bringen. Man hüte sich aber vor Oberflächlichkeit. Es gelingt vielleicht, ein paar Erfolge durch die Suggestivwirkung des Gelesenen zu erreichen. Ohne regelrechte und planmäßige Schulung ist die Selbstbefehlstechnik nicht in den Griff zu bekommen.

Fassen wir diese Technik einmal zusammen.

1. Einstellung auf Versachlichung der eigenen Person,
2. psychokybernetisches Verhalten, d.h. Zielklarheit, jedes Abweichen vom Ziel erfassen und sich geistig wieder zum Ziel ausrichten.
3. Vorsätze in Selbstbefehle kleiden,
4. die geistigen Steuerungskräfte bewußt machen und anwenden,
5. man schaffe sich – statt der schlechten – gute zweckmäßige und positive Gewohnheiten an.

Positiv denken

In der wissenschaftlichen Pädagogik kennt man diese geistige Blickrichtung unter dem Begriff operative Bedingung. Hier heißt es ganz deutlich «Erfolgserlebnisse transparent machen» und sie psychologisch durch Lob und Anerkennung verstärken. Dagegen darf man Fehler oder Mißerfolge nur handhaben, also korrigieren, verbessern, richtigstellen, ohne sie gedanklich zu verstärken. Auch in unserer Selbstbehandlung gilt das. Gedanken sind Vorstellungen oder Bilder. Sie werden entweder durch äußere Einflüsse oder durch unser Denken hervorgebracht. Das heißt also, daß wir ihnen bewußte Aufmerksamkeit widmen müssen. Diese Aufmerksamkeit können wir mit dem Objektiv einer Kamera vergleichen. Das geistige Objektiv müssen wir deshalb geschickt in die richtige Blickrichtung bringen. Wie sehr wir von der geistigen Blickrichtung abhängig sind, zeigt uns folgendes Beispiel:

Wir studieren ein Fachbuch mit 500 Seiten; nach den ersten 50 Seiten können wir den Tatbestand in zweierlei Formen wiedergeben: «Ach je, 50 Seiten sind erst geschafft, noch ganze 450 Seiten muß ich noch studieren und bearbeiten», oder «Fein, diese 50 Seiten habe ich geschafft, die anderen 450 Seiten bekomme ich auch noch.» Diese beiden Formulierungen geben zwei ganz verschiedene geistige Blickrichtungen wieder. Während die erste höchst unzweckmäßig ist, kann die zweite als stark arbeitsfördernd angesehen werden. Die erste Einstellung sieht nur das Negative, das Nichtgeleistete, während die zweite, positive, den Blick auf das Geleistete richtet. Die Freude am eigenen Können wird geweckt. Diese kleinen Freuden sollten wir uns immer wieder gönnen. Freude über die geleistete Arbeit, Freude am eigenen Erfolg sind außerordentlich wertvolle Impulse. Diese Impulse erzeugen eine günstige Arbeitsstimmung, die wir brauchen. Dabei fällt uns diese Einstellung immer leichter, je öfter wir unsere Aufmerksamkeit bewußt in diese geistige Blickrichtung bringen.

Gedanken sind Kräfte

Wir müssen lernen, die Gebieter über unsere Gedanken zu werden. Nicht wir haben ihnen, sondern sie haben uns zu gehorchen. Nur so können wir unsere Arbeitsstimmungen, aber auch unsere Launen in den Griff bekommen. Nach einigen Versuchen mit dieser Methode wird man erstaunt feststellen, wie leicht und mühelos sich unsere Stimmungen und Emotionen durch diese Einstellungstechnik beeinflussen lassen. Das ist die geistige Grundlage zum Führen und Arbeiten.

Richtig entscheiden

Man muß sich immer wieder sagen «Richtigmachen ist Erfolg, Falschmachen ist Mißerfolg». Richtiges Entscheiden setzt immer genügend Information und größtmögliche Zielklarheit voraus. Wenn auch die Erfahrung beim Entscheiden eine Rolle mitspielt, muß man sich im klaren sein, daß zum richtigen Entscheiden noch einiges mehr gehört. Deshalb darf man niemals nur aufgrund seiner Erfahrung entscheiden. Was gestern noch richtig war, kann morgen schon grundverkehrt sein. Wir alle haben solche Situationen schon erlebt. Früher konnte man sicherlich mehr oder weniger aus dem Erfahrungsschatz urteilen und entscheiden. Viele Dinge in Technik und Geschäftsablauf hatten ihre festen Gesetzmäßigkeiten, die sich nur langsam und träge änderten. Aus diesen statischen Umweltbeziehungen konnte man mehr aus der Erfahrung entscheiden.

Anders heute – unsere Welt ist viel dynamischer geworden. Die Technik bestimmt das Tempo. Numerisch gesteuerte Maschinen produzieren. Computer rechnen und buchen in Bruchteilen von Sekunden. Raum und Zeit wird schneller überwunden, Informationen werden in Windeseile verbreitet. Alles fließt viel schneller, vor allem die Zeit. Wohl ist eine Stunde, ein Tag noch genauso lang wie vor hundert Jahren, aber er ist erfüllter und produktiver. Zum Wohle wird uns diese Zeit aber nur, wenn wir «klug und richtig entscheiden», das Kleine wie das Große.

Schaffen Sie sich vor allem die Voraussetzung zum Entscheiden – genügend Information.

Als Führungskraft müssen Sie immer auf dem laufenden sein.

Wählen Sie die Information nach ihren relativen Wichtigkeiten aus. Informationen werden am besten nach einer Klassifikation geordnet, z. B.

Personalführung
Auswahl, Ausbildung usw.

Betrieb – Maschinenpark
Neuheiten, Angebote, Reparatur – Möglichkeiten, Ersatzteile, Automatisierung.

Betrieb – Material
Materialeinsparung, Preisangebote, Kunststoffe, Bauteile, Austauschteile.

Als zweites gehört zum Entscheiden die Zielklarheit. In unserem sozio-ökonomischen Wirtschaftsprinzip von heute müssen wir uns als Führungskraft weitgehend von dem alten Verhaltensmuster der introvertierten Zielsetzung lösen. Unsere Umwelt, aber auch die soziale Sicherheit für unseren Betrieb verlangt, daß wir extrovertierte Zielsetzung praktizieren. Unter introvertierten Zielen versteht man z. B. Kostenrechnen, Rationalisierung, Bilanzen. Extrovertierte Ziele sind z. B., wie kann ich bei der Zielgruppe meines Betriebes die Bedürfnisse besser, schneller, reibungsloser, günstiger befriedigen. Habe ich diese genaue Zielklarheit erkannt, kann ich ohne große Methodik wiederkehrende kleine Entscheidungen am Tage zügig und sofort in klarer und fester Weise entscheiden. Große und wichtige Entscheidungen sollten aber mit gründlicher Systematik vorbereitet werden. Hier ein bewährtes System:

Methodische Lagebestimmung

Jeder planvollen Entscheidung muß eine methodische Lagebestimmung vorausgehen. Die Ausgangslage muß immer klar sein. Hier dürfen keine Unterlassungsfehler begangen werden. Meist ist es die eigene Eitelkeit, die die Ausgangslage nicht richtig erkennen läßt. Strenge Objektivität. Nur wenn ich die Ausgangslage richtig und objektiv beurteile, kann später die Entscheidung richtig sein. Man scheue sich nicht, die Situationsbestimmung schriftlich vorzunehmen. Die Zeit, die man dafür braucht, kommt doppelt und dreifach wieder herein. Der nächste Schritt sind ein paar Bogen DIN A4, auf die man einige senkrechte Striche zieht, so viele, wie Alternativlösungen zum Problem anstehen. In die senkrechten Spalten trägt man die Argumente ein, die für oder gegen die Alternativlösung sprechen. Achtung! Strenge Objektivität!

In diese Spalten gehören z. B. Kosten, Erlöse, Baufragen, Personaleinsatz, behördliche Bestimmungen, *Kundenwünsche*, Frachtkosten usw. All das schreibt man jeweils schön untereinander, so wie es einem einfällt. Man muß alle Einzelheiten gut durchdenken, am besten bespricht man es mit geeigneten Mitarbeitern oder Sachkennern. Vor allem müssen Schwachstellen notiert werden. Apropos – notiert! Merken Sie etwas? Auch hier gilt, wer schreibt, der bleibt. Eine alte Weisheit.

Fallen uns keine neuen Gedanken zu der Sache mehr ein, so scheue man sich nicht, das Ganze eine Weile ruhen zu lassen. Unser Unterbewußtsein ist immer ein guter Helfer. Plötzlich, über Nacht, fallen uns neue, meist sehr brauchbare Ideen ein. Oft sind wir dann der Lösung des Problemes sehr nahe. Kommen keine neuen Gedanken und Ideen mehr, geht man analytisch weiter. Man bewertet die untereinandergeschriebenen Gesichtspunkte, entweder mit Kennzeichen, Noten oder unterstreicht sie farbig: Gesichtspunkte, die für die Alternativlösung sprechen, grün, die dagegen sind rot. Beim Zusammenzählen der positiven oder negativen Faktoren merkt man schon, welche Lösung vorteilhaft ist. Meist fällt die Entscheidung, nachdem man sich so intensiv mit dem Problem beschäftigt hat, nicht mehr schwer. Auf jeden Fall wird eine solche analytisch betriebene Entscheidung sicherer ausfallen. Man hüte sich, persönliche und führungstechnische Probleme durch Dritte entscheidungsreif machen zu lassen. Weitgehend den Stempel der eigenen Persönlichkeit sollte doch der von Ihnen geführte Arbeitsbereich haben. Kooperation und Teamwork werden dabei nicht betroffen. Entscheiden kann nur einer – der die Verantwortung trägt.

Fazit:

Geistige Einstellung und klares, tatkräftiges, richtiges Entscheiden sind die Quellen persönlichen Erfolges. Durch diesen Erfolg einer Führungskraft wird das gesamte sozio-ökonomische Spannungsfeld des Betriebes positiv geladen, zum Wohle seiner Mitarbeiter, seiner Kunden und seiner selbst.

Über die Methodik der schriftlichen Arbeit

Ein großer Teil unserer täglichen Arbeit besteht darin, Informationen zu geben oder zu erhalten. Informationen erfolgen schriftlich oder mündlich. Jedes Wort, das wir schreiben, ist eine Information. Ob und wie sie beim Empfänger ankommt, hängt davon ab, wie wir in der Lage sind, unsere Informationen auszudrücken.

Das Wort als Übertragungsproblem

Bei jeder Kommunikation handelt es sich darum, Vorstellungen durch Worte einem anderen deutlich zu machen. Dies ist ein zweifaches Übertragungsproblem, weil der Sender seine Vorstellungen in Worte (schriftlich oder mündlich) übertragen muß und diese dann wieder vom Empfänger in seine Vorstellung übertragen werden müssen. Hier können sich erhebliche Fehler einschleichen. Es gibt Wissenschaftszweige, die sich mit solchen Fragen befassen, wie die Verstehenstheorie (Hermeneutik) und die Soziolinguistik. Die Kommunikation ist nur dann exakt, wenn das übermittelte Wort im Empfänger dieselben Vorstellungen weckt, mit denen es der Sender abgeschickt hat. Technisch gesprochen müssen Sender und Empfänger die gleiche Wellenlänge haben.

Also: Die Voraussetzungen sind zu erfassen, die nötig sind, um die Nachricht beim anderen so ankommen zu lassen, wie sie der Absender gemeint hat.

Vorstellungen und Begriffe, die sich in Worten ausdrücken, können jedoch durchaus unterschiedliche Sinninhalte haben, weil die Menschen unterschiedliche Denkstrukturen aufweisen. Ein Gelehrter denkt anders als ein Praktiker, ein Städter anders als ein Bauer (Milch ist für den einen nichts anderes als ein Getränk; für den anderen ein Problem der Rinderhaltung und seiner täglichen Arbeit).

Wir müssen folglich, wenn wir etwas mitzuteilen haben, unsere Denkdisziplin soweit schulen, daß unsere Mitteilung beim Empfänger «störungsfrei» ankommt, wir müssen gewissermaßen in seiner Sprache sprechen und dafür sorgen, daß seine Vorstellungen und Begriffe mit unseren übereinstimmen. Bei Fachleuten der gleichen Fakultät ist dies einfacher als bei solchen unterschiedlicher Richtungen. In jedem Betrieb kann man dieses Problem beobachten: Kaufleute oder Techniker unter sich verstehen sich besser als der Kaufmann den Techniker und umgekehrt.

Mündliches und schriftliches Wort

Bevor wir auf die Methodik der schriftlichen Arbeit eingehen, seien noch kurz die Vor- und Nachteile der mündlichen und der schriftlichen Kommunikation skizziert:

☐ das gesprochene Wort
   wird ergänzt durch Bewegung, Gesichtsausdruck und Tonfall und wirkt so unmittelbar, kann variiert werden je nach der Reaktion des Zuhörers,
   aber, es ist entwichen, sobald es gesprochen ist, und es besteht die Gefahr, daß man sich falsch ausdrückt oder verspricht.

☐ das geschriebene Wort
   ist nicht spontan, man hat Zeit, sich seine Formulierungen zu überlegen, es bleibt erhalten, der Empfänger kann es zur Kenntnis nehmen, wann er will und so oft er will; es hat Beweiskraft, und es ist stärker systematisierbar als das mündliche Wort;
   aber, es fehlt der unmittelbare Kontakt wie bei der Rede;
   es liegt fest und ist nicht zurücknehmbar, wenn man sich im Wort vergriffen hat.

Schriftliche Ausdrucksweisen

Im täglichen Betriebsgeschehen gibt es eine Fülle unterschiedlicher schriftlicher Ausdrucksweisen, die alle der Information dienen. Schriftliche Informationsmittel sind beispielsweise Briefe der verschiedensten Art, Rundschreiben, Berichte, Aktennotizen, Protokolle, aber auch Anschläge am Schwarzen Brett, Anzeigen, Prospekte, Bedienungsanleitungen, Arbeitsanweisungen, Geschäftsberichte, Verträge und anderes mehr.

Alle diese Informationsmittel haben ihren eigenen Ausdrucksstil. Ein Brief an einen Geschäftsfreund ist anders abzufassen als eine Bedienungsanleitung. Allen gemeinsam aber ist, daß sie so zu formulieren sind, daß sie im Sinne des Absenders verstanden werden.

Der Informant kann sich bei der Formulierung seiner Äußerungen bestimmter Methoden bedienen.

Methodik in der Formulierung

Schriftliche Formulierungen bedürfen einer gewissen gedanklichen Vorbereitung, die je nach der Thematik, aber auch nach Übung und Erfahrung des Schreibenden kurz oder lang sein kann.

☐ Schon Sokrates hat dafür eine Regelfolge aufgestellt:
Grund – Gegengrund – Beobachtung – Frage – Meinung
☐ Für Verbesserungsvorschläge sowie Stellungnahmen, Kontrollen, Zielvorgaben kann folgende Formel gelten:
Ist (Darstellung des gegenwärtigen Zustandes), *Soll* (Darstellung dessen, was angestrebt wird), *Also* (Darstellung dessen, was getan werden muß, um das angestrebte Ziel zu erreichen). Bekannt ist auch die sogenannte «W»-Formel: Wann, wer, wie, wo, warum, was nun usw.
☐ Diese Regeln genügen aber noch nicht. Hinzu kommen müssen eine richtige Einteilung und Gliederung, die Unterteilung in Haupt- und Nebenfragen, die Darstellung von Vor- und Nachteilen mit klaren Begründungen sowie die richtige Reihenfolge und Hinführung zum Thema mit psychologischem Einfühlungsvermögen, indem der Schreiber vom zunächst leichter Verständlichen zum schwerer Verständlichen hinführt.

- Wesentlich ist weiter, ob man sein Thema in induktiver oder deduktiver Form darstellt. Die induktive Methode besagt, daß man den logischen Schluß vom Besonderen auf das Allgemeine zieht, also ein Verfahren, von empirischen Sätzen zu allgemeingültigen Aussagen zu gelangen. Der umgekehrte Weg ist der der Deduktion, in dem man die besonderen Erkenntnisse aus allgemein gültigen Regeln und Aussagen ableitet. Welcher dieser beiden methodischen Wege der bessere ist, hängt vom Einzelfall ab.

- Die wichtigste Voraussetzung ist natürlich, daß der Schreiber die Grundregeln der deutschen Sprache beherrscht und richtig anwendet. Das gestelzte Kaufmannsdeutsch gehört glücklicherweise inzwischen der Vergangenheit an. Dennoch haben sich manche Stilblüten bis heute erhalten. Die richtige Zeichensetzung, die richtige Anwendung des Konjunktivs, das Vermeiden billiger Schlagworte und Phrasen sollten Selbstverständlichkeiten sein, über die hier nicht weiter gesprochen werden muß.

- Neben der Formulierungskunst treten noch Regeln, die aus der Dialektik herzuleiten sind, also aus der Kunst zu überzeugen, wobei man sich hier die Regeln der fairen Dialektik bedienen sollte.

- Allgemein gilt noch: Es wird viel zuviel geschrieben. Die Informationslawine droht jeden von uns zu erdrücken. Darum sollte jeder, der zu informieren hat, sich vorher selbst die Frage vorlegen, warum er informieren will und ob seine Information so wichtig ist, daß er es verantworten kann, des Empfängers Zeit damit zu beanspruchen; und dann sollte er sich bemühen, sich so kurz wie nur möglich zu fassen.

Die Qualität einer Information hängt nicht von ihrer Länge ab, sondern von ihrem sachlichen Inhalt.

Fazit:

Schriftliche Information muß sein. Sie darf sich aber nicht in dichterischer Freiheit austoben, sondern nach den Regeln einer rationellen Methodik. Sie muß gründlich sein, aber nicht langatmig, sie muß einfach sein, ohne zu vereinfachen, sie muß beim Empfänger «richtig ankommen».

Die Technik der Willensumsetzung

Nach Planung und Entscheidung: die Realisation

Management wird häufig gleichgesetzt mit «Entscheidungen fällen». Von nicht geringerer Wichtigkeit ist aber, wie weit es dem Manager gelingt, seinen Willen umzusetzen. Trotz der ungeheuer großen Zahl spezieller Situationen lassen sich einige Methoden angeben, die sowohl eine breite Anwendung finden als auch eine weitgehende Effektivierung darstellen.

Dem Planungs- und Entscheidungsprozeß schließt sich im Management-Prozeß die Funktion Realisieren an. In ihr erfolgt die Willensumsetzung zur Verwirklichung der Ziele. Da der Manager nicht selbst die Ziele verwirklicht, muß der Wille des Managers auf die Mitarbeiter übertragen werden. Das geschieht durch Anweisungen. Die Realisation wird damit delegiert. Die Delegation durch Anweisung ist also eine aktuelle Einwirkung auf die Mitarbeiter. Andererseits hat der Manager aber in der vorangehenden Phase bereits zielgerechte Zuordnungen vorgenommen und Abläufe festgelegt.

Wir stellen fest:
Organisation und Einwirkung sind Teilfunktionen der Realisation.

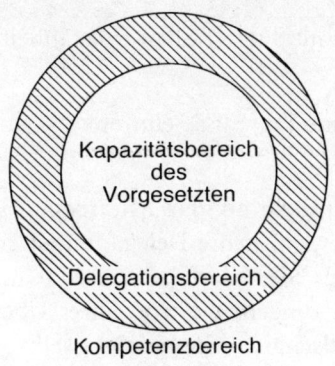

Kapazitätsbereich
des
Vorgesetzten

Delegationsbereich

Kompetenzbereich

Bild I.3

Delegation und Anweisung

Die Begriffe «Delegation» und «Anweisung» werden in der Regel als synonym angesehen. Es handelt sich aber um verschiedene Vorgänge: Delegation ist die Aufgabenübertragung aus dem eigenen Arbeitsbereich hinaus – Anweisung ist die Veranlassung zu einer Tätigkeit, die immer zum Kompetenzbereich des Mitarbeiters gehört.

Delegieren heißt also nicht, Arbeiten auf andere abwälzen, die man selbst nicht machen möchte. Doch warum wird delegiert?

Bei Führungspositionen ist der Verantwortungsbereich immer größer als die Kapazität der Führungskraft (Bild 1.3). In der Abbildung sind die Grenzen der Kapazität der Führungskraft und ihr Verantwortungsbewußtsein durch Kreise dargestellt. Der schriftliche Ring zeigt den Delegationsbereich.

Soll die Delegation ein echtes Führungsinstrument sein, so sind die Fragen zu klären:

☐ Wann soll delegiert werden?
☐ Wieviel soll delegiert werden?
☐ Was kann delegiert werden?

Da der Manager nicht alle Aufgaben selbst wahrnehmen kann, muß er immer delegieren.

Der Vorgesetzte muß unter allen Umständen delegieren, wenn

☐ er überlastet ist,
☐ unvorhergesehene Ereignisse eintreten,
☐ er abwesend ist.

Es geht heute nicht mehr an, daß Mitarbeiter durch Einzelanweisungen geführt werden. Echte Delegation ist ein Instrument, das dem Rechnung trägt. Sie bedarf dazu bei Manager und Mitarbeiter gewisser Voraussetzungen, die trotz ihrer Übereinstimmung mit der heutigen Gesellschaftsordnung nicht selbstverständlich sind.

Die Problematik ist bei Vorgesetzten, die Eigentümer eines Betriebes sind, größer als bei bezahlten Managern. Denn der Vorgesetzte muß sich von der Vorstellung gelöst haben, er müsse als souveräner Herr alle Entscheidungen selbst treffen, weil niemand fähig sei, so sachgerecht zu handeln wie er selbst. Er muß den aufrichtigen Willen besitzen, die Initiative seiner Mitarbeiter mit Mitdenken und Mithandeln dem Betrieb nutzbar zu machen.

Der Mitarbeiter muß bereit sein, Verantwortung zu übernehmen. Er muß den Willen und die Fähigkeit besitzen, selbständig zu denken und zu handeln und eigene Initiative zu entwickeln.

Ein weiteres Problem ist der richtige Umfang der Delegation. Wird zu wenig delegiert, so liegt das in der Regel daran, daß der Manager versucht, seine Kapazität auszudehnen. Dies kann so weit gehen, daß sich Kapazität und Kompetenz schließlich decken. Allerdings kann auch zuviel delegiert werden. Das ist mit der Gefahr verbunden, daß der Manager die Übersicht und Kontrolle verliert. Es gibt heute noch keine allgemeingültige Methode, mit der der Umfang der Delegation exakt bestimmt werden kann.

Auch die Frage, was delegiert werden soll, läßt sich nur allgemein beantworten.

Für die Delegation muß eine spezifische entscheidungsträger- und entscheidungsfeldbezogene Rangliste aufgestellt werden, die mindestens die folgenden Gesichtspunkte enthält:

☐ Inhalt   ☐ Schwierigkeit
☐ Umfang   ☐ Bedeutung
☐ Komplexität   ☐ Dringlichkeit

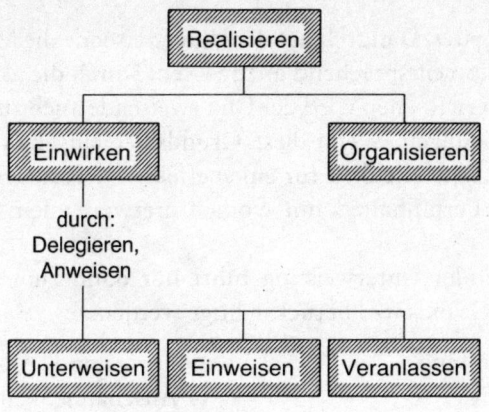

Bild I.4

So werden vor allem Routineaufgaben und Vorbereitungsarbeiten zur Delegation geeignet sein. Bei niedrigen Prioritäten können auch Problemlösungen delegiert werden. Problemlösungsaufgaben sind eine Herausforderung für qualifizierte Mitarbeiter und steigern das Engagement. Damit ist eine Weiterbildung und Steigerung der Qualifikation der Mitarbeiter verbunden. Ausgewogene Delegation ist deshalb das wirkungsvollste heute bekannte Führungsinstrument.

Aufgrund des Ausbildungsstandes der Mitarbeiter kann man die Form der Einwirkung präzisieren. Mitarbeiter ohne entsprechende Fachkenntnisse werden unterwiesen, neue Mitarbeiter eingewiesen und andere Mitarbeiter zu bestimmten Tätigkeiten veranlaßt (Bild I.4).

Technik der Realisation

Die Ein- und Unterweisung von Mitarbeitern führt nur dann zum Ziel, wenn zwischen dem Vorgesetzten und dem Mitarbeiter eine ständige Rückkopplung besteht. Dadurch erfolgt ein Informationsaustausch, also Kommunikation. Voraussetzung für die Rückkopplung ist, daß der Stoff in Lernschritte zerlegt wird. Nur so läßt sich der Lernerfolg überprüfen. Dabei spielt eine wesentliche Rolle, daß der Unterwiesene nicht nur passiv den Stoff aufnimmt, sondern aktiv mitarbeitet. Dadurch hat der Unterweisende die Möglichkeit, das Lerntempo entsprechend anzupassen. Durch die aktive Mitarbeit des Unterwiesenen wird der Unterweisende auch zur Anschaulichkeit gezwungen. Wenn diese Grundsätze eingehalten werden, ist die Wahrscheinlichkeit für einen effektiven Transfer groß. Das heißt, der Lerninhalt kann vom Unterweisenden übertragen werden.

Die Ein- oder Unterweisung führt nur dann zum Ziel, wenn folgende 6 Grundsätze berücksichtigt werden:

1. Rückkopplung	4. Lerntempo
2. Lernschritte	5. Anschaulichkeit
3. Aktivität	6. Transfer

Diese sechs lernpsychologischen Grundsätze für das Ein- und Unterweisen werden bei zwei Unterweisungsmethoden besonders berücksichtigt:

☐ bei der «Programmierten Instruktion» für die Vermittlung von Wissen,

☐ bei der «Vier-Stufen-Methode» für die Vermittlung von Fertigkeiten.

Die Programmierte Instruktion

Der Aufbau und die Durchführung einer Programmierten Instruktion soll an einem Beispiel demonstriert werden. Dazu wird von folgender Situation ausgegangen: In einem Betrieb der optischen Industrie wird eine zentrale Hauptabteilung «Unternehmenspolitik» aufgebaut. Da festgestellt wird, daß die Vorstellung über die Aufgaben und Bedeutung dieser Hauptabteilung bei vielen Mitarbeitern besonders der Linie sehr vage sind, soll die Funktion im Rahmen des Mitarbeiter-Weiterbildungsprogramms erläutert werden.

Mit der Durchführung wird der Leiter der Hauptabteilung «Unternehmenspolitik» beauftragt. Er entschließt sich für die Methode der Programmierten Instruktion, weil ein geeigneter Raum mit Tageslichtprojektor zur Verfügung steht.

Zunächst stellt der Lehrende ein Unterweisungsprogramm auf. Dabei wird der Stoff in nach Gehalt und Umfang sinnvolle

Abschnitte geteilt, die Lernschritte. Nach jedem Lernschritt wird eine Kontrollschleife vorgesehen. So wird sichergestellt, daß im Stoff erst fortgefahren werden kann, wenn das Vorhergehende aufgenommen wurde. Zur Unterstützung des Lernerfolges wird außerdem der Tageslichtprojektor eingesetzt. Dafür sollten die Folien vorbereitet werden. Geschieht dies nicht vorher, so ist die Gefahr sehr groß, daß die Unterweisung durch lange Zwischenphasen unterbrochen wird. Die projizierten Darstellungen werden durch Arbeitsblätter ergänzt. Diese Arbeitsblätter enthalten lückenhafte Zeichnungen und Texte, die von den Unterwiesenen dann vervollständigt werden (Bild 1.5).

Mehrere Ziele stehen in bestimmten Beziehungen untereinander.
1. Ist die Beziehung hierarchischer Art, so unterscheidet man *Oberziele* und *Unterziele*.
2. Eine Gewichtung führt zu *Hauptzielen* und *Nebenzielen*.
3. Ziele können untereinander in
   a) komplementärer,
   b) indifferenter oder
   c) konfliktärer Beziehung zueinander stehen.
Zeichnen Sie die Beziehungen als qualitative Kurvenläufe in das Schaubild ein:

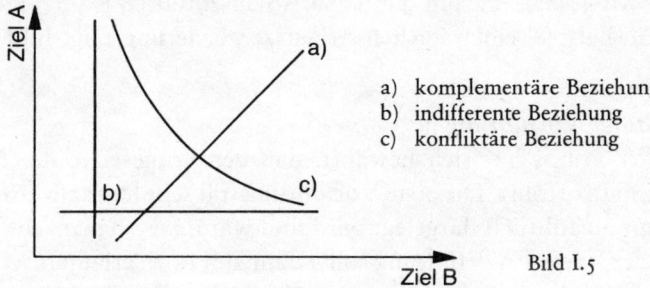

a) komplementäre Beziehung
b) indifferente Beziehung
c) konfliktäre Beziehung

Bild I.5

Eine sofort anschließende Bekanntgabe der richtigen Lösungen verhindert, daß sich falsche Lösungen festsetzen.

Die 4-Stufen-Methode

Die Programmierte Instruktion eignet sich besonders zur Wissensvermittlung. Für die Unterweisung in manuellen Fertigkeiten geht man besser nach der 4-Stufen-Methode vor. Die Grundzüge können besonders gut in Arbeitsanleitungen eingearbeitet werden.

Die 4-Stufen-Methode unterscheidet die Stufen

1. Vorbereitung   3. Ausführung
2. Vorführung   4. Auslauf

1. Stufe: Vorbereitung

Wie bei Programmierten Lehrgesprächen ist die Vorbereitung die wesentliche Bestimmungsgröße für den Erfolg der 4-Stufen-Methode. Einerseits dient sie der Bereitstellung der Ausbildungsmittel (Arbeitsplatz, Geräte, Werkzeuge, Material), andererseits wird in dieser Stufe die Arbeitszergliederung vorgenommen. Die analytische Zerlegung eines Arbeitsablaufes erfolgt nach einem vorgegebenen Schema. Dazu wird der zu erlernende Ablauf in Teilvorgänge zerlegt, die in der ersten Spalte eines Formblattes aufgelistet werden. Dadurch wird eine Folge festgelegt, die bestimmt, was zu tun ist. Zu jedem Teilvorgang wird dann in einer weiteren Spalte des Formblattes die Arbeitsweise mit knappen Formulierungen angegeben. Damit liegt fest, wie die Arbeit zu tun ist. In der letzten Spalte schließlich werden die Arbeiten begründet, es wird gesagt, warum die Arbeit so auszuführen ist.

Ein Beispiel einer solchen Arbeitszergliederung zeigt Bild 1.6.

2. Stufe: Vorführung

In der Praxis hat sich bewährt, daß der Vorgesetzte die Arbeit dreimal vorführt. Die erste Vorführung soll sehr langsam erfolgen, damit ausführlich dargelegt wird und warum es so gemacht wird. Bei der zweiten Vorführung sollte dann nur noch erläutert werden, was gemacht wird. Die dritte Vorführung beschränkt sich nur noch auf die Demonstration. Bei ihr fallen sämtliche Erläuterungen fort.

3. Stufe: Ausführung

In der Stufe der Ausführung erfolgt der Transfer der Fertigkeiten vom Ausbilder zum Auszubildenden. Deshalb wird der Auszubildende nun die Arbeiten ausführen.

Dabei sollte man den Auszubildenden in der ersten Phase ruhig probieren lassen und keine Erklärungen abgeben. Auch wenn der Auszubildende zögert, sollte man ihm geduldig Gelegenheit geben,

Teilvorgänge WAS	Arbeitsweise WIE	Begründung WARUM
1. Lage der Haubenscharniere mit Bleistift anzeichnen	Umrisse der Scharniere so umfahren, daß Kontur auf Haube angezeichnet wird	Dadurch läßt sich die Haube leichter wieder einbauen
2. Haube abschrauben	Schrauben lösen und Haube nach vorn abkippen	Schrauben sitzen an der Haube und dürfen nicht verlorengehen. Abkippen verhindert Lackschäden an der Karosserie
3. Batterieklemmen lösen und Batterie ausbauen	Spannschrauben an beiden Klemmen lösen, Kabel durch Hinundherbewegen lösen und abnehmen	Bei späteren Arbeiten können Kurzschlüsse entstehen, wenn die Batterie angeschlosen ist. Zum Schutz gegen Beschädigung wird sie ausgebaut
4. Kühler ausbauen	Schrauben an vorderer Traverse entfernen, Kühlschlauchstellen lösen, Schläuche abziehen	Der Ausbau des Kühlers erleichtert die weiteren Arbeiten
5. Kühlmittel auffangen	Gefäß mit 3 l Fassungsvermögen unter Schlauchbogen an der Wasserpumpe stellen	Das Kühlmittel kann wieder verwendet werden

Bild I.6   Beispiel einer Arbeitszergliederung

den nächsten Schritt selbst zu finden. Erst wenn der Auszubildende einen Fehler macht, soll der Ausbilder eingreifen.

Wenn die Arbeit fehlerfrei ausgeführt wurde, soll der Auszubildende sie wiederholen. Dabei soll er erläutern, was er macht. Erst in der Schlußphase, wenn der Auszubildende alle Teilarbeiten wirklich beherrscht, sollte er erläutern, was er macht, wie er es macht und warum er es so macht.

4. Stufe: Auslauf
In der Mehrzahl der Fälle wird die Ausbildung nach der dritten Stufe beendet. Das ist freilich wenig sinnvoll: Denn auch wenn der

Mitarbeiter schon selbständig arbeitet, bedarf es der Überprüfung durch den Vorgesetzten. Erst wenn die Arbeitsabläufe so eingeübt sind, daß Fehler als unwahrscheinlich angesehen werden dürfen, kann der Mitarbeiter sein Potential voll ausschöpfen. Zu diesem Zeitpunkt soll er auch erst an den normalen Leistungsanforderungen gemessen werden. Auf diese Einarbeitungsphase soll der Mitarbeiter frühzeitig hingewiesen werden, damit er die notwendigerweise häufigen Kontrollen nicht als diskriminierend empfindet.

Fazit:

Nicht für jeden Fall der Willensumsetzung läßt sich eine effektive Methode als Kochrezept angeben. In vielen Fällen lassen sich aber die Techniken der «Programmierten Instruktion» oder der «Vier-Stufen-Methode» erfolgreich anwenden. In anderen Fällen hilft nur die geistige Durchdringung des Problems und die Kenntnis der Zusammenhänge bei der Realisation weiter.

Wege zur Entscheidungsfindung

Jeder Vorgesetzte muß jeden Tag Entscheidungen treffen. Meist
sind es Routineentscheidungen, manchmal hängt von der
Entscheidung aber auch sehr viel ab. Fehlentscheidungen können
sehr teuer werden, deshalb muß jede Entscheidung gut durchdacht,
gut fundiert und auch hinsichtlich ihrer Folgen wohlüberlegt sein.
Entscheidungen aus dem Handgelenk oder mit Fingerspitzengefühl
sind oft keine Entscheidungen, die den Anspruch auf Qualität
erheben können. Um richtige und möglichst optimale
Entscheidungen treffen zu können, gibt es eine Reihe von Rezepten.

Grundlagen für die Entscheidungsbildung

Als Grundsatz sollte gelten, daß man einer Entscheidung nie ausweichen sollte (oft gar nicht ausweichen kann). Positiv daran ist, daß jedes Problem und seine Lösung gleichzeitig auch eine Chance ist. Probleme gibt es also nicht, nur Chancen: «Ich bin jetzt mit Chancen überlastet (aus Page – Managen wie die Wilden).»

Ohne ausreichende Entscheidungsgrundlagen wird meist nach drei (nicht guten) Kriterien entschieden:

☐ durch Nachahmung – andere, z.B. die Konkurrenz, machen es auch so. Eine solche Entscheidung ist schlecht, wenig kreativ und ohne Phantasie;

☐ Erfahrung – kann dann gut sein, wenn frühere Situationen und Gegebenheiten auch für diesen Fall zutreffen und wenn man Erfahrung nicht als Summe früherer Fehler zu werten hat; Fingerspitzengefühl – ist eine unsichere Schließgrundlage.

Besser ist es auf jeden Fall, sich zur Entscheidungsfindung einer Systematik zu bedienen.

1. Informationen
Das Treffen von Entscheidungen ohne ausreichendes Informationsmaterial ist schlecht. Häufig sind teure Fehlentscheidungen die Folge. Voraussetzung ist natürlich, daß die notwendigen Informa-

tionen richtig und vollständig sind. Es empfiehlt sich, eine Liste derjenigen Informationen anzulegen, die man für die Entscheidung braucht, und dann systematisch diese Informationen zu beschaffen. Die Informationen sind auf Richtigkeit, Brauchbarkeit und Vollständigkeit zu prüfen. Beispiel: Bei der Übernahme einer Firma genügt es nicht, die Bilanz zu prüfen. Sie gibt keine Auskünfte über Umsatzrückgänge, Betriebsklima oder drohende Prozesse.

2. Ordnung und Darstellung

Aus den gesammelten Informationen ergeben sich gewisse Tatbestände, die systematisiert und in eine Ordnung gebracht werden müssen. Umsatzzahlen beispielsweise sind viel leichter zu überblicken, wenn sie in ein Zeit-Mengen-Diagramm gebracht werden. Preiserhöhungen sind zu eliminieren, weil sie mengenmäßige Umsatzrückgänge verschleiern können. Diagramme sind auf jeden Fall anschaulicher als bloße Zahlentabellen. Informationen bestehen aber nicht nur aus Zahlenmaterial. Wenn z. B. über Änderung von Arbeitsabläufen zu entscheiden ist, empfiehlt es sich ebenfalls, ein Schaubild der bisherigen Abläufe anzufertigen. Bilder prägen sich immer besser ein und sind übersichtlicher als die wörtliche Darstellung.

3. Hilfe durch die Netzplantechnik

Bei größeren Vorhaben, z. B. in Forschung und Entwicklung, aber auch etwa für Veranstaltungen (Jubiläen oder dergleichen), treten viele Abhängigkeiten und Zusammenhänge auf, bei Produktionsvorhaben etwa Fragen der Beschaffung, der Produktion selbst, der Bereitstellung von Arbeitskräften, die alle auch noch zeitlich voneinander abhängen und in einen Zeitplan gebracht werden müssen. Wird dieser nicht genügend berücksichtigt, kann eine allgemeine Konfusion eintreten.

Hier hilft die Netzplantechnik. Dies ist eine Darstellungsweise, die alle Zusammenhänge netzartig miteinander verknüpft und dabei den Zeitbedarf berücksichtigt. In der Netzplantechnik gibt es verschiedene Methoden (PPT, PERT, CPS u. a.), auf die hier nicht näher einzugehen ist. Auf jeden Fall bietet die Netzplantechnik eine zuverlässige Methode, komplexe Zusammenhänge darzustellen, zu steuern und zu überwachen.

4. Wichtige und unwichtige Informationen

Im Entscheidungsprozeß sind außerdem wichtige und unwichtige Informationen zu beachten, wobei deren Gewichtung oft nicht ganz einfach ist. Manchmal gibt es Fehlentscheidungen, weil man der unwichtigen Information mehr Bedeutung zugemessen hat als der wichtigen. Beispielsweise gibt es auf dem Gebiet der Marktforschung die für Verkaufsplanung und Vertriebsentscheidungen von großer Wichtigkeit ist, eine große Fülle von sekundärstatistischem Zahlenmaterial, bei dem es schwierig ist, das Wesentliche vom Unwesentlichen zu trennen. Oft werden so auch Informationen übersehen, die für eine Entscheidung relevant sein können.

5. Das Bedenken von Folgen

Eines ist beim Entscheidungsprozeß noch sehr wichtig: Zur Grundlagenforschung gehört auch das Erkennen möglicher Folgen. Die Folgen sind von vornherein schon bei der Sammlung der Unterlagen zu bedenken. Bei bilanzpolitischen Entscheidungen etwa oder bei Firmenfusionen und ähnlichen Gegebenheiten bleiben oft steuerrechtliche Folgen unbedacht, was hinterher zu unliebsamen und teuren Überraschungen führen kann.

Problemanalyse

Wenn die notwendigen Informationen gesammelt, gesichtet und sortiert, die notwendigen Grundlagen zur Entscheidung also vorhanden sind, gilt es, das Problem zu analysieren. Auch hierfür gibt es geeignete Wege:

1. Präzision

Das Herausarbeiten eines Problems oder einer Aufgabe ist die Sache der Formulierungskunst. Wenn einem Mitarbeiter eine Aufgabe übertragen wird, muß sie so präzise gestellt sein, daß der Mitarbeiter ohne Schwierigkeiten schnell den wesentlichen Sinngehalt erkennt. Verschwommene Formulierungen führen oft zu Mißverständnissen und der Fehlinterpretation einer gestellten Aufgabe. Wenn der Mitarbeiter rückfragen muß, war die Aufgabe schon falsch formuliert.

Die gestellte Aufgabe muß das Ziel deutlich erkennen lassen, es muß herausgearbeitet werden, was erreicht werden soll. Die präzise

Formulierung erreicht man immer dann, wenn es gelingt, den Sachverhalt möglichst einfach und kurz darzulegen. Einfache und kurze Darstellungen sind immer präziser als komplizierte und lange.

Auch komplexe Zusammenhänge lassen sich einfach darstellen, wenn man sich die Mühe dazu nimmt. Zur Präzision in der Formulierung gehört auch die exakte Definition. Innerhalb der Problemanalyse müssen wir die zeitliche Fixierung der Entscheidung sehen.

2. Ursachenforschung

Ursachenforschung ist vielfach schon eine halbe Lösung des Problems. Wie ein Arzt die Ursache einer Krankheit erkennen muß, um sie mit Erfolg heilen zu können und nicht nur an den Symptomen kurieren darf, so muß auch der Manager nach den Ursachen fragen, die das Problem überhaupt erst bewirkt haben.

Also: Wo liegen die Ursachen, gibt es eine Ursache oder sind es mehrere? Wenn es mehrere sind, welche sind die wichtigsten? Wer oder was ist schuld daran?

Hierzu ein simples Beispiel:

Es wird festgestellt, daß zu teuer produziert wird. Es ist eine Entscheidung zu treffen, die eine Senkung der Produktionskosten zu bewirken hat. Die Ursachenforschung wird zeigen, ob beispielsweise das Material zu teuer eingekauft wurde, der Qualitätsstandard zu hoch angesetzt ist, die Maschinen veraltet sind und zu langsam arbeiten, die Serien zu klein sind oder zu viele verschiedene Produkte oder Sonderanfertigungen anfallen usw. Die Beantwortung dieser Fragen impliziert schon die Lösung und erleichtert die Entscheidung. Vor allem: man findet so die richtige Entscheidung.

Entscheidungen, die man errechnen kann

Es gibt Entscheidungen, die man mit Hilfe mathematischer Methoden errechnen kann, nämlich bei Sachverhalten, die sich durch Zahlen erfassen lassen und bei denen das Rechnungswesen eine Rolle spielt. Hierfür einige Beispiele: Festlegung der optimalen Losgrößen, Wirtschaftlichkeitsberechnungen bei maschinellen Investitionen, optimale Produktionsplanung, Kalkulationen, Probleme der Lagerhaltung, Transportkostenprobleme, aber auch Vertretersteuerung (Anzahl möglicher Kunden in einem Bezirk, danach Festlegung der Bezirksgröße) und ähnliche.

Die Anwendung mathematischer Entscheidungshilfen setzt natürlich die Beherrschung dieses Instrumentariums voraus. Die wichtigsten Hilfen sind:

☐ lineare Programmierung (Matrizenoptimierung)
☐ nichtlineare Programmierung
☐ Wahrscheinlichkeitsberechnungen (statistische Wahrscheinlichkeitstheorie)
☐ Operations-Research-Methoden u. a.

Entscheidungen ohne Rechenstift

Wenn sich auch viele Probleme mit dem Rechenstift (oder dem Computer) lösen lassen, gibt es doch eine große Zahl von höchst wichtigen Entscheidungen, die sich einer mathematischen Erfassung entziehen, denken wir an Personalentscheidungen oder an Verhandlungen mit Geschäftspartnern. Hier müssen andere Kriterien gefunden werden.

Solche Entscheidungen lassen sich oft gar nicht nach objektiven Maßstäben fassen, sondern sind subjektiv gefärbt. Jeder, der zu entscheiden hat, kann hier anders entscheiden. Beispiel: Für eine leitende Position ist ein neuer Mitarbeiter zu finden und einzustellen. Zwar gibt es auch hier gewisse Anhaltspunkte wie Vorbildung und bisherige Tätigkeit des Bewerbers, Testergebnisse, graphologische Gutachten – letzten Endes ist die richtige Entscheidung aber eine Frage der Menschenkenntnis des Entscheidenden.

Noch schwieriger sind Entscheidungen zu treffen, wenn sie innerhalb von Verhandlungen mit Geschäftspartnern auftreten. Hier spielen die eigene Entschlossenheit und die Entschlossenheit des Partners eine wichtige Rolle, aber auch dessen Empfindlichkeit, Beeinflußbarkeit oder Zuverlässigkeit. Selbst die Taktik der Gesprächsführung kann die Entscheidung beeinflussen. Oft helfen nur die Erfahrung und die Konsequenz, mit der man gewillt ist, die eigenen Ziele zu verfolgen.

Jede Entscheidung birgt die Chance in sich, ein geschäftlicher Erfolg zu werden. Genausogut kann sie aber auch ein Risiko bedeuten. Unsicherheit und Wagnis sind Inhalte eines jeden Geschäfts. Es gibt jedoch Möglichkeiten, das Risiko einzugrenzen.

Einmal mag vielleicht wieder die schon erwähnte Wahrscheinlichkeitsrechnung helfen, etwa wenn gleichgearbeitete Fälle aus früherer Zeit erfolgreich gelöst werden konnten. Dann besteht die Wahrscheinlichkeit, daß es auch diesmal wieder der Fall sein wird. Dies ist praktisch ein Analogieschluß (hundertprozentige Wahrscheinlichkeit gibt es aber nicht). Neben dem Analogieschluß gibt es die Methode der Extrapolation oder Trendberechnung, wobei man Abweichungen nach oben oder unten einkalkulieren kann. Bekannt ist auch der Verlauf der Wahrscheinlichkeit (Gaußsche Normalverteilungskurve), die ebenfalls in den Entscheidungsprozeß aufgenommen werden kann. Man kann das Risiko auf verschiedenen Wegen weiter einschränken:

☐ die Versicherung
sie kann bestimmte Wagnisse eingrenzen
☐ die Risikoverteilung
bekanntes Beispiel: das Unternehmen darf sich nicht auf einen Markt oder ein Produkt einstellen, sondern muß sich ein «zweites Bein» zulegen
☐ der Test
empfiehlt sich sehr oft, wenn man sich über den Erfolg nicht im klaren ist. Beispiel: Neue Werbemethoden werden zunächst auf einem begrenzten Teilmarkt ausprobiert. Wenn sie dort erfolgreich waren, wird die Werbung auf den ganzen Markt ausgedehnt
☐ «verschmerzbares Kapital»
man begrenzt das Risiko dadurch, daß man von vornherein nur eine begrenzte Summe riskiert, die notfalls verschmerzbar ist, wenn die Entscheidung falsch war oder die Lösung mißlingt.
☐ Alternativlösungen
sie bieten die Möglichkeit, sofort umzuschwenken, wenn sich eine Lösung als nicht richtig herausstellt.

Was man aber auf keinen Fall tun sollte: betriebsfremde Risiken eingehen – auch wenn sie gutgehen können. Börsenspekulationen gehören zum Geschäft der Börsen-Jobbers, aber nicht zum Geschäft einer Maschinenfabrik. Es ist auch schlecht, wenn der Firmenchef die Firmenkasse für Monte Carlo benutzt.

Die Durchführung

Wir stellen fest, daß die Grundlagen- und Ursachenforschung, die Materialsammlung und -gewichtung schon die halbe Entscheidung sind. Die Entscheidung – auch die gute und optimale – nützt aber gar nichts, wenn ihr dann die Durchführung fehlt. Es genügt nicht, nach erfolgter Entscheidung darauf zu vertrauen, daß nun alles schon funktionieren wird. Vielmehr ist ein Erfolg nur dann zu erwarten, wenn der Entscheidung die entschlossene, konsequente und richtige Durchführung folgt. Diese ist entsprechend anzukurbeln und zu überwachen.

Fazit:

Entscheidungen zu treffen, ist eine der Hauptaufgaben des Managers. Von einer Entscheidung kann der Erfolg, ja das Leben eines Unternehmens abhängen. Es gibt zahlreiche Mittel und Möglichkeiten, die richtige Entscheidung zu finden.

Ideen haben – Probleme lösen

Kreativ – das ist heute fast schon ein Schlagwort. Kreativität hat
jedoch nicht unbedingt mit «Dürerlook» oder Genialität zu tun.
Neue Ideen haben, schöpferische Initiative entwickeln und
Probleme lösen, das ist bis zu einem gewissen Grade erlernbar.
Durch bestimmte Techniken und Methoden der Ideenfindung, die
hier kurz vorgestellt werden.

Persönliche und betriebliche Voraussetzungen

Vom Vorgesetzten verlangt man Erfolg. Je höher er nach oben kommt, um so größer wird diese Erwartung. Sie schließt dann auch die ihm unterstellten Mitarbeiter, seine Abteilung, das ganze Unternehmen ein. Erfolgreich sein, das heißt letztlich, neue Ideen realisieren, Probleme lösen. Nur die außerordentlichen Fälle sollen den Vorgesetzten beschäftigen. Zusammen mit seinen Mitarbeitern – oft genug auch allein auf sich gestellt – soll er neue Konzepte, neue Methoden, Produkte, Techniken entwickeln. Das ist dann oft der Punkt, an dem die Flucht in die Alltagsarbeit, in die vielen Routinefälle angetreten wird (Kennzeichen: überfüllter Schreibtisch und «keine Zeit»). Erste Voraussetzung für kreatives Arbeiten ist deshalb Zeit. Nehmen Sie sich Zeit. Geben Sie ihren Mitarbeitern Zeit, wenn es um Problemlösungen geht. Zweitens, haben Sie keine Angst, und nehmen Sie Ihren Mitarbeitern die Angst: vor dem Problem und dem möglichen Mißerfolg. Die Psychologen sagen, bauen Sie psychologische Sperren ab. Der gehemmte, ängstliche Prüfling bringt meist weniger, als er weiß und kann. D.h. also letztlich, eine gewisse freie Atmosphäre schaffen. Das beginnt bei der räumlichen Umgebung (die kreative Arbeit sehr stark fördern oder auch unterdrücken kann) und geht bis hin zu den anzuwendenden Methoden. Wenn Sie von Ihren Mitarbeitern kreative Arbeit erwarten, lassen Sie sie nach den Methoden arbeiten, die sie für richtig halten. Und nehmen Sie dieses Recht auch für sich in Anspruch. Ergo: Seien Sie selbstbewußt. Das gibt Ihnen nebenbei das Kennzeichen «kreativ» und außerdem – und das ist natürlich wichtiger – auch die innere Ruhe und Kraft, die Sie für Ihre Problemlösungen brauchen. Last not least, gehen Sie methodisch vor, wenden Sie von Fall zu Fall verschiedene Arbeits- und Diskussionstechniken an, die wir Ihnen hier vorstellen.

Analyse und Information

Denken Sie mal wieder. Jede Problemlösung beginnt bei der Analyse des Problems: Was ist das Problem, welches sind seine Ursachen? Formulieren Sie dann das Problem, möglichst schriftlich, mit all seinen Schwierigkeiten und Unklarheiten. Die zweite wichtige Phase ist die Information. Machen Sie sich ausführlich mit allen Aspekten des Problems vertraut. Hauptregel: Gehen Sie systematisch vor. Betreiben Sie Literaturstudien, und nehmen Sie notfalls Befragungen vor. Und dann denken Sie in aller Ruhe über das Problem nach. Nicht krampfhaft und nicht ängstlich. Lassen Sie sich Zeit und vor allem: Schalten Sie ab, wenn es nicht weitergeht. Erledigen Sie zwischendurch andere Aufgaben. Die Problemstellung arbeitet unbewußt in Ihnen weiter. Oft kommen dann die besten Ideen ganz unverhofft und manchmal auch am unverhofften Ort. Unterstützen Sie die «Inkubationszeit» durch systematisches Festhalten aller Ideen in einer Ideenkartei. Sie kommt Ihnen auch später noch zugute. Wenn Sie dann eine Lösung gefunden haben, von der Sie glauben, daß sie passen könnte, überprüfen Sie sie in bezug auf Ihre betrieblichen Belange. Nehmen Sie eine Anpassung an die betriebliche Problemstellung vor. Meistens werden Sie Ihre Probleme jedoch nicht allein lösen können und wollen. Sie arbeiten im Team, in der Gruppe. Als Vorgesetzter mit Ihren Mitarbeitern oder als Mitarbeiter in der Gruppe. Die meisten Techniken und Methoden der Ideenfindung sind deshalb auf Gruppenarbeit abgestellt.

Der morphologische Kasten

Das Problem wird in seine wesentlichen Bestandteile zerlegt, die man einfach vertikal aufschreibt. In der Horizontalen (Zeilen) werden dann möglichst viele denkbare Eigenschaften bzw.

Merkmale zu jedem Problembestandteil gesucht und aufgeschrieben. Die eigentliche Ideenfindung besteht dann darin, je Zeile 1 Eigenschaft mit je 1 Merkmal aller anderen Zeilen systematisch zu kombinieren. Hieraus ergibt sich dann eine Vielzahl von Komponenten, die zusammen eine theoretisch denkbare Problemlösung bilden. In einem zweiten Schritt kommt es nun darauf an, die geeigneten Kombinationen herauszusuchen und auf ihre Realisierbarkeit zu prüfen. Der Vorteil dieser Methode liegt darin, daß häufig quasi zufällig Lösungen sichtbar werden, die vorhandene einseitige Wahrnehmungs-, Denk- und Diskussionsbarrieren überwinden und zu überraschenden Aspekten führen. Nachteil: In praxi ist die Zahl möglicher Kombinationen sehr groß.

Die Zettelbefragung

Diese Methode eignet sich vorzüglich, wenn es um die Lösung relativ heikler innerbetrieblicher Probleme geht. Z. B. Personalführung, Unternehmenspolitik, Produktplanung, Verkaufsstrategie. An die Teilnehmer dieser Problemlösungskonferenz, die bunt gemischt sein kann – der Chef, die Spezialisten, neue Mitarbeiter, dem Problem ferner stehende Mitarbeiter –, werden eine Anzahl Zettel oder Kärtchen verteilt. Jeder Teilnehmer gibt nun – streng anonym – je Zettel eine Antwort zu dem vorliegenden Problem. Auf diese Weise erhält man in relativ kurzer Zeit eine große Anzahl von Ideen, Meinungen, Urteilen, Vorschlägen, die wegen ihrer Kärtchenform leicht sortier- und auswertbar sind. Im Gegensatz zu mündlichen Äußerungen sind die Antworten fundiert und überlegt. Häufig auftretende Nennungen geben meist schon die Prioritäten an. Vorteil auch hier ganz besonders: durch die zugesicherte Anonymität werden Hemmungen und Sperren abgebaut. Diese Methode ist in allen betrieblichen Bereichen einsetzbar, besonders wenn es um Meinungen geht.

Die Methode 6 3 5

Auch hier arbeitet die Problemlösungsgruppe schriftlich. 6 Teilnehmer schreiben je 3 Antworten bzw. Vorschläge zu dem gestellten Problem auf. Dann werden die Blätter an den Nebenmann (insgesamt 5mal) weitergegeben. Dieser soll sich jeweils bemühen, in seinen wiederum drei Antworten auf die Vorschläge des Vorgängers einzugehen und darauf aufzubauen. Hierbei kann mit den bereits bekannten Vorteilen der Anonymität gearbeitet werden oder auch, wenn es um patent- und urheberrechtliche Fragen geht, mit Namensbezeichnung.

Die Delphi-Methode

Diese Methode heißt nicht ohne Grund so. Ihr haftet etwas Orakelhaftes an, und sie wird vornehmlich im Bereich langfristiger Prognosen angewendet (Bild 1.7). Die Teilnehmer an diesem Prozeß müssen Experten des jeweils zur Debatte stehenden Themas sein. Sie werden zu ihrer Meinung über die wahrscheinliche zukünftige Entwicklung bzw. den wahrscheinlichen Eintritt einer zukünftigen technischen Problemlösung befragt. Sie sind räumlich getrennt – oft sogar in anderen Ländern (Vorteil: Ausschaltung eines Meinungsführers, der in mündlichen Debatten häufig einseitig den Verlauf beeinflußt) – und geben ihre Antwort an die Zentrale. Danach findet ein Rückkopplungsprozeß statt, indem die ausgewerteten Antworten allen Teilnehmern in einer 2. Runde wieder zugänglich gemacht werden. Jeder Teilnehmer kann dann seine Prognosen überprüfen und mit dem zusätzlichen Wissen der anderen Experten korrigieren bzw. präzisieren. Diese Runden können so lange wiederholt werden, bis die wahrscheinliche Lösung von allen stark angenähert wurde. Im Endeffekt hängt der Erfolg dieser Methode allein vom Wissen und der Vorstellungskraft der daran beteiligten Spezialisten ab. Außerhalb des technischen Bereichs eignet sie sich auch für die Festlegung langfristiger Unternehmensziele.

Synektik

Der aus dem Griechischen stammende Name bedeutet soviel wie Zusammenfügen verschiedener, scheinbar nicht zusammengehöriger Elemente. In ganz besonderer Weise verlangt diese Methode den kreativen Profi, der sich – bislang meist nur in den USA –

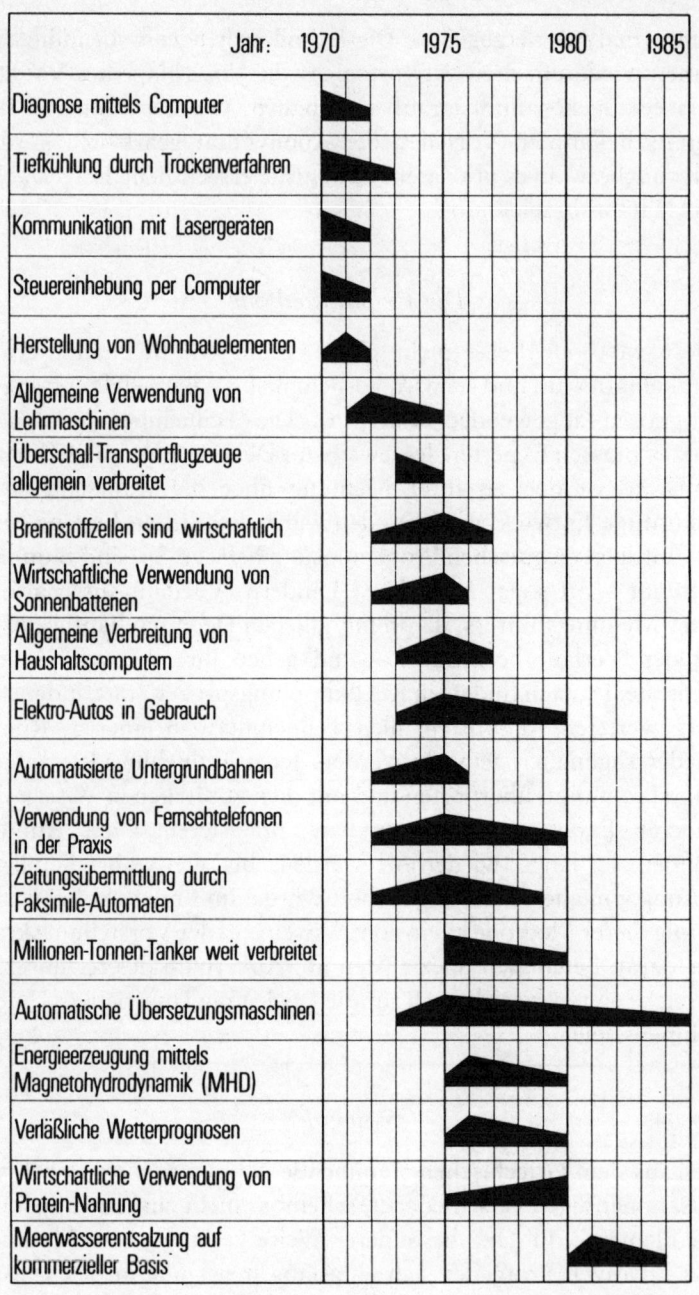

Bild I.7　Beispiel für eine Delphi-Prognose

beruflich ausschließlich mit Problemlösungen und Ideenfindung beschäftigt. Im Endeffekt geht es hierbei darum, den unbewußt ablaufenden schöpferischen Prozeß bewußt zu beeinflussen und zu steuern. Die Mitglieder einer Synektikgruppe sollen möglichst aus verschiedenen Disziplinen kommen. Nach ausführlicher Analyse und Erläuterung des anstehenden Problems im Rahmen einer mündlichen Diskussion folgen zwei wichtige Schritte: der erste ist die systematische Verfremdung des Problems. D. h., unter Benutzung z. B. aus der Biologie stammender Analogien entfernt man sich vom Problem. Diese Analogienbildung erfolgt in mehreren aufeinanderfolgenden Phasen: von der direkten Analogie aus anderen Bereichen (Natur, Technik, Gesellschaft) zur persönlichen Analogie (Identifikation) und von da zur symbolischen Analogie. Der nächste Schritt ist dann die Auswertung der Analogien zur Problemlösung. Insgesamt handelt es sich bei dieser Methode zweifellos um eine der schwierigsten, die große Anforderungen an die Teilnehmer stellt. Sie ist jedoch insbesondere dann gut geeignet, wenn es um die Suche nach neuen technischen Problemlösungen geht.

Brainstorming

Im Gegensatz zur vorhergehenden Methode ist Brainstorming wohl die häufigst angewandte und auch die leichteste. Gerade aber weil sie so unkompliziert erscheint, kann man vieles dabei falsch machen. Im Grund genommen geht es auch hierbei darum, in einer Gruppe zu einem gestellten Thema möglichst unbefangen, spontan alles zu äußern, was einem dazu einfällt (dem Gedankensturm freien Lauf zu lassen). Da kann aber schon der erste Haken liegen. Entweder der Chef hält seine berühmten Monologe, und der Rest schweigt ergriffen. Oder vor lauter Schreck fällt einem überhaupt nichts mehr ein. Oder alle warten darauf, daß dem anderen etwas einfällt. Oder einer ist dabei, dem fällt zwar nichts ein, dafür fällt er über jede Antwort her. Der Tod jedes Brainstormings (wie auch jeder Diskussion) sind die berühmten Killerphrasen «das haben wir schon immer so gemacht» oder «das haben wir noch nie so gemacht». Damit würgen Sie garantiert jede neue Idee ab. Also beherzigen Sie die folgenden Regeln: Jeder in der Gruppe ist gleichberechtigt. Oft empfiehlt es sich, auf den gleichen Rangstufen zu arbeiten. Jede Idee ist willkommen, je ausgefallener, desto besser. Einwände (Killerphrasen) sind verboten. Halten Sie jedes Stichwort fest (schriftlich, z.B. auf einer Flipchart oder auf Tonband). Nehmen Sie einen Raum, in dem die Gruppe sich wohlfühlt und ungestört ist. Alle müssen sich an die Regeln halten. Das Problem muß vorher genau formuliert werden. Später gilt es dann, die vorgebrachten Ideen zu ordnen, auszusortieren, zu gewichten und zu bewerten. Jetzt ist auch Kritik angebracht. Lassen Sie das Ergebnis von Spezialisten überprüfen. Brainstorming ist dann zu empfehlen, wenn es um die Erarbeitung möglichst vieler Ideen und Vorschläge zu einem bestimmten Problem geht. Quantität hat hier Vorrang vor Qualität. Wenn es demnächst bei Ihnen wieder um Problemlösungen geht, fangen Sie mal mit einem Brainstorming an.

Fazit:

Es gibt heute eine Vielzahl brauchbarer Methoden für die Ideenfindung. Kreativ und innovativ sein wird für jeden Betrieb und für jeden einzelnen immer wichtiger. Generell gilt: Gehen Sie frei und unbefangen an die Probleme heran. Analysieren Sie erst, bevor Sie anfangen, nach Lösungen zu suchen. Arbeiten Sie in Gruppen, vor allem arbeiten Sie systematisch mit bestimmten Methoden. Halten Sie sich an die Spielregeln der jeweiligen Methode. Und: Besuchen Sie mal wieder ein Seminar oder lesen Sie Spezialliteratur.

Management-Aktion in Krisensituationen

*Wie man in der Natur die Gezeiten mit Ebbe und Flut kennt, so
kann man auch im Wirtschaftsleben von «Gezeiten» sprechen,
nämlich den konjunkturellen Schwankungen, die wie Ebbe und
Flut ein Auf und Ab kennen. Der konjunkturelle Abschwung bringt
Erscheinungen mit sich, die auf das einzelne Unternehmen
einwirken. Rechtzeitige Vorsorge mit einer entsprechenden
Planung vermögen dagegen zu schützen. Die nächste Krise kommt
so sicher wie der nächste Winter, für den man ja auch vorsorgt.*

Wie man Krisen erkennt

Krisen, die einen Betrieb in Not geraten lassen, können externe
oder interne Ursachen haben.

Externe Gründe sind vom einzelnen Unternehmen fast nicht
beeinflußbar. Sie sind zurückzuführen auf die allgemeine volks-
und weltwirtschaftliche Lage. Beispielsweise kann ein Schwanken
der Wechselkurse bei einem exportorientierten Unternehmen zu
einem Sinken der Umsätze führen.

Interne Gründe sind oft auf Fehler im Management zurückzuführen. Eine falsche Preis- oder Produktpolitik, zu teurer Einkauf,
mangelhafte Finanzplanung oder ein Über-die-Verhältnisse-Leben
sind Beispiele hierfür.

Ob nun externe oder interne Gründe vorliegen, die Auswirkungen auf das Unternehmen sind die gleichen. Sie äußern sich in
sinkenden Umsatzzahlen, Liquiditätsengpässen und Schrump-
fungen der Gewinne, wenn nicht gar in Verlusten.

Jedes Unternehmen muß sich Ziele setzen. Diese sind an realisti-
schen Marktdaten und der Leistungskapazität des Betriebes zu
orientieren. In bestimmten Abständen, die wegen notwendiger
Reaktionen nicht zu langfristig sein dürfen, ist zu überprüfen, ob
die Ziele erreicht werden. Stellt man gravierende Abweichungen
von den geplanten Zielen fest (wobei unterstellt werden muß, daß
die Ziele auch wirklich realistisch und nicht aufgrund eines
Wunschdenkens zu optimistisch geplant sind), ist die Krise da.
Dann ist es höchste Zeit zu einer entsprechenden Aktion.

Krisendenken ist notwendig

Wenn die Krise plötzlich und unvorhergesehen eintritt, führt die notwendige Aktion oft zu Handlungen, die nicht genügend durchdacht, sondern sehr von einer Panikstimmung hervorgerufen sind. Fehlentscheidungen verschlimmern dann die Situation, anstatt sie zu verbessern.

Normalerweise verdrängt die menschliche Natur negative Erscheinungen, man ist viel eher zu einer optimistischen Haltung bereit, auch in der unternehmerischen Planung. Man ist wachstumsorientiert, auf Expansion geschaltet, man plant jedes Jahr höheren Umsatz und höhere Gewinne. Mögliche Rezessionserscheinungen werden einfach ignoriert, mögliche Bedrohungen nimmt man nicht zur Kenntnis.

So positiv eine optimistische Grundhaltung an sich zu bewerten ist, so falsch kann sie in der wirtschaftlichen Planung sein. Gerade die Erfahrungen der letzten Zeit haben gezeigt, wie schnell ein Unternehmen in eine Notlage geraten kann, wenn eine konjunkturelle Flaute eintritt.

Deshalb muß die optimistische Grundhaltung mit einem Krisendenken gekoppelt werden. Dieses Krisendenken muß dazu führen, daß Alternativpläne entwickelt werden, die sofort aus der Schublade gezogen werden können, wenn sich die ersten Anzeichen einer Krise abzeichnen. Diese Pläne bewirken, daß die Krise das Unternehmen nicht unvorbereitet trifft, sondern es rechtzeitig auf Gegenkurs gehen kann und so gut vorbereitet die Krise meistert.

Krisendenken führt zu Krisenplänen

Statt auf zu spät erkannte Krisen reagieren zu müssen, führen Krisenpläne zum Agieren, das heißt, daß das Gesetz des Handelns dem Manager erhalten bleibt.

Dazu ist es notwendig, alle Krisenmöglichkeiten zu durchdenken, zu definieren, ihre Indikatoren und Auswirkungen festzustellen und daraus entsprechende Handlungsparameter aufzustellen.

Zur Krisenfeststellung genügt das folgende beispielhafte Schema:

Krisenursachen	Indikatoren	Auswirkungen
Wechselkursänderung	Exportumsatz geht zu-rück	Preisgefährdung, Liquidi-tätsrückgang, nicht ausge-lastete Kapazitäten
Konkurrenz hat neues, besseres Produkt	Umsatzrückgang	Preisgefährdung, Liquidi-tätsrückgang, nicht ausge-lastete Kapazitäten
Marktsättigung oder veränderte Kaufge-wohnheiten	Umsatzrückgang	wie oben

Die Beispiele lassen sich beliebig fortsetzen. So gibt es auch die Möglichkeit, daß sich trotz guter Umsätze die Liquidität ver-schlechtert, wenn etwa dem Kunden zu hohe Kredite eingeräumt werden oder die Expansion des Unternehmens über seine finanziel-len Möglichkeiten hinausgeht.

Planung und Informationssysteme

Um gegen alle Schwankungen gewappnet zu sein, muß man sie beobachten können, das heißt, es werden entsprechende Informa-tionen benötigt. Jedes gut geführte Unternehmen sollte selbstver-ständlich ein gut entwickeltes Rechnungswesen haben, aus dem sich Soll-Ist-Vergleiche und Kostenträgerrechnungen (Deckungs-beitragsrechnungen) entwickeln lassen. Dazu ist die Aufstellung von Umsatz- und Kostenplänen notwendig, darüber hinaus muß ein Finanz- bzw. Liquiditätsplan (Einnahme-Ausgabe-Rechnung) vorhanden sein (vgl. «Management-Wissen» Betriebswirtschaft).

Die Information muß zeitgerecht erfolgen. Bei Daten mit acht Wochen Verspätung kann es zum Handeln schon zu spät sein. Es gibt Betriebe, die wegen einer temporären Liquiditätsklemme nur einmal die Löhne nicht zahlen konnten und daran zugrunde gingen. Ihnen wäre durchaus zu helfen gewesen, hätte man die Schwäche durch ein gutes und aktuelles Informationssystem aufgrund der Plandaten und der Abweichungen rechtzeitig erkannt.

Es gibt viele Möglichkeiten, in der Krise erfolgreich zu agieren, wenn man sich rechtzeitig mit dem Gedanken vertraut macht «was wäre, wenn . . .» und passende Strategien entwickelt, z.B.

☐ Produktpalette verkürzen
  Preise erhöhen oder senken
  Kosten senken (Sparmaßnahmen)

bis hin zu

☐ Kapazitätsabbau
  Abstoßen von Betriebsteilen
  und Kurzarbeit

Selbstverständlich ist eingehend zu prüfen, welche Maßnahmen welcher Situation adäquat sind und wie sie sich auf das Betriebsgeschehen auswirken.

Der Alternativen-Entscheidungsbaum

Einen guten Handlungsparameter bietet ein Alternativen-Entscheidungsbaum (Lauterbach), der auf einen Blick denkbare Alternativen aufzeigt (Bild I.8):

Wenn man anhand eines solchen Entscheidungsbaums zu den einzelnen Alternativen Einzelpläne ausarbeitet, ist man gegenüber der Krise gewappnet. Dabei sollte das Denken an die Krise und die Vorsorge eine permanente Aufgabe sein, die zu den Hauptaufgaben einer Unternehmensleitung zu zählen ist.

Führung in der Krise

Noch so gute Pläne und ihre exakte Durchführung genügen aber noch nicht, um eine Krise wirksam zu überwinden. Daneben muß die richtige Führung der Mitarbeiterschaft treten. Der Vorgesetzte muß Panikstimmung durch Besonnenheit, Ruhe und Gelassenheit ersetzen. Gerüchten, die besonders in der Krise gedeihen, muß er durch rechtzeitige und wahre Information entgegentreten – ohne dabei etwas zu beschönigen, aber auch ohne die Lage schwärzer darzustellen, als sie tatsächlich ist. Die Mitarbeiter merken schnell, wenn versucht wird, die Lage anders darzustellen als sie wirklich ist.

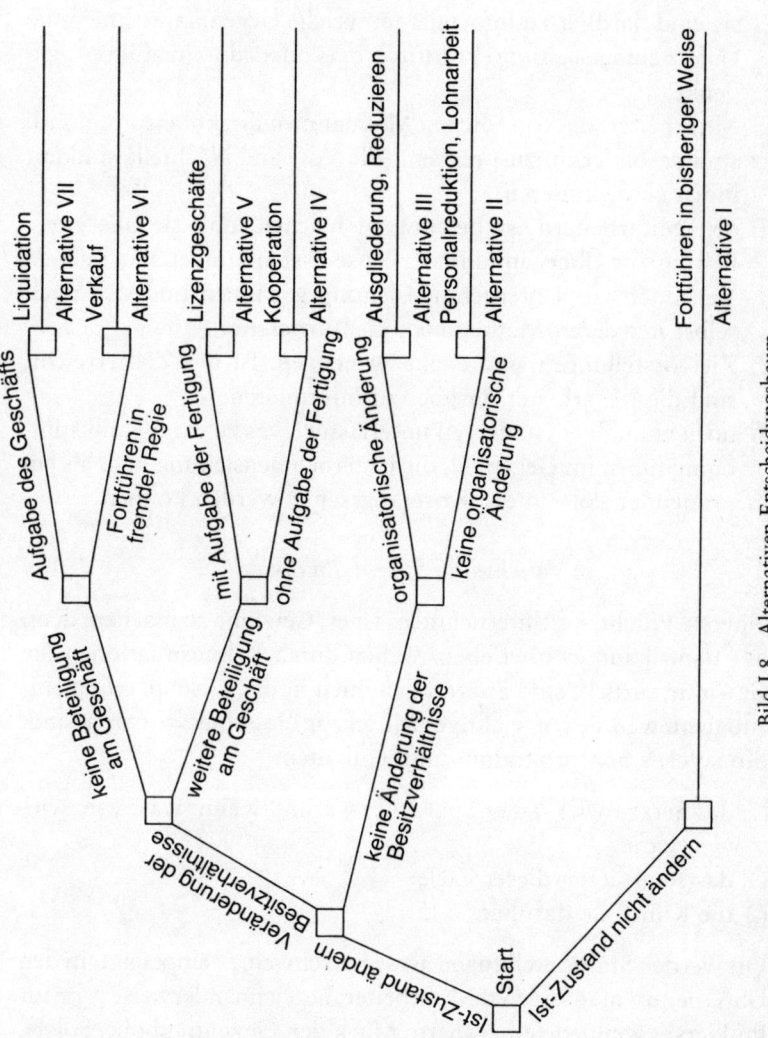

Bild I.8   Alternativen-Entscheidungsbaum

- Liquidation
- Alternative VII
- Verkauf
- Alternative VI
- Aufgabe des Geschäfts
- Fortführen in fremder Regie
- Lizenzgeschäfte
- Alternative V
- Kooperation
- Alternative IV
- mit Aufgabe der Fertigung
- ohne Aufgabe der Fertigung
- Ausgliederung, Reduzieren
- Alternative III
- Personalreduktion, Lohnarbeit
- Alternative II
- organisatorische Änderung
- keine organisatorische Änderung
- keine Beteiligung am Geschäft
- weitere Beteiligung am Geschäft
- keine Änderung der Besitzverhältnisse
- Veränderung der Besitzverhältnisse
- Ist-Zustand ändern
- Start
- Ist-Zustand nicht ändern
- Fortführen in bisheriger Weise
- Alternative I

83

Im einzelnen sollen folgende Grundsätze gelten:

- [ ] die Mitarbeiter sind über die Krise, ihre Ursachen und möglichen Auswirkungen zu unterrichten;
- [ ] sie sind darüber zu informieren, welche Gegenmaßnahmen die Unternehmensleitung ergriffen hat oder durchzuführen gedenkt;
- [ ] Mitarbeiter, die von solchen Maßnahmen direkt betroffen sind, sind besonders anzusprechen. Alle Vor- und Nachteile sind mit ihnen zu diskutieren;
- [ ] den Mitarbeitern ist bewußt zu machen, daß sie alle einen Beitrag zur Überwindung der Krise leisten können. Sie müssen Vertrauen zur Unternehmensleitung gewinnen und sich auch selbst mit deren Maßnahmen identifizieren;
- [ ] Zielvorstellungen sind exakt zu nennen. Ist das Ziel erreicht, sind die Mitarbeiter darüber zu informieren;
- [ ] noch einmal: es ist alles zu unterlassen, was zu einer Panikstimmung führt, im Gegenteil, die Unternehmensleitung muß als ein «ruhender Pol» in der Krise angesehen werden können.

Wirksame Sparmaßnahmen

Oberste Pflicht des Unternehmens ist es, Gewinne zu machen, denn nur dann kann es überleben. Gehen durch Krisensituationen die Gewinne zurück, sind Sparmaßnahmen in die Krisenplanung einzubauen, weil sie ein wichtiges Mittel zur Liquiditätsvorsorge sind. Ein solches Sparprogramm muß enthalten:

- [ ] das Setzen wirksamer Sparziele: warum, wann, was, wie, wieviel, wo;
- [ ] das Realisieren dieser Ziele;
- [ ] die Kontrolle darüber.

Oft werden Stabsabteilungen als «Sparschweine» eingesetzt. In den USA nennt man solche Mitarbeiter bezeichnenderweise «profit builders», weil jede eingesparte Mark den Gewinn erhöht. Solche Mitarbeiter müssen das Recht haben, alles zu untersuchen, sie dürfen keine Tabus kennen. Das gesamte Kostengefüge des Unternehmens muß dabei durchleuchtet werden, die Kosten sind aufzugliedern in existenznotwendige Kosten, abbaufähige Kosten und nicht notwendige Kosten. Nicht notwendige Kosten sind zu streichen, abbaufähige näher zu untersuchen. Investitionen sind dann sofort zu streichen, wenn die Liquidität in Frage gestellt ist.

Auch hier gelten die schon genannten Führungsgrundsätze. Darüber hinaus empfehlen sich Prüflisten für Einsparungspläne, die sowohl die Sachkosten wie auch die Personalkosten umfassen.

Ferner ist die Gesamtaktion der Einzelmaßnahmen vorzuziehen (es ist nicht damit getan, daß der Chef nicht mehr 1., sondern 2. Klasse fährt). Die Planung muß gewinnorientiert sein. Jede Abweichung ist ein Verlust und sollte auch so genannt werden. Die Planung (Budgetierung) darf kein Zahlenfriedhof sein, sondern ist als die Bilanz der Zukunft anzusehen und stets den sich ändernden Situationen anzupassen.

Fazit:

Moderne Management-Methoden sind in der Lage, ein Unternehmen sicher durch eine Krise zu steuern. Das setzt voraus, daß die Unternehmensleitung ein Krisendenken durchführt und auf alle Notfälle durch entsprechende Vorausplanungen vorbereitet ist. Tritt die Krise ein, kann sie so überbrückt werden, zumindest lassen sich ihre Auswirkungen einschränken.

Kapitel 2

RHETORIK, DIALEKTIK VERHANDLUNGSTECHNIK

Regeln für erfolgreiches Reden

Ein überaus großer Teil jeglicher Arbeit besteht aus der mündlichen Mitteilung, also aus dem Redenmüssen, sei es in Besprechungen, in Diskussionen, bei Gesprächen mit Kunden oder Lieferanten, bei öffentlichen Veranstaltungen, am Telefon, bei Vertretertagungen oder wo auch sonst. Immer müssen dabei Gedanken in Worte gefaßt und entsprechend formuliert werden, um damit den Partner zu überzeugen oder wenigstens eine Meinung mitzuteilen. Um so wichtiger ist es deshalb, dieses bedeutendste Instrument der Kommunikationstechnik zu beherrschen. Es gibt nur wenige, für die richtiges Reden ein Naturtalent ist. Aber man kann es lernen, wenn man sich eine Reihe von Regeln zu eigen macht.

Grundelemente

Jeder Rede liegt die gleiche Situation zugrunde: Ein Redner spricht über eine bestimmte Sache zu einem oder mehreren Zuhörern. Der Redner darf also nicht nur die Sache bedenken, über die er spricht, sondern in gleicher Weise, wie er auf seine Hörer wirkt. Er muß folglich deren Reaktion beachten und sein Tun darauf ausrichten. Die Rhetorik – die Lehre von der Beredsamkeit – umfaßt eine ganze Reihe artverwandter Wissenschaftsgebiete und verarbeitet deren Erkenntnisse. Dazu gehören Sprachwissenschaft, Psychologie und Soziologie (Verhaltensforschung), Logik, Dialektik und Pädagogik, ja selbst Theaterwissenschaft (Dramaturgie), Zeitgeschichte, Kybernetik und Informationstheorie.

Erkenntnisse dieser Wissenschaften treten mit den Faktoren der Rede in eine gegenseitige Wechselbeziehung, die sich so darstellt (Bild 2.1):

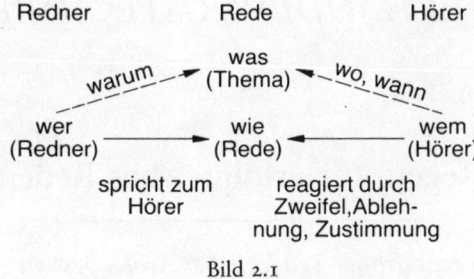

Bild 2.1

Vorbereitung der Rede

Ganz wesentlich für das gute Gelingen einer Rede ist deren exakte Vorbereitung. Der Redner muß zunächst beachten, «wer, was und wem» aus dem oben gezeigten Schema in ein ausgewogenes Verhältnis zu bringen. Beachtet er nur das «wer», also sich selbst, so wird aus seiner Rede ein Monolog, ein Selbstgespräch. Spricht er nur über die Sache, ist seine Rede nichts anderes als eine Sachmitteilung. Stellt er den Hörer zu sehr in den Vordergrund, so entartet seine Rede zu Schmeichelei, Propaganda oder Verführung, und die Sache wird vernachlässigt. Daraus folgt:

☐ Es ist zu ergründen, wie sich der Kreis zusammensetzt, zu dem gesprochen werden soll. Das Niveau der Rede einschließlich ihres Sachinhalts und der zu verwendenden Argumente ist auf das Niveau des Zuhörerkreises abzustimmen – andernfalls redet man an seinen Hörern vorbei und langweilt sie. Man soll auch zu erkennen geben, daß man mit der Struktur des Zuhörerkreises vertraut ist, also auch Beispiele aus deren Arbeitsbereichen wählen, auf ihre Einstellungen eingehen. Dadurch gewinnt der Hörer den Eindruck, daß der Redner mit seinen Problemen vertraut ist, ihn versteht und ihm helfen will.

☐ Auch der gute Redner, der genau weiß, was er zu sagen hat, und der die Kunst der freien Rede souverän beherrscht, bereitet ein Manuskript vor. Es gibt allerdings Gegner dieser Methode, die argumentieren, daß durch das Erstellen eines Manuskriptes die Rede zu einer «Schreibe» mißrate. Diese Auffassung ist falsch, weil sie den Redner im allgemeinen überfordert, denn er müßte gleichzeitig während der Rede Stoff sammeln, disponieren und nach den Reaktionen der Zuhörer selbst wieder reagieren. Das Manuskript muß so vorbereitet werden, daß es eben keine Schreibe ist, der Redner muß auch mit Manuskript frei sprechen können, aber das Manuskript gibt ihm die Sicherheit, nie den Faden zu verlieren. Er kann immer auf seine Notizen zurückgreifen, wenn er abgelenkt wird oder ihm die Worte fehlen. Jeder Redner ist gewissermaßen ein Einzelkämpfer, der ganz auf sich allein gestellt ist. Dabei gibt ihm das Manuskript das Gefühl, nicht verlassen zu sein, es ist sein «stummer Souffleur».

Abgesehen davon trägt das Manuskript wesentlich dazu bei, den roten Faden zu finden, die Stoffsammlung exakt und umfassend durchzuführen, die Tatbestände abzugrenzen und ein sinnvolles Gefüge zu erhalten, so daß aus der Rede kein Gerede wird.

Die Rede besteht aus

☐ Einführung in das Thema
☐ Darstellung der Tatsachen oder Sachbestände
☐ Schlüssige Zusammenfassung, Folgerungen, Nahelegung von Entscheidungen

Es empfiehlt sich, von der gesamten Redezeit je $\frac{1}{6}$ auf Einführung und Schluß zu verwenden, $\frac{2}{3}$ auf die Sachdarstellung.

Zur Vorbereitung der Rede wird ein Arbeitsdiagramm empfohlen, dessen einzelne Arbeitsstufen nacheinander aufgeführt sind und von denen keine ausgelassen werden sollte:

☐ Formulierung des Themas
☐ Klärung der tragenden Begriffe des Themas
☐ Sammeln von Daten, Fakten und Beispielen
☐ Auswahl der Daten nach deren Bedeutung für das Thema und Analyse der Hörer nach deren besonderen Interessen und Erfahrungen

- [ ] Logische Zusammenfassung der Daten, Untergliederung in Gruppen
- [ ] Dialektische Aufbereitung der Daten, formulieren, simplifizieren
- [ ] Erarbeitung der Einleitung unter Berücksichtigung der Höreranalyse
- [ ] Erarbeitung des Schlusses: Zusammenfassung als Denk- und Handlungsanstoß
- [ ] Kontrolle des Arbeitsergebnisses

Es kann vorkommen, daß man gezwungen wird, ohne lange Vorbereitungszeit sprechen zu müssen. Hierfür hat bereits Aristoteles eine Regel gefunden: Man beginne mit einer Definition der Begriffe. Was steht dahinter, was wollen sie sagen? Was verbindet sie, was trennt sie? Auf diese Weise kommt man zumindest zu einer logisch aufgebauten und sachlich orientierten Rede.

Zusammengefaßt:

Die Rede sei so aufgebaut, daß sie in der Einleitung (nie die Anrede vergessen) das Thema umreißt, dann durch einen speziellen «Hallo-Effekt» – etwa durch eine gewagte These oder auch durch einen zum Thema passenden guten Witz – die Zuhörer hellwach macht. In der weiteren Durchführung sind eine gute Reihe von Fragen aufzuwerfen, die der Redner dann selbst beantwortet. So kann er auch mögliche Gegenargumente, die in einer Diskussion zum Vorschein kommen, gleich von vornherein entkräften. Der Redner denke in seiner Argumentation vom anderen her, versetze sich in die Lage des Zuhörers. Der Schluß der Rede muß das Fazit der Ausführungen enthalten.

Steigerung der Wirksamkeit

Hierzu nur einige Stichworte:

- [ ] Keine Effekthascherei, sondern Glaubwürdigkeit. Arbeitet der Redner mit Tricks und Unwahrheiten, hat er schnell die Achtung seiner Zuhörer verloren.
- [ ] Beschränkung auf weniges. Der Redner sei kein «wandelndes Lexikon», denn in der Beschränkung zeigt sich erst der Meister.

Grundregel: mehr als drei unterschiedliche Gesichtspunkte zu einem Hauptgedanken verwirren und überfordern den Hörer.

☐ Verdeutlichung durch Wiederholung.
«Lassen Sie es mich einmal mit anderen Worten sagen, vielleicht wird es dann deutlicher.» Grundregel: sparsam anwenden, nicht etwa alles zweimal sagen.

☐ Schwerverständliches durch Beispiele und Vergleiche verdeutlichen. Also nicht abstrakt sprechen, man denke an die Bedeutung der Gleichnisse im Neuen Testament. Man bringe auch nicht zuviel Zahlen (wenn schon Zahlen, dann schriftlich an einer Tafel).

☐ Auch das Gefühl ansprechen. Will man die Zuhörer motivieren, also zum Handeln in einer bestimmten Richtung bringen, soll man auch die im Unterbewußtsein schlummernden Motive ansprechen, wie z. B. Eigenliebe, Sicherheitsbedürfnis, Prestige.

☐ Zitat: Die Berufung auf Äußerungen bekannter Persönlichkeiten ist für eine Rede legitim. Zitate, deren Autorität jeder anerkennt, sind wirkungsvolle Stütze. Grundregel: Zitate sparsam anwenden, sie wirken nur in der Auslese. Der Redner soll sich dabei auch nicht hinter der Meinung eines anderen verstecken.

☐ Solidarisierung mit den Hörern: Hier muß man Möglichkeiten und Grenzen kennen und beachten. Es besteht eine Abhängigkeit von Thema und Zuhörerschaft. Der Redner muß die Reaktion der Zuhörer auf seine Thesen abwarten und erkennen können, erst dann sollte er die «wir-Form» anwenden. Tut er es zu früh, wird sein Bestreben als Anbiederung aufgefaßt.

☐ Anwendung suggestiver Methoden der Meinungsbildung:
Eine Einflußnahme ist möglich durch das Hervorheben positiver Orientierungs- oder Handlungsziele: «Der verantwortliche Betriebsleiter handelt so, daß . . .»

Nietzsche hat einmal über die Sprache gesagt: «Das Verständnis an der Sprache ist nicht das Wort selber, sondern Ton, Stärke, Modulation, Tempo, mit denen eine Reihe von Worten gesprochen wird, kurz die Musik hinter den Worten, die Leidenschaft hinter der Musik, die Person hinter dieser Leidenschaft. Alles das also, was nicht geschrieben werden kann.» Diese Worte sollte sich jeder Redner vergegenwärtigen, bevor er vor sein Publikum tritt. Die besten Argumente verpuffen, wenn sie so vorgetragen werden, daß die Zuhörer dabei Männchen malen oder gar einschlafen. Neben den Inhalt tritt nun auch der Vortrag der Rede, der genauso wichtig ist. Auch dazu gibt es eine Reihe von Regeln. Es mag ein Trost sein, zu wissen, daß jeder – auch der geübte Redner – zumindest am Anfang seiner Rede meist unter Lampenfieber leidet, daß er unruhig ist, daß gar seine Hände schwitzen. Besser aber ist es, zu wissen, was man dagegen unternehmen kann. Das Lampenfieber hat seine Ursache darin, daß sich der Redner plötzlich allein vorkommt und er Zweifel hat, ob er für seine Rede die richtigen Worte findet, die Angst, unsicher zu sein und ausgelacht zu werden.

Gegen das Lampenfieber hilft zunächst die richtige Vorbereitung, die die Sicherheit vermittelt, daß man den anderen etwas zu sagen hat und ihnen an Sachkenntnis überlegen ist. Lampenfieber tritt meist zu Beginn der Rede auf. Man lerne die ersten zwei oder drei Sätze, die man sagen will, auswendig, dann kommt man über die Anlaufschwierigkeiten hinweg. Bevor der Redner beginnt, empfiehlt sich eine kurze Konzentration und Autosuggestion (z.B. «Ich will nicht monoton sprechen»). Dann holt er ein paarmal tief Luft. Sauerstoff fördert den Blutkreislauf und auch den Fluß der Gedanken. Die Haltung vor dem Auditorium sei ungezwungen, doch nicht zwanglos. Der erfahrene Redner stützt sich nicht auf, sonst blickt er automatisch nach unten und nicht in die Augen seiner Zuhörer. Er sucht stets deren Augenkontakt. Er spricht langsam und deutlich. Besonders das langsame Sprechen kommt der Gedankensammlung zugute. Man vermeidet dadurch auch die oft zu beobachtenden Füllsel, wie «äh» und «also». Diese Füllsel zeigen nämlich, daß der Redner schneller spricht als er denken kann. Gedankenlücken werden dann durch solche unschönen

Füllwörter überbrückt. Man spreche nicht nur langsam, sondern auch deutlich. Sprechen erhält seinen Charakter und seine Strukturen durch Konsonantieren. Vokalisieren und Pausieren. Der Redner muß sich immer bewußt sein über sein Atemvermögen. Wer aus Nachlässigkeit unverständlich spricht, bringt sich um den Erfolg der Verständigung, beleidigt damit andere und wird aus Unverstandensein unsicher.

Der gute Redner weiß vor allem auch die Kunst der Pause wirkungsvoll einzusetzen. Er tanzt nicht hin und her vor seinem Publikum, aber er begleitet seine Argumente mit einer wirkungsvollen Gestik und Mimik, ohne dabei übertrieben zu wirken. Er ist nicht überhöflich, aber auch nicht arrogant, herablassend und egozentrisch. Er klärt die Begriffe, mit denen er argumentiert («denn mit Begriffen läßt sich trefflich streiten», sagt Goethe). Begriffe tragen den Inhalt, den Sinn von Mitteilungen, Gespräch und Rede müssen verstanden werden. Der gute Redner muß stets den richtigen Ton finden (eine Trauerrede klingt anders als eine Rede zur Hochzeit), er muß Sprechtempo und Lautstärke wechseln, dabei Sache und Sprache in Einklang bringen, Satzbau und Pausen wechseln. Dadurch wird der Hörer als Partner des Redners aktiviert. Noch etwas zum äußeren Erscheinungsbild: Ein Redner wird nicht nur gehört, sondern auch gesehen. Er stellt sich gewissermaßen zur Schau. Das sollte er bei der Wahl seiner Kleidung bedenken. Korrekte Kleidung gibt Sicherheit. Sicherheit verhilft zum Erfolg der Rede. Hat der Redner das Gefühl, irgend etwas an ihm stimme nicht, wird er unsicher. Zusammengefaßt:
Der Redner muß vierfach auf seine Hörer wirken:

☐ auf die Augen durch Mimik, Gestik, Erscheinung (Kleidung)
☐ auf die Ohren durch Stimme, Modulation
☐ auf den Verstand durch Sache, Inhalt, Logik, Argumente
☐ auf das Gefühl durch Bilder, Gefühlsappelle

An den Schluß seiner Rede stellt er die dankbare Anerkennung für die Aufmerksamkeit des Zuhörers. Sie ist genauso wichtig wie die Anrede zu Beginn der Rede.

Fazit:

Jedermann ist im Berufsleben darauf angewiesen zu reden und muß daher reden können. Reden ist keine Kunst, sondern eher ein Handwerk, also erlernbar nach bestimmten Regeln. Allerdings sei zugegeben, daß die Theorie erst durch die praktische Übung und Erfahrung ihren Erfolg und ihre Bestätigung erhält. Auch hier ist noch kein Meister vom Himmel gefallen. Aber ein Mensch, der gut reden kann, verdient Achtung, meinte schon Cicero, wenn er von «vir bonus, dicenti peritus» spricht – «ein guter Mann, geschickt im Reden».

Grundvoraussetzungen für eine erfolgreiche Rede

1. Wie ist mein genaues Thema?
Schon mancher Redner, der sich «perfekt» vorbereitet hatte, mußte sich nachher harte Kritik gefallen lassen: Er hatte am Thema vorbeigeredet.

2. Wer oder was hat mich veranlaßt, zu sprechen?
Es ist natürlich ein großer Unterschied, ob Sie aus freien Stücken, aufgrund einer Bitte oder gezwungenermaßen sprechen. Wichtig ist, daß Ihre Zuhörer auf jeden Fall das Gefühl haben, daß Sie Ihr Thema gern und engagiert vertreten.

3. Welche Redeform wähle ich?
Eine Informationsrede muß natürlicher, sachlicher vorgetragen werden als eine Überzeugungsrede. Eine Damenrede setzt andere Schwerpunkte als eine Jubiläumsansprache!

4. Was ist mein Redeziel?
Vor jeder Rede müssen Sie festlegen, was Sie erreichen wollen. Was

sollen die Teilnehmer mitnehmen? Man spricht hier auch von der Festlegung des Ziel- und Zwecksatzes, der sich wie ein roter Faden durch Ihren Vortrag zieht.

Beispiel: Sie werden einen Vortrag über die «Arbeit einer Selbsthilfeorganisation» halten. Der Zwecksatz kann dann lauten:
  Werdet Mitglied in dieser Organisation!

5. Vor wem spreche ich?
Ist Ihnen der Teilnehmerkreis bekannt/unbekannt? Handelt es sich um älteres oder jüngeres Publikum? Sind beide Geschlechter vertreten? Sprechen Sie vor Spezialisten oder Nichtspezialisten? Sind beide Gruppen anwesend, so sprechen Sie jedoch zuerst die Nichtspezialisten an.

6. Inwieweit ist die Thematik schon bekannt?
Wenn Sie Laien vor sich haben, können Sie das Thema immer leichter vortragen. Das Fachpublikum fordert von Ihnen mit Recht eine tiefergehende Abhandlung. Richten Sie bei «gemischtem» Zuhörerkreis Ihren Vortrag weder nach dem unwissenden Laien noch nach dem Fachmann aus. Versuchen Sie, ein Maß für alle zu finden: Dieses liegt zweckmäßig ein wenig mehr in Richtung des Spezialisten und Fachmannes.

7. Welche Zeit steht mir zur Verfügung?
Ihre Zuhörer werden es Ihnen danken, wenn Sie auf keinen Fall über die vorgegebene Zeit hinaus sprechen. Ab 20 min sollten Sie ein «schlechtes Gewissen» bekommen. Ab 45 min können Sie nur noch durch Pausen gewinnen. Natürlich gibt es Redner, die nach einer Stunde noch ein begeistertes Publikum hatten. Wir sollten jedoch nicht von dieser Ausnahmeerscheinung ausgehen.

8. Ist mit Störungen, Zwischenrufen zu rechnen?
Kalkulieren Sie diese Möglichkeiten immer ein. Wenn Sie Ihren Zuhörerkreis einschätzen (Punkt 5), wissen Sie zumeist auch, ob Widerspruch oder Opposition aufkommen werden. Werden Sie auf keinen Fall ausfallend, und bewahren Sie die Ruhe.

9. Bin ich auf etwaige Diskussionen am Ende der Rede vorbereitet?
Sie könnten gebeten werden, bestimmte Ausführungen in Ihrer Rede zu wiederholen («zu präzisieren»). Schauen Sie ruhig auf Ihren Stichwortzettel, bevor Sie antworten. Langes Herumsuchen ist selbstverständlich nicht möglich. Wenn Sie Zitate ohne Namensangaben gebracht haben, so stellen Sie sich darauf ein, daß Sie nach dem Namen oder nach den Quellen gefragt werden.

10. Findet das Thema Interesse?
Dies hängt weitgehend von der Einladung ab. Sind Ihre Zuhörer freiwillig gekommen, fühlen sie sich in irgendeiner Form verpflichtet oder – was für einen Redner sehr schwierig ist – blieb ihnen keine andere Wahl? Die Zuhörer, die gern kommen, können Sie am leichtesten begeistern, aber auch der Kreis, der sich aus Höflichkeit verpflichtet fühlt, kann noch angesprochen werden. Beim «Zwang zum Zuhören» haben Sie kaum Interesse, dafür viel Opposition zu erwarten.

11. Mit wieviel Zuhörern kann ich rechnen?
Die Sitzplätze sind möglichst genau abzuzählen. Weitere Sitzgelegenheiten nur in Reserve halten. Bei nicht zu bestimmender Zuhörerzahl vorab die hinteren Reihen blockieren. Es entsteht Unruhe und Unmut, wenn Sie die Zuhörer bitten müssen, in die vorderen Reihen zu kommen.

12. Ist eine bestimmte Reihenfolge bei der Begrüßung der Zuhörer zu beachten?
Fertigen Sie vorher unbedingt eine Liste der «Rangfolge» an. Nehmen Sie möglichst auch Blickkontakt mit den speziell angesprochenen Zuhörern auf.

13. Welche audiovisuellen Hilfsmittel (Tafel, Flipchart, Overheadprojektor, Diaprojektor usw.) kann ich einsetzen?
Der Einsatz audiovisueller Hilfsmittel erleichtert jede Rede und gibt Ihnen größere Sicherheit. Schließlich ist auch der Erinnerungswert entschieden höher, wenn Ihr Vortrag durch Bilder, Zeichnungen und Texte unterbaut wird.

14. Stimmen die Lichtverhältnisse?
Die Zuhörer sollten nicht in das Licht schauen. Um Ablenkungen zu vermeiden, empfiehlt es sich oft, die Vorhänge zuzuziehen.

15. Ist genügend frische Luft im Vortragsraum?
Berücksichtigen Sie den erhöhten Sauerstoffverbrauch. Lassen Sie unbedingt vor Ihrer Rede noch einmal durchlüften.

16. Entspricht das Vortragspult den Erfordernissen?
Das Vortragspult sollte weder zu hoch noch zu niedrig sein. Ist eine Lampe angebracht, so prüfen Sie vorher, ob diese brennt. Die gesamte Vorderfront des Vortragspultes sollte abgedeckt sein. Oder sind Sie sicher, daß Sie Ihre Füße immer unter Kontrolle haben? Wie wirkt es zum Beispiel auf die Zuhörer, wenn Sie plötzlich die Füße – aus Nervosität – über Kreuz stellen?

17. Ist das Mikrofon intakt?
Vorher ist das Mikrofon zu prüfen. Die Lautstärke muß dem Raum angepaßt werden. Achten Sie darauf, daß Sie nicht durch ein zu niedrig oder zu hoch angebrachtes Mikrofon eine unnatürliche Körperhaltung einnehmen.

18. Welche Kleidung ist angebracht?
Passen Sie Ihre Kleidung der Erwartungshaltung Ihrer Zuhörer an. Bei einer Dankesrede oder einem Firmenjubiläum sollte auch durch Ihre Kleidung zum Ausdruck gebracht werden, welche Bedeutung Sie dieser Stunde beimessen.

19. Habe ich für mein «leibliches Wohl» gesorgt?
Aus verständlichen Gründen können viele vor ihrem «Auftritt» nicht essen. Andere belasten den Magen derart, daß sie kaum noch atmen können. Beide Extreme sind falsch. Es empfiehlt sich, vor Ihrer Rede eine Kleinigkeit zu essen.

20. Wie bringe ich meine Unruhe unter Kontrolle?
Grundvoraussetzung ist eine entsprechende Vorbereitung. Auch das Üben – und nochmaliges Üben – Ihrer Rede wird Ihnen helfen.

Die wichtigste Regel ist jedoch die Selbstbejahung. Sich selbst zu beunruhigen («Das schaffst Du nie») hilft Ihnen auch nicht weiter. Schalten Sie unbedingt ab: Kümmern Sie sich die letzten 15 Minuten – vor Beginn Ihrer Rede – nicht mehr um das Manuskript oder die Organisation. Das hat alles vorher zu geschehen.

Fazit:

Nicht alle 20 Punkte sind vor jedem Vortrag wichtig; zwei bis drei entscheidende Punkte jedoch ausgelassen, können eine sonst sehr erfolgreiche Rede zum Mißerfolg führen.   (ROLF H. RUHLEDER)

---

12 Grundregeln der Rhetorik

Auch Sie haben sprachliche Angewohnheiten, die Sie unbedingt auf ein Minimum reduzieren sollten. Noch besser: Versuchen Sie, diese abzustellen. Sie werden feststellen, mit ein wenig Übung geht dies ohne weiteres.

Nachfolgend eine Checkliste von 12 möglichen Fehlern, die sich oft in Reden, aber auch im Gespräch einschleichen. Prüfen Sie selbst, ob Sie bisher alles beachtet haben.

1. Formulieren Sie zu lange Sätze?
Nicht umsonst heißt es: Nebensätze bleiben Nebensätze. Sie sind tatsächlich oft Nebelsätze. Bilden Sie lieber kurze Hauptsätze. Dies gibt Ihnen die Möglichkeit, nicht außer Atem am Ende des Satzes anzukommen.

2. Benutzen Sie zu lange Wörter?
Prüfen Sie einmal Ihren Wortschatz. Für viele Wörter gibt es kürzere Begriffe mit genau der gleichen Bedeutung:

Achten Sie jedoch darauf, daß Sie nicht zu einseitig werden und nur noch den Kurzbegriff verwenden. Die Sprache lebt. Dies sollten Sie Ihre Zuhörer fühlen lassen.

3. Sind Sie zu unpersönlich?
Beziehen Sie grundsätzlich die Zuhörer in Ihren Vortrag ein. Ersetzen Sie das unpersönliche Wort «man» möglichst oft durch das persönliche «Sie».

4. Sind Sie zu unentschlossen?
Wie viele Konjunktive verwenden Sie in Ihrer Rede? Besonders bekannt sind die Formulierungen «Ich würde sagen . . .», «Ich würde nun beinahe glauben, . . .», «Ich würde meinen . . .».

Vergessen Sie diesen Vorspann ganz. Nur in Verkaufsgesprächen ist es besser zu sagen: Ich würde sagen, daß Ihnen der Hut sehr gut steht, gnädige Frau! Gefällt er nicht, so haben Sie sich als Verkäufer noch nicht endgültig festgelegt.

5. Kommen Sie ohne übertriebene Höflichkeitsfloskeln aus?
In einem persönlichen Gespräch ist das «dürfen» eine Form der Höflichkeit («Darf ich Sie zum Essen bitten»). Es wirkt jedoch in einem Vortrag dominierend und belehrend («Darf ich Sie um Ihre

Aufmerksamkeit bitten?»). Außerdem verlängert dies – unnötig – Ihre Ausführungen.

6. Arbeiten Sie mit Modewörtern?

Überprüfen Sie, ob Sie bestimmte Begriffe nicht zu häufig anwenden. Selbst in einer kurzen Stellenanzeige tauchte gleich zweimal das Wort «echt» auf. Ist das nicht «echt gut»?

7. Sprechen Sie sehr oft in der Passiv-Form?

> «Es wird gebeten, die Plätze einzunehmen.»
> Viel schneller wird es gehen mit dem Satz:
> «Ich bitte Sie, die Plätze einzunehmen.»
> Statt «Es wird den Teilnehmern Dank gesagt»,
> besser: «Wir danken den Teilnehmern.»

8. Behaupten Sie zu viel?

Wenn Sie behaupten – oder gar belehren –, bieten Sie zu viele Angriffsflächen. Versuchen Sie einmal mehr, Ihre Äußerungen in Frageform zu kleiden. Sie nehmen gleichzeitig die Spitze aus Ihren Aussagen, wenn Sie das schlichte Wörtchen «auch» einbauen.

9. Stellen Sie nur geschlossene Fragen?

Wenn ich meinen Gesprächspartner aktivieren will, so stelle ich keine Frage, die er nur mit einem Wort (ja, nein, vielleicht) beantworten kann.

> «Haben Sie heute Zeit?» Antwort: «Ja»
> Besser:
> «Was machen Sie heute nachmittag?»
> Antwort: «Ich habe noch einige Aufträge zu bearbeiten.»

Handelt es sich also um einen höflichen Menschen (und davon gehen wir immer aus!), so wird er immer mit einem vollständigen Satz antworten. Es ist die offene Frageform, die immer mit einem Frageswort (wann, wie, wo, welche etc.) beginnt.

10. *Verkaufen Sie sich schlecht?*

Jeder Mensch glaubt, daß er der Mittelpunkt der Welt ist. Leider gibt es zwischenzeitlich über 6 Milliarden Mittelpunkte! Nicht was ich kann, auch nicht, was wir leisten, sondern nur, was sie (die anderen) erhalten, interessiert.

Also: Den Zuhörer mehr in den Vordergrund stellen.

11. *Sprechen Sie zu schnell und ohne Pausen?*

Überprüfen Sie einmal Ihren Bekanntenkreis. Wer zu schnell spricht, strebt besonders nach Anerkennung (Ausnahme: angeborene Eigenschaft). Sie können kaum zu langsam, aber oft zu schnell sprechen. In Zukunft: je mehr Zuhörer, um so langsamer Ihre Sprechweise. Arbeiten Sie mit Pausen, und überfordern Sie Ihre Zuhörer nicht. Wichtig ist aber, daß Sie die Pausen an die richtige Stelle setzen. Wie heißt es doch bei Schillers Tell:

> «Der brave Mensch denkt an sich selbst zuletzt.»
> Heute klingt es meist so:
> «Der brave Mensch denkt an sich . . .
> (Pause) . . . selbst zuletzt»

12. *Halten Sie Blickkontakt?*

Sie werden etwas gefragt, und schon weichen Sie mit Ihrem Blick aus, um sich besser konzentrieren zu können. Falsch! Schauen Sie Ihrem Gesprächspartner unbedingt weiter ins Gesicht. Nur so strahlen Sie Sicherheit und Überzeugungskraft aus.

Fazit:

Fangen Sie heute noch an: Achten Sie einen Tag einmal ausschließlich auf Ihren Satzbau. Den nächsten Tag korrigieren Sie nur zu lange «Wortschöpfungen». Sie werden feststellen, daß Sie nach kurzer Zeit Ihre rhetorischen Fähigkeiten entschieden verbessert haben. Viel Spaß dabei! (ROLF H. RUHLEDER)

Aktivierung des Wortschatzes

Wer ist nicht beeindruckt, wenn ein Rechner oder
Diskussionspartner während seiner Ausführungen Sicherheit
ausstrahlt? Wer wünscht dann nicht, ebenso klar und präzise seine
Gedanken formulieren und überzeugend vortragen zu können?
Aber umgekehrt: Wen hat noch nicht die heiße Welle der Angst
durchdrungen, wenn ihm plötzlich während einer Rede die Worte
fehlten?

Es handelt sich hier gleichzeitig um das sogenannte «Sprechden-ken»: Die Luft steht schon an den Stimmbändern bereit; jedoch
die Aussage fehlt jedoch noch oder ist noch nicht entsprechend
gedanklich ausformuliert. Dies führt bei uns zu dem Urlaut
«ääääh», der bei vielen ungeübten Rednern allzu häufig auftaucht.
Berücksichtigen wir, daß wir nur 25 % (Sprechen : Denken = 1 : 4)
von dem sagen können, was wir denken! Sollten wir dieses Viertel
nicht entsprechend formulieren? Dies ist erlernbar, wie der Autor
bei Hunderten von Seminarteilnehmern innerhalb kürzester Zeit (2
bis 4 Tage) feststellen konnte. Voraussetzungen sind der feste Wille
zum Üben und ein gesundes Maß an Selbstbejahung.

Eine der besten Möglichkeiten ist die Erweiterung und der
Ausbau des Wortschatzes. Je größer Ihr aktiver Wortschatz, um so
besser können Sie sich ausdrücken und Ihre Gedanken formulieren.

Wir können davon ausgehen, daß die gesamten Worte unserer
Sprache – der Wortschatz des 20. Jahrhunderts – etwa 500000
Wörter betragen. Es sind dies theoretisch die Ausdrücke, die der
Mensch sprachlich anwenden kann. Natürlich sind hier auch
Fachbegriffe der Medizin, Technik, Astronomie usw. eingeschlos-
sen. Wissen Sie zum Beispiel, was ein «Pterygium» (= Erkrankung
an den Augen) ist? Diesen Begriff kennen Sie natürlich nur, wenn
Sie medizinisch vorgebildet sind.

Für uns wichtig sind der passive und der aktive Wortschatz. Der
passive Wortschatz umfaßt alle Wörter, mit denen wir Informationen der Mitmenschen verstehen können, unabhängig davon, ob wir
diese selbst verwenden. Der *theoretisch* mögliche *passive* Wort-

schatz umfaßt etwa 110 000 Wörter – alle Wörter, die wir in einem Duden finden. Unser persönlicher passiver Wortschatz – die Wörter, die wir verstehen, aber selbst nicht einsetzen – liegt, je nach Bildungsgrad, schätzungsweise zwischen 3300 und 28 000 Wörtern. Der *praktische aktive* Wortschatz sind jene Wörter, die wir täglich verwenden und die wir zum Formulieren unserer Gedanken benutzen. Dieser aktive Wortschatz liegt – je nach Bildungsgrad und Übung – zwischen 2000 und 4000 Wörtern (Shakespeare und Goethe zum Vergleich: etwa 20 000 Wörter).

Unser aktiver schriftlicher Wortschatz – d. h., die Wörter, die wir beim Schreiben verwenden – liegt höher als beim Sprechen. Je nach entsprechenden Bemühungen und geübtem Einsatz wird der aktive Wortschatz zwischen 15 % und 60 % des gesamten Wortschatzes eines Redners ausmachen.

Aktiver und passiver Wortschatz stellen ein Ganzes dar. Wie leicht Sie Ihren Wortschatz erweitern können, zeigt eine einfache erste Übung.

Ersetzen Sie zum Beispiel das Wort «sterben» durch mindestens 20 andere – je nach Situation – treffendere Formulierungen. *

Weitere Beispiele zum Üben sind die Begriffe «krank», «dick», «müde». Finden Sie auch hier jeweils mindestens 20 ähnliche oder gleichbedeutende Begriffe!

Eine weitere Trainingsmöglichkeit bietet der folgende 4-Stufen-Plan:

1. Stufe

Halblautes Lesen von Zeitungen und Zeitschriften (z. B. Wirtschaftsteil oder Fachzeitschriften)

Das *Ziel* ist die gedächtnis- und verstandesmäßige Erfassung der einzelnen Begriffe, z. B. der deutschen Wörter (Grenzkosten) und

---

* Mindestens 230 Begriffe wurden inzwischen in den Rhetorik-Seminaren des Autors erarbeitet. Eine Auswahl:

> entschlafen, dahinscheiden, vergehen, hinübergehen, ableben, erliegen, umkommen, entschlummern, heimgehen, erlöst werden, zugrunde gehen, das Leben verlieren, den Tod erleiden, vollenden, abtreten, zu leben aufhören, zu den Ahnen versammelt werden.

der Fremdwörter (Frustration, Konsumerismus usw.) So erweitern Sie Ihren passiven Wortschatz.

2. Stufe
Ersetzen Sie die neuen unbekannten Wörter in der Zeitung durch andere – Ihnen bekannte – Ausdrücke mit gleicher Bedeutung.

3. Stufe
Ersetzen Sie umgekehrt alle allgemeinen Ausdrücke im Text durch Ihnen bekannte sinnverwandte Begriffe. So erweitern Sie Ihren aktiven Wortschatz; der zuvor erweiterte passive Wortschatz wird durch Aufnahme in den Sprachgebrauch zum aktiven Wortschatz.

4. Stufe
Vollständiges Umschreiben von Zeitungsberichten und Artikeln.

Checkliste

	Ja	Nein
1. Lesen Sie regelmäßig?		
2. Lesen Sie nicht nur Fachbücher, sondern auch schöngeistige Literatur?		
3. Lösen Sie Kreuzworträtsel?		
4. Haben Sie sich schon öfters auf dem Tonband oder dem Kassettenrecorder gehört?		
5. Nutzen Sie häufiger die Chance, aktiv in Debatten, Diskussionen einzugreifen?		
6. Wirft man Ihnen öfters vor, daß Ihre Berichte zu nüchtern sind?		
7. Haben Sie in den vergangenen 12 Monaten mindestens fünf gute Redner gehört?		
8. Haben Sie in den letzten 3 Monaten ein gutes Schauspiel (besser: gute Schauspiele) gesehen?		
9. Lassen Sie Ihren Wortschatz (Äußerungen) durch andere kritisieren und überprüfen?		
10. Ist Ihnen ein besonders großer (kleiner) Wortschatz bei Gesprächspartnern schon jemals aufgefallen?		

Als vortreffliches Beispiel zum Üben eignen sich hier besonders Sportberichte. Schreiben Sie doch einmal einen Bericht über ein Fußballspiel um!

Die gegenüberliegende Checkliste gibt Auskunft, ob Sie an der Erweiterung Ihres Wortschatzes arbeiten:

Mindestens 7 dieser 10 Fragen sollten Sie mit einem klaren «Ja» beantworten können. Sollte dies nicht der Fall sein, so fangen Sie mit der einfachen ersten Übung an, und nehmen Sie aus dieser Checkliste nacheinander einzelne Zielsetzungen für sich heraus.

Fazit:

Nutzen Sie jede sich bietende Gelegenheit, um in Diskussionen und Gesprächsrunden das Wort zu ergreifen, und achten Sie in Zukunft auf den Wortschatz Ihrer Gesprächspartner. Allen sei zum Schluß noch ein Trostwort gesagt: Ein Dichter wird geboren; ein Redner wird gemacht. ROLF H. RUHLEDER

Negatives (−) positiv (+) ausdrücken

Ein Vortrag, eine Diskussion wird nur dann erfolgreich verlaufen, wenn eine entspannte Atmosphäre und eine positive Stimmung herrschen. Rhetorik – die Kunst zu reden – kann nur «ankommen», wenn die Zuhörer bereit sind, Ihren Beitrag positiv – wenn auch kritisch – zu würdigen. In einer vergifteten Atmosphäre können Sie noch so überzeugend argumentieren und sachlich im Recht sein, wenn der Zuhörer oder Gesprächspartner aggressiv ist und sich in die Enge gedrängt fühlt, haben Sie keine Chance, zu einem für beide Seiten akzeptablen Ergebnis zu kommen.

Eine sehr wichtige Regel zur Erzielung einer positiven Stimmung ist die Verbesserung der eigenen Ausdrucksweise. Sie können alles Negative auch (ein wenig) positiv ausdrücken.

Sie können z. B. an dieser Stelle des Buches stöhnend feststellen, daß Sie erst 106 Seiten gelesen haben.

Sie können aber auch Ihre Freude darüber zum Ausdruck bringen, daß Sie nur noch 113 Seiten zu lesen haben!

> Wer kennt nicht den Pessimisten, der vor einem «halbleeren» Glas sitzt. Wie gut hat es dagegen der Optimist, der noch in ein «halbvolles» Glas hineinschaut.
>
> Das gleiche gilt für die zwei Schuhverkäufer, die nach Afrika geschickt werden.
>
> Was meldet der «negativ» eingestellte Verkäufer nach Deutschland? „Kein Markt vorhanden, alle laufen barfuß."
>
> Der Optimist dagegen meldet:
> „Riesenmarkt in Afrika, alle laufen barfuß. Wir können mit unseren Schuhen Schutz gegen Sand und Dornen bieten."

Insbesondere in Verkaufsrhetorik gibt es viele Beispiele, wie Sie aus dem Minus ein Plus machen können.

> Statt: «Unser Geschäft ist heute mittag geschlossen.»
> Besser: «Unser Geschäft ist von 8.00 Uhr bis 12.00 Uhr geöffnet.»
>
> Statt: dünn – normal – dick (bei Kleidergrößen)
> Besser: schlank – normal – betont weiblich

Sie können jemanden im Rahmen einer Diskussion zum Schreiber «degradieren». Wieviel besser klingt es jedoch, wenn Sie ihn zum «Schriftführer» ernennen.

Wieviel besser ist es auch, von «Verbrauchertips» statt von «Werbung» oder «Reklame» zu sprechen.

Sie können bei der Frage:
«Was wollen wir heute abend unternehmen?»
sagen, daß Ihnen nichts einfällt. Sie können sich aber viel eleganter aus der Affäre ziehen:
«Da verlasse ich mich ganz auf dich.»

Wußten Sie, daß die Bundesrepublik nur mit Agenten, V-Leuten (+) und Informanten (+) arbeitet, während andere Länder ausschließlich Spione (−) einsetzen?

Natürlich altern (−) wir alle. Viele sind jedoch erst herangereift (+).

Ein großer Warenhauskonzern spricht vom Inventurmanko (+).
Wer weiß schon, daß sich hinter diesem Wort die Verluste aus
Kaufhausdiebstählen (−) verbergen.

Ein Mitarbeiter kann belehrt werden (−). Sie können ihn aber
auch über «bestimmte Dinge informieren» (+) oder auch «einige
Punkte klarstellen» (+).

Viele Würstchenbuden (−) wurden − durch ein Schild − zum
Schnellimbiß (+). Manche sogar zur Snack-Bar (++).

Die Beurteilung der Mitarbeiter wurde in einer Frankfurter
Behörde nach drei Noten abgestuft:

```
sehr gut − gut − weniger gut
statt:
sehr gut − gut − schlecht
```

Wer spricht schon gern von der «Konkurrenz»? Handelt es sich hier
nicht (meistens!) um «den befreundeten Wettbewerb?»

Wer hat nicht schon einmal am häuslichen Herd eine Suppe
bekommen, die zu scharf gewürzt war? Wie wäre es, wenn Sie Ihrer
Frau diplomatisch sagen, daß die Suppe «besonders feurig» war?

Ist es nicht schöner, eine einwöchige Reise «schon für 500 DM»
angeboten zu bekommen als eine Reise, die es «ab 500 DM» gibt? ·

Fazit:

Diese durch alle Bereiche des privaten und beruflichen Lebens sich
ziehenden Beispiele mögen Ihre Aufmerksamkeit für Ihre eigene
Ausdrucksweise schärfen.   (ROLF H. RUHLEDER)

16 Punkte für einen erfolgreichen Vortrag

Gute Vorbereitung ist selbstverständlich eine unabdingbare Voraussetzung für den Erfolg; jedoch gibt es weitere Punkte, die ein Redner beachten muß. Keiner Ihrer Zuhörer wird zwar die nachfolgende Checkliste bewußt vor sich haben, doch können Sie sicher sein, daß alle 16 Punkte im Raume registriert werden.

Der aufmerksame Zuhörer in der ersten Reihe wird vielleicht ganz andere Punkte beachten – etwa den Dialekt, die Gestik oder den Gehalt der Rede – als der desinteressierte in der letzten Reihe. Auftreten, Anrede und Abgang jedoch hinterlassen bei allen einen bleibenden Eindruck. Deshalb sollten Sie folgende 16 Punkte unserer Checkliste vor und während einer Rede beachten.

1. Wie ist mein Äußeres?
Tragen Sie Ihren Zuhörern und deren Vorstellung Rechnung? Ein Rollkragenpullover ist bei einem hochoffiziellen Festvortrag genauso wenig angebracht wie umgekehrt der Schlips bei einer Überzeugungsrede zur Thematik «Mehr Freizeitkleidung».

2. Wie ist mein Auftreten?
Gehen Sie langsam und betont ruhig zu der Stelle, von der aus Sie sprechen werden. Legen Sie vor Beginn Ihrer Ausführungen unbedingt eine Pause ein. Schauen Sie die Zuhörer erst einmal an, und «sammeln» Sie die Blicke.

3. Wie ist mein Beginn?
Wie ist die Wirkung der Anrede? Ihre Einleitung kann je nach Thema humorvoll, fragend oder provozierend sein. Aber auch ein Zitat oder eine Anekdote können ein guter Einstieg sein. Die Anknüpfungstechnik ist ebenfalls ein hervorragender Beginn: Aus der Situation am Ort des Vortrags wird etwas gefunden, das eine Verbindung zum Thema herstellt.

4. Betone ich meinen Dialekt?
Grundsätzlich sollten Sie nicht versuchen, «reines» Hochdeutsch

zu sprechen. Eine leichte mundartliche Färbung stört in den seltensten Fällen. Im Gegenteil: Sie lockert zumeist auf.

5. Halte ich Blickkontakt mit meinen Zuhörern?
Schauen Sie Ihre Zuhörer nicht an, so ist dies entweder ein Zeichen von Arroganz oder von Unsicherheit. Achten Sie darauf, daß Sie den gesamten Zuhörerkreis im Blickfeld haben. Dies erreichen Sie bei einer größeren Zuhörerzahl (ab 20), indem Sie mindestens zwei bis drei Meter Distanz zwischen sich und den Zuhörern haben. Wie schaffen Sie es weiterhin, daß jeder im Raum – auch bei 40, 60 oder 80 Personen – das Gefühl hat, von Ihnen angeschaut zu werden? Ganz einfach: Schauen Sie erst links, dann in der Mitte und dann rechts einen Zuhörer an: dieses wiederholen Sie öfters, und zwar um drei bis vier Personen versetzt. Vermeiden Sie unbedingt den «Scheibenwischerblick». Schweifen Sie nicht abrupt von links nach rechts und zurück, sondern lassen Sie Ihren Blick jeweils auf einem Zuhörer ruhen (5 bis 10 Sekunden).

6. Setze ich gekonnt Gestik ein?
Man unterscheidet in der Gestik drei Bereiche: I = Hände unterhalb der Gürtellinie = negative Aussage; II = Hände zwischen Gürtellinie und Brusthöhe = neutrale Aussage; III = Hände oberhalb der Brust = positive Aussage.

Hüten Sie sich jedoch vor dem unmotivierten Gestikulieren mit «Händen und Füßen». Eine wichtige Regel: Machen Sie weite Armbewegungen. Sie strahlen damit eine gewisse (vielleicht noch nicht einmal vorhandene) Sicherheit aus.

7. Achte ich auf meine Körperhaltung?
Das Sprechpult hat natürlich hier entscheidende Vorteile, da es einen größeren Teil des Körpers verbirgt. Sind Sie jedoch von Ihrer Vortragsweise überzeugt und fühlen sich sicher, so verzichten Sie auf diese «Barriere». Legen Sie Ihre Stichwortzettel – das Ablesen einer Rede ist bis auf geringe Ausnahmen endgültig passé – auf den Tisch oder das Rednerpult, und bleiben Sie nicht an einer Stelle stehen.

8. *Kontrolliere ich meine Sprechtechnik?*

Die Sprechtechnik umfaßt Stimmfarbe (hoch/tief, schrill/melodisch) und Sprechtempo (schnell/langsam, rhythmisch/abgehackt). Lassen Sie sich einmal von einer Ihnen nachstehenden Person bezüglich der Sprechtechnik beurteilen. Sie werden vom Ergebnis überrascht sein.

9. *Denke ich an die Pausentechnik?*

Nichts ist besser, um die Wirkung der Worte zu erhöhen, als eine gekonnte Pause. Eine Pause am Ende eines Satzes stört in den seltensten Fällen. Nur der Redner hat das Gefühl, daß er jetzt schnell in seinem Vortrag fortfahren muß, um ja nicht unsicher zu wirken. Noch ein Tip: Senken Sie die Stimme am Ende eines Satzes. Das hilft Ihnen, die Pausentechnik zu üben.

10. *Wie ist der «Gehalt» meiner Rede?*

Dies ist natürlich der wichtigste Punkt einer guten Rede. Die Bewertung eines Vortrags ist – abgesehen von einem festumrissenen Fachvortrag – sehr subjektiv. Entsprechende Auswertung von Unterlagen, eine klare Gliederung und die hier genannten Punkte tragen zum Erfolg einer Rede bei. Ein einfaches Schema kann Ihnen beim Aufbau der Rede behilflich sein (s. Schaubild).

11. *Denke ich an den «Sie-Standpunkt»?*

Für jeden Vortrag ist es wichtig, sich in die Lage der Zuhörer zu versetzen. Lernen Sie, vom Ich über das Wir zum Sie-Standpunkt zu kommen. Jeder von uns ist nur an dem interessiert, was ihn in irgendeiner Form beschäftigt. Versuchen Sie also, die Erwartungshaltung Ihrer Zuhörer herauszufinden und in Ihrem Vortrag zu berücksichtigen.

12. *Strahle ich Sicherheit aus?*

Ein nervöser, fahriger Referent kann einen inhaltlich brillanten Vortrag zunichte machen. Üben Sie sich in Selbstbejahung («Ich schaffe meine Rede»), nutzen Sie die Regeln der Gestik (weite Armbewegungen), und halten Sie Blickkontakt.

13. Nutze ich audiovisuelle Hilfsmittel?

Nutzen Sie, wann immer es geht, das Vorhandensein eines Diaprojektors, eines Overheadprojektors oder Tonbandes, um Ihre Rede aufzulockern. Überschätzen Sie nicht die Wirkung Ihrer Worte: Nur etwa 10 % vom Inhalt Ihrer Rede bleiben im Gedächtnis Ihrer Zuhörer haften (Interesse vorausgesetzt). Mit dem Einsatz audiovisueller Hilfsmittel wird die Gedächtnishaftung auf 30 bis 40 % erhöht. Haben Sie z.B. die Möglichkeit, Thesen auszugeben und Ihre Zuhörer in Ihr Referat einzuschalten und zu aktivieren, so ist die Wirkung Ihrer Rede besser und die Gedächtnishaftung entschieden höher: Etwa 60 bis 70 % Ihrer Rede werden von den Zuhörern noch behalten.

14. Stimmt meine Zeiteinteilung?

Die grundsätzliche Frage ist: Komme ich mit meiner (vorgegebenen) Zeit hin, oder beende ich meine Ausführungen zu früh? Prüfen Sie aber auch, inwieweit der zeitliche Aufbau innerhalb Ihrer Rede stimmt. Die Einleitung und der Schluß Ihrer Ausführungen sollten zusammen nie mehr als ein Viertel der Redezeit beanspruchen.

15. Zeige ich Engagement?

Aus jeder Rede läßt sich die innere Einstellung des Redners zu der Thematik heraushören. Gleich, ob es sich um eine Informations-, Meinungs- oder Überzeugungsrede handelt, versuchen Sie immer, ein persönliches Engagement hineinzulegen. Gerade dieser Punkt kann über Erfolg oder Mißerfolg einer Rede entscheiden.

16. Habe ich einen guten Abschluß?

Bereiten Sie sich besonders intensiv auf Beginn und Ende Ihrer Rede vor. Ein empfehlenswerter Tip: Lernen Sie Anfang und Ende Ihrer Ausführungen (fünf bis zehn Sätze) auswendig.

Es gibt Ihnen das Gefühl der Sicherheit, damit Sie sich nicht auf Ihren Stichwortzettel konzentrieren müssen. Schließen Sie Ihre Rede nie mit einer Floskel («Ich meine, das wär's»), sondern fassen Sie zusammen, appellieren Sie an die Zuhörer, oder geben Sie einen Ausblick auf die Zukunft. Wie heißt es doch: Der erste Eindruck ist entscheidend, und der letzte bleibt.　　　　　(ROLF H. RUHLEDER)

Über die Verhandlungstechnik

*Beruflich wie privat hat man fast täglich zu verhandeln, seien es
Besprechungen über innerbetriebliche Probleme, Verkaufs- oder
Einkaufsverhandlungen, Durchsetzung von Forderungen oder was
auch immer. Stets geht es darum, ein Ziel zu erreichen oder den
Partner von dessen Ziel abzubringen und von einer anderen Lösung
zu überzeugen. Dabei werden viele Fehler gemacht, die den
Verhandlungserfolg in Frage stellen. Doch wie macht man es
richtig?*

Verhandlungsgrundsätze

Wenn wir den Zweck jeder Verhandlung darin sehen, daß wir
den Partner von unserer Meinung überzeugen oder ihn, falls
er gleichgültig oder uninteressiert ist (etwa bei einer Verkaufsverhandlung), interessieren und zu einer Handlung in unserem Sinne
bringen wollen, so liefert für unsere Verhandlungstechnik die aus
der amerikanischen Werbung bekannte AIDA-Formel eine gewisse
Hilfe. Die Formel bedeutet:

A = attention   (Aufmerksamkeit)
I = interest   (Interesse)
D = desire   (Wunsch)
A = action   (Aktion, Handlung)

Auf eine Verkaufsverhandlung angewandt heißt das: Zunächst die
Aufmerksamkeit des zukünftigen Kunden wecken und ihn entsprechend umwerben und ihn sodann für unser Produkt interessieren. In ihm letztlich den Wunsch erzeugen, das Produkt besitzen
zu wollen. Das Ziel ist erreicht, wenn er zur Aktion übergeht, den
Besitzwunsch in die Tat umsetzt, also kauft.

Die AIDA-Formel bietet zwar ein gewisses Gerüst für unsere
Verhandlungstechnik, ist aber doch recht schematisch und hilft
nicht weiter, wenn wir schon beim ersten Schritt nicht wissen, wie
die Aufmerksamkeit zu wecken ist. Dazu gehören außerdem Menschenkenntnis, diplomatisches Geschick und auch oder zuerst
Sachkenntnis über den Gegenstand der Verhandlung.

Daher ist es erfolgversprechender, Grundsätze aus dem natürlichen Ablauf jeder Verhandlung abzuleiten. Jede Verhandlung, gleich welcher Art, zerfällt in die gleichen vier oder sechs Phasen, so daß dies generell gilt:

1. Phase: Persönliche Begrüßung des Partners.

2. Phase: Sachliche Einleitung des Gesprächs (ein psychologisch kritischer Augenblick, der vorher gut durchdacht sein muß).

3. Phase: Die Argumentation. Sie ergibt sich unmittelbar aus der 2. Phase. Vor- und Nachteile sind darzulegen, Einwände und Bedenken des Partners zu zerstreuen.

4. Phase: Das eigentliche Ziel der Verhandlung, nämlich die Zustimmung des Partners. (Im Verkauf der Auftragsabschluß.)

Die Vorbereitung der Verhandlung

Hierzu gehören:

☐ die sachliche Vorbereitung: Die Gewinnung der Idee, die Sammlung notwendiger Unterlagen, die Ausnutzung notwendiger Hilfsmittel, die Aussprache mit Sachverständigen oder Beratern,

☐ die exakte Zielerklärung: Es hat sich als nützlich erwiesen, das Ziel präzise zu formulieren und auf einem Notizblock festzuhalten, so daß man es auch während der Verhandlung immer vor Augen hat (also nicht nach dem Motto: «als wir das Ziel aus den Augen verloren, verdoppelten wir unsere Anstrengungen»),

☐ die äußeren Umstände: Hierzu nur einige Stichworte: Eigenes oder fremdes Büro oder neutraler Ort, Atmosphäre, Besprechungszeit, Kleidung, Imbiß oder Erfrischung,

☐ die Einstellung auf den Gesprächspartner: Wir müssen bedenken, welches Ziel er verfolgt, welches seine Interessen sind, aber auch seine persönlichen und wirtschaftlichen Verhältnisse. Wir müssen auch die Einwände, die er bringen kann, schon vorbedenken und unsere Antwort im voraus formulieren. Bewährt hat sich, wenn man sich gedanklich immer in die Rolle des Partners zu setzen versucht

☐ und noch etwas sehr Wichtiges: Keine Verhandlungsangst, wenn auch Lampenfieber eine ganz natürliche Erscheinung ist. Man soll daran denken, daß man dem Partner etwas Wertvolles zu bieten hat, und daß man schon Erfolg in früheren, schwierigen Fällen hatte. Schon die gute Vorbereitung bietet eine gewisse Beruhigung.

Die Einleitung des Gesprächs

Wie schon eingangs erwähnt, handelt es sich hier um eine besonders kritische Phase. Der erste Eindruck ist oft entscheidend, von ihm kann der weitere Erfolg abhängen. Hier helfen nicht nur die guten Sach- und Fachkenntnisse, sondern auch die Wirkung der eigenen Persönlichkeit, das überzeugende Auftreten, auch die Kleidung (z.B. machen helle Farben jugendlich und frisch, dunkle älter, seriöser, erfahrener), das gute Benehmen, die Überzeugungskraft und Begeisterungsfähigkeit, die wirkungsvolle Gesprächstechnik, die anschauliche und überzeugende Formulierung, das verbindliche Wesen, der freundliche Blick.

Dazu einige Tips:

Man soll die Sprache des Partners sprechen. Aber man soll sich auch vor Superlativen und Allerweltsausdrücken hüten und keine Unsicherheit zeigen. Wenn der Partner nicht zuhört – eine kleine Pause machen. Den Partner immer mit seinem Namen ansprechen.

Im Partner ist das Gefühl zu wecken, daß man ihm helfen will. Eine positive Atmosphäre ist unabdingbar.

Hier gilt es, die Probleme des anderen zu erfassen, also weniger reden, dafür mehr fragen, mehr demonstrieren, mehr zeigen, dadurch Interesse wecken.

Die Phase der Argumentation

Auch dazu einige Tips:

Man soll stets Vorteilsgespräche, keine Nachteilsgespräche führen. Natürlich gibt es überall auch Nachteile, man sollte sie aber nicht über Gebühr diskutieren, sondern immer wieder auf die Vorteile überspringen, die an erster Stelle stehen.

Man soll jede Spannung vermeiden, nicht herumstreiten, sondern besser diplomatisch nachgeben und Verständnis für die Situation des anderen zeigen. Also: kein striktes «nein», die Übereinstimmung in den Vordergrund stellen, sich nicht herausfordern lassen, Fehler offen eingestehen.

Zur Beantwortung von Einwänden gibt es verschiedene Methoden, so z. B.

- die Plus-Minus-Argumentation: Vor- und Nachteile werden abwägend nebeneinandergestellt;
- das Überspringen: den Einwand anerkennen, aber gleich zum Vorteil überspringen;
- die Umkehrmethode: den Nachteil von der Seite des Vorteils her sehen;
- die Zersetzungsmethode: mit der Schemafrage «Warum»;
- die Zeugenmethode: neutrale Dritte zu Bundesgenossen machen;
- die Beispielmethode;
- die Methode des praktischen Versuchs.

Die Zustimmung des Partners

Die letzte Phase der Verhandlung bringt die Entscheidung, ob der Partner unseren Vorstellungen zustimmt. Der gesamte vorherige Verhandlungsablauf galt nur diesem einen Ziel. Jetzt kommt es darauf an, die Verhandlung zielsicher und elegant zum Abschluß zu bringen. Die Atmosphäre muß wieder positiv sein, dem Partner ist seine «Entscheidungsangst» zu nehmen, seine noch möglichen Widerstände sind durch präzise Fragen abzugrenzen. Alle Vorteile sind dazu nochmals zusammenzufassen. Der Partner kann auch durch besonderes Entgegenkommen gebunden werden. Zur Abschlußtechnik gibt es vier «Kunstgriffe»:

- der «Nichtwirklichkeitsfall»: «Falls Sie einen praktischen Versuch mit unserem Material machen wollen, würden Sie dann zuerst . . .?»
- Vorab- oder Teilentscheidung treffen: (mit ihnen die Gesamtentscheidung herbeiführen) in der Reihenfolge

a) zuerst technische oder fachliche Teilentscheidungen treffen lassen
b) dann «Lockspeise» zur engeren psychologischen Bindung
c) zuletzt die kritischen Teilentscheidungen

☐ die Entweder-oder-Frage:

Bekanntestes Beispiel: «Möchten Sie das Frühstücksei hart oder weich gekocht?», also gar nicht erst dem Gast die Alternative lassen, ob er überhaupt eines will.

☐ für die Entscheidung wichtige Fragen klären, z. B.: «Wieviel Platz haben Sie zur Verfügung?» = Entscheidung über die Möbelgröße

Mit dem «Ja» des Partners ist die Verhandlung selbst zwar beendet, nicht aber die Beziehung zu ihm. Deshalb muß bis zum Schluß jedes Mißtrauen vermieden werden. Ein absolut reelles Gebaren ist oberstes Gebot. Der Partner soll auch in Zukunft noch Partner, z. B. zufriedener Kunde, bleiben. Sein Vertrauen ist unser Kapital.

Fazit:

Richtiges Verhandeln ist eine erlernbare Kunst. Um dabei erfolgreich zu sein, ist die Anwendung bestimmter Methoden in jeder einzelnen Verhandlungsphase empfehlenswert.

Dialektik – geschickt und erfolgreich verhandeln

Ein Kapuziner, der gern raucht, fragt seinen Abt: Darf ich beim Beten rauchen? Die Antwort: Mein Sohn, wenn Du betest, sollst Du Dich auf Gott konzentrieren und Dich nicht mit weltlichen Genüssen beschäftigen. Ein Jesuit – mit dem gleichen Problem – fragt: Darf ich beim Rauchen beten? Die Antwort: Selbstverständlich, es ist sehr lobenswert, daß Du sogar beim Rauchen noch Zeit zum Beten findest. Ein zugegebenermaßen drastisches Beispiel für Dialektik. Erfolgreich verhandeln ist für jede Führungskraft unerläßlich. Dabei kann man sich altbewährter Kunstkniffe der Dialektik bedienen. Wie man das tut und wie das trotzdem in fairer Weise geschehen kann, zeigt der folgende Beitrag.

Der Begriff «Dialektik» stammt aus dem Griechischen: Dialegomai bzw. Dialegesthai = sich unterhalten. Musterbeispiele für die Kunst der Unterredung und Beweisführung in Frage und Antwort finden sich insbesondere bei Sokrates. Hegel wendet in seiner Philosophie als Wissenschaft vom Absoluten ebenfalls die dialektische Methode an. Er arbeitet mit dem Dreierschritt These, Antithese, Synthese und wird damit zum geistigen Vater des dialektischen Materialismus. Im Laufe der Jahre wandelte sich die «Dialektik» zu einer Denkmethode und Verhandlungstechnik, die es mit der Wahrheit nicht so genau nahm, im Vordergrund stand die Durchsetzung der eigenen Ziele und Gedanken – ob richtig oder falsch.

Heute wird Dialektik als «Kunst der geschickten und erfolgreichen Verhandlungsführung» definiert. Sie ist unabdingbar mit Logik, Psychologie und Grundkenntnissen in Rhetorik verknüpft, die die Voraussetzung für die Anwendung dialektischer Kunstgriffe bilden. Im folgenden sollen die Methoden der fairen Dialektik aufgezeigt werden. Dabei ist zu bemerken: Recht haben und recht behalten ist nicht dasselbe!

Das Ziel der fairen Dialektik ist es, die andere Seite persönlich und sachlich für die eigenen Argumente zu gewinnen. Denken Sie immer daran, daß Gesprächspartner Ihnen nur kurze Zeit (maximal 45 Sekunden) zuhören. Danach läßt die Konzentration schnell nach. In welchem Maße und wann sich das Interesse dem Gesprächspartner oder Sprecher wieder zuwendet, ist sehr unterschiedlich und hängt von vielen Faktoren ab. Jedes Gespräch, jede Diskussion, jede Debatte erfordert unterschiedliche Taktiken und Maßnahmen. Folgende Vorbedingungen sollten jedoch immer erfüllt sein:

☐ *Grundsätzlich sollen Sie von Ihren eigenen Aussagen überzeugt sein.* Nur wer seine Meinung ehrlich vertreten kann, darf einen vollen Verhandlungserfolg erhoffen.

☐ Versuchen Sie, *Augenkontakt* mit Ihrem Gesprächspartner zu *halten.* Ein unsicherer Blick bzw. das Ausweichen des eigenen Blicks auf Gegenstände im Raum führt unweigerlich zu einer schlechten Ausgangslage und kann zusätzlich den Eindruck des «Uninteressiertseins» erwecken. Einen «Kampf mit den Augen» gewinnen Sie leicht, wenn Sie dem Gegner nicht in die Augen, sondern genau zwischen die Augen schauen. (Nicht ohne Grund wird dies Verhalten bei einem bekannten Orden als eine der wichtigsten Grundregeln zur Überwindung des Gegners gelehrt.)

☐ *Überlegen Sie* vorher, *wen Sie* ansprechen und für Ihre Zwecke *gewinnen wollen.* (Nixon verlor die Präsidentschaftswahlen 1960, weil er in den wichtigsten Fernsehdebatten nie die Zuschauer – und damit seine Wähler –, sondern immer nur Kennedy ansprach!)

☐ *Wählen Sie die passende Kleidung,* die von Ihnen zu dieser Gelegenheit erwartet wird.

☐ *Zeigen Sie* Ihrem Partner, welches Interesse Sie den Problemen und Fragestellungen entgegenbringen.

☐ *Bleiben Sie ruhig.* Lassen Sie sich nicht provozieren oder in die Enge treiben.

☐ *Geben Sie sich so, wie es Ihrem Wesen* und Ihrer Art *entspricht.*

Die nachfolgende Checkliste nennt Ihnen spezielle Methoden der fairen Dialektik, um Methoden der unfairen Dialektik begegnen zu können:

A   Versuchen Sie, das Wohlwollen des Gesprächspartners zu gewinnen und seine *Gefühle anzusprechen*. Sie stoßen damit tiefer, als wenn Sie nur an den Verstand appellieren. *Erkennen Sie* die *Verdienste* des anderen *an*.

B   *Geben Sie Fehler zu*, wenn diese (allgemein!) bekannt sind. «Ich habe jedoch aus meinen Fehlern gelernt.» Auch «Irren ist menschlich», doch versuchen Sie, den Irrtum des anderen als besonders gravierend hervorzuheben.

C   *Vermeiden Sie die Andeutung von Rechtsmitteln*. Das zeigt sonst, daß Sie mit den Methoden der fairen Dialektik nicht zu Ihrem Recht gelangen. Ausnahme: Mit Absicht unrichtig dargestellte Aussagen und Beleidigungen können Sie mit der Androhung von Rechtsmitteln verbinden.

D   *Zeigen Sie* dem Gesprächspartner seine *mangelnde Kompetenz* in den Sachgebieten *auf*: «Nach den bisherigen Ausführungen muß ich Ihre Kompetenz zu dieser Angelegenheit stark in Zweifel ziehen.»
Beweisen Sie nie die eigene Kompetenz: «Ich habe das ja schließlich studiert.»

E   Würdigen Sie die persönlichen Bemühungen Ihres Gesprächspartners. Versetzen Sie sich in seine Lage und *weisen* Sie ihm *nach, daß Sie gerade unter diesen Bedingungen anders handeln würden* (Captatio benevolentiae).
    „Wir wissen, daß Sie Spezialist für diese Verfahrensfragen sind und erkennen insbesondere Ihre Verdienste auf diesen Gebieten an, und gerade daher . . .“

F   Führen Sie als Beleg für Ihren Standpunkt und zur Untermauerung Ihrer Thesen konkrete *Einzelbeispiele* an. Stellen Sie selbst jedoch fest, daß man Beispiele zwar zur Erklärung, niemals jedoch zum Beweis heranziehen darf. Bedenken Sie, daß schon mit einem einzigen Gegenbeispiel Ihre sorgfältig aufgebaute Verhandlung wie ein Kartenhaus zusammenfallen kann.

G   Verlassen Sie sich auf Ihre *Logik!* Die Methode der Deduktion ist ein sehr beliebtes Mittel des Beweises. Beispiel:
Obersatz 1: Alle Fische können schwimmen.
Obersatz 2: Der Hering ist ein Fisch.
Schluß: Der Hering kann schwimmen.

Dieser Schluß (auch Syllogismus genannt) ist nur richtig, wenn der Obersatz 1 inhaltlich wahr ist und der Obersatz 2 sich folgerichtig aus den Beweisgründen ergibt. Formen Sie selber ein Beispiel, in dem der Obersatz 1 angreifbar ist und somit durch Obersatz 2 nicht zum richtigen Schluß führen kann.
Beispiel: Vögel – Strauß
Obersatz 1: Alle Vögel können fliegen.
Obersatz 2: Der Strauß ist ein Vogel.
Schluß: Der Strauß kann fliegen.

Diese Form der Logik kann trainiert werden. So sind Sie nach einer gewissen Zeit in der Lage, den fehlenden 2. Obersatz bei Kenntnis des Obersatzes 1 und des Schlusses herauszufinden.

H   *Betonen Sie das Gemeinsame.* Zeigen Sie, daß Sie in vielen Punkten mit Ihrem Gegenüber einig sind. Dieses hilft Ihnen, Aggressionen abzubauen, und dient der Schaffung einer positiven Atmosphäre. «Ich freue mich, daß wir in diesem Punkt völlig übereinstimmen . . .»

I   Den Gesprächspartner interessieren nicht die Vorteile, die Sie erzielen werden. *Zeigen Sie ihm deshalb Vorteile auf, die er aus der Annahme Ihrer Argumente gewinnt.*

J   Beenden Sie Ihre (kurzen) Ausführungen mit einer Frage.
Dies führt bei einer laufenden Wiederholung zu einer Schwächung der Position der gegnerischen Seite. «Meinen Sie nicht?» «Glauben Sie nicht, daß . . .?»

Zur Vermeidung der Provokation können Sie ebenfalls die Fragetechnik anwenden. Fügen Sie lediglich den *Zusatz «auch»* hinzu. «Meinen Sie nicht auch?» Man spricht hier von pädagogischer

Dialektik. Eine weitere Hilfe kann die wiederholende Fragetechnik sein, wenn Sie auf eine bestimmte Frage unbedingt eine positive Antwort erhalten möchten. Stellen Sie dem Gesprächspartner zuvor zwei bis drei Fragen, die er auf jeden Fall bejahen muß. Die nachfolgende Frage, die er ansonsten zumindest in Frage stellen würde, wird er mit großer Wahrscheinlichkeit nun ebenfalls mit «ja» beantworten. Diese Methode wude von Sokrates entwickelt.

K   *Versuchen Sie, eine höhere (moralische) Ebene* für Ihre Argumente *zu gewinnen,* und bezeichnen Sie die Ausgangsbasis des Gesprächspartners als unzureichend.

L   *Stellen Sie nie allgemeine Behauptungen auf,* die sehr leicht angreifbar sind. Wählen Sie Vergleiche, konkrete Einzelbeispiele, und arbeiten Sie mit optischen Hilfsmitteln.

M   *Spielen Sie alle Argumente aus.* Merken Sie sich jedoch folgende *Reihenfolge:* Sollten Sie fünf Argumente unterschiedlicher Bedeutung haben, so setzen Sie nicht an den Beginn oder an das Ende ein besonders schwaches Argument. An erster Stelle sollten Sie das stärkste und an fünfter Stelle das zweitstärkste Argument «präsentieren». Auch zeitlich sollten Sie diesen Argumenten selbstverständlich größeres Gewicht geben.

N   In besonderen Situationen ist auch das *«Mit-dem-Finger-Zeigen»* angebracht. Es muß sich jedoch um Ausnahmen handeln und darf nicht, wie bei manchen Bundestagsrednern, dauernd angewandt werden.

O   *Zwingen Sie Ihr Gegenüber, sich auf die Thematik zu konzentrieren.* Der Außenstehende hat auf jeden Fall den Eindruck, daß nur Sie hart am Thema bleiben.

P   *Brechen Sie nie selbst das Gespräch* oder die Debatte *ab.* Verwenden Sie keine Standardsätze oder Floskeln («Ich meine, das wär's . .»), sondern versuchen Sie immer zu einem für beide Seiten akzeptablen Resümee zu gelangen.

Q   Versuchen Sie *Nebensächlichkeiten, in denen Ihr Gegner unrecht hat, hochzuspielen,* damit die Hauptsache, die Sie nicht widerlegen können, fragwürdig erscheint.

R   *Übersetzen* Sie die Schlagworte und *Jargonausdrücke in ein besseres Deutsch*. Sie gewinnen damit die Sympathie der Zuhörer.

S   *Fehlen Gegengründe, so erklären Sie sich nicht für zuständig*, da es sonst nach Kapitulation von Ihrer Seite aussieht. «Zu dieser Frage möchte ich meinen zuständigen Sachbearbeiter heranziehen, der Ihnen gerne eine entsprechende Auskunft erteilen wird.» Dies wirkt um so glaubhafter, je höher Ihre Dienststellung ist.

T   *Zwingen Sie Ihren Gesprächspartner, seine Begriffe zu definieren*. Sie werden feststellen, wie leicht er in Verwirrung gebracht werden kann. Folgende einfache Taktiken der Dialektik sind besonders beliebt, wenn Sie mit den bereits genannten noch nicht den vollen Verhandlungserfolg erzielt haben:

U   *Verwirrungstaktik*
Benützen Sie die Redewendungen des Gegners in einem anderen Sinn, als dieser sie meint. Ziehen Sie andere unbequeme Schlußfolgerungen und beweisen Sie damit die Unbrauchbarkeit. «Selbst wenn es so wäre . . .»

V   *Verunsicherungstaktik*
Schauen Sie besonders kritisch, und stellen Sie unliebsame Gegenfragen. Drücken Sie auch durch Ihre Körperhaltung (verschränkte Arme, leicht zurückgeneigter Oberkörper) Ihre Mißbilligung gegenüber Ihrem Gesprächspartner aus.

W   *Angriffstaktik*
Greifen Sie den Gegner mit unfairer Dialektik an, bis er zu einer sachlichen Diskussion bereit ist. Stellen Sie unfaire Dialektik als solche bloß, und weisen Sie diese mit aller Schärfe zurück.

X   *«Phrasen»-Taktik*
Sollten andere Methoden versagen, so versuchen Sie, durch schöne Redensarten den Gesprächspartner zu umgarnen. Sprechen Sie (siehe auch K) von höheren Werten wie Vaterland, Mutterliebe, Großmut, Ehre und sozialer Gerechtigkeit. Diese Worte verfehlen bei den Zuhörern selten ihre Wirkung. Achten Sie jedoch darauf, daß Sie hier den schmalen Grat zur unfairen Dialektik nicht überschreiten.

Y *Aufschubtaktik*

Nehmen Sie erst später zu einem Problem Stellung oder gewinnen Sie Zeit durch Rückfragen. Sehr beliebt ist: «Könnten Sie Ihre Frage noch einmal wiederholen?»

Z *Schweigetaktik*

Hören Sie nur zu und lassen alle Angriffe an sich abgleiten; oder fallen Sie in das andere Extrem: Fertigen Sie den Gegner lautstark ab, und schweigen Sie urplötzlich.

Fazit:

Dialektik ist eine Methode des erfolgreichen und geschickten Verhandelns. Sie hat eine lange Vergangenheit und wird heute zunehmend in Managerseminaren gelehrt. Man muß sie kennen, um entweder selbst danach zu handeln oder sich wenigstens auf einen Verhandlungspartner einstellen zu können, der dialektisch vorgeht. Bei allen ihren Vorzügen sollte man jedoch unfaires Taktieren unbedingt vermeiden. Außerdem ist eine Abgrenzung zur philosophischen Richtung des dialektischen Materialismus der kommunistischen Theorien notwendig. Dialektik als Verhandlungskunst hat nur in gemeinsamen geistigen Wurzeln damit zu tun.

(ROLF H. RUHLEDER)

Fragetechnik

Was nutzt es, wenn Sie argumentieren können, wenn Sie rhetorisch begabt sind und Überzeugungskraft haben? Trotzdem werden Sie in Verhandlungen nicht den gewünschten Erfolg erzielen, wenn Sie nicht auf dem Instrumentarium der Fragetechnik spielen können. Also: Versuchen Sie, in Zukunft weniger festzustellen und zu behaupten, sondern mehr zu fragen.

Vorteile

Die Vorteile der Fragetechnik liegen auf der Hand. Die Fragetechnik

- ☐ gibt dem Gesprächspartner das Gefühl, daß wir ihm interessiert zuhören;
- ☐ erleichtert uns, die Gesprächsrichtung zu ändern;
- ☐ hilft uns, im Verkaufsgespräch Kaufmotive aufzubauen;
- ☐ befähigt uns, Gegenargumente schneller zu erkennen;
- ☐ ermöglicht ein diplomatisches Korrigieren des Gesprächspartners;
- ☐ schafft die nötige Vertrauensbasis beim Partner;
- ☐ hilft, den Gesprächspartner leichter einzuschätzen;
- ☐ baut Aggressionen ab;
- ☐ macht es einfacher, unfaire Angriffe zu parieren;
- ☐ gibt uns Zeit, die nächsten Gedanken zu formulieren.

Wir aktivieren den Gesprächspartner (ohne daß wir die Gesprächsführung aus der Hand geben). Wie sagte schon Pascal: «Man läßt sich gewöhnlich leichter durch Gründe überzeugen, die man selbst gefunden hat, als durch solche, die anderen zu Sinn gekommen sind.» Mit einer gekonnten Fragetechnik motivieren wir den Gesprächspartner. Denn: Jeder ist davon überzeugt, der Mittelpunkt der Welt zu sein.

Frageformen

Grundsätzlich unterscheiden wir zwischen geschlossener und offener Frage. Bei der geschlossenen Frage kann der Gesprächspartner nur mit «Ja» oder «Nein» antworten. Sie beginnt mit einem Hilfsverb oder Verb. Beispiel: Entspricht dieser Artikel Ihren Erwartungen?

Die offene Frage dagegen beginnt immer mit einem Fragewort. Beispiel: Aus welchen Gründen interessiert Sie dieser Artikel?

Selbst die kürzeste Antwort wird – wenn der Gesprächspartner höflich ist – aus einem vollständigen Satz bestehen. Es ist deshalb sehr oft ratsam, offene Fragen zu stellen, weil der Gesprächspartner so meist detaillierte Auskünfte geben wird. Außerdem gewinnen Sie Zeit zum Überlegen.

Noch ein Tip:

Ersetzen Sie das Fragewort «warum» durch die Formulierung «aus welchen Gründen». Es wirkt verbindlicher und «erschlägt» den Gesprächspartner nicht. Gleichzeitig geben Sie ihm die Gelegenheit, mehrere Möglichkeiten und Gründe zu nennen. Formulieren Sie statt: «Warum sind Sie gestern zu spät gekommen?» besser «Aus welchen Gründen ...»

Sie werden feststellen, daß bei den nachfolgenden Fragearten auch die geschlossene Frage auftaucht. Es handelt sich hier jedoch um den Einsatz der geschlossenen Frage als Mittel zur Erreichung einer konkret gewünschten Antwort.

1. Die Informationsfrage

Natürlich wollen Sie mit jeder offenen und geschlossenen Frage im weitesten Sinne eine Information erhalten. Bei dieser Frageform beabsichtigen Sie jedoch wirklich nur, Ihr Wissen über eine Person, Sache usw. zu vertiefen. Diese Frageart zeichnet sich durch kurze und knappe Formulierungen aus. Die Informationsfrage sollte nicht mehr als 5 bis 7 Wörter umfassen. Sie soll den Hintergrund ausleuchten. «Welche Tageszeitung lesen Sie?» «Wie fühlen Sie sich?»

Stellen Sie nicht zu viele Informationsfragen hintereinander, sonst fühlt sich der Gesprächspartner verhört und in die Ecke gedrängt.

2. Die Alternativfrage

Geben Sie Ihrem Gesprächspartner (besonders bei Verkaufsgesprächen) nie die Wahl zwischen einer positiven und einer negativen Möglichkeit. Zeigen Sie ihm stets zwei positive Möglichkeiten auf. Zum Beispiel im Hotel beim Frühstück: Der Ober fragt nicht: «Wünschen Sie ein Ei?» (positive Möglichkeit: ein Ei, negative Möglichkeit: kein Ei), sondern: «Wünschen Sie das Frühstücksei hart oder weich (7 oder 4 min)?» (2 positive Möglichkeiten: hartes Frühstücksei oder weiches Frühstücksei).

3. Die Suggestivfrage

Diese Frageform will den Gesprächspartner manipulieren und in eine bestimmte Richtung drängen. An der wahren Meinung des Gesprächspartners sind Sie wenig interessiert.

Bestimmte Füllwörter: etwa – sicher – doch – auch – nicht, werden in die geschlossene Frageform eingebaut. «Sie sind doch auch der Meinung, Herr Kollege, daß wir einen bedeutenden Fortschritt durch dieses Gespräch erzielt haben?»

4. Die Fangfrage

Sie wird auch als indirekte Frage bezeichnet, da Sie die Antwort nicht direkt erfragen können. Sie ziehen andere Rückschlüsse als derjenige, der Ihnen die Antwort gibt.

Beispiel: Sie haben als Personalchef bei der Abfassung einer Stellenanzeige die Angabe «Führerschein Klasse 3 Bedingung» vergessen. Wenn Sie herausfinden wollen, ob ein Bewerber einen Führerschein hat, so fragen Sie ihn beiläufig: «Haben Sie einen guten Parkplatz gefunden?» oder «Welchen Wagen fahren Sie?»

Mit großer Wahrscheinlichkeit können Sie aus der Antwort folgern, ob der Bewerber eine Fahrerlaubnis besitzt.

5. Die rhetorische Frage

Eine Frage, auf die man keine Antwort erwartet oder auf die keine

Antwort nötig ist. Sie eignet sich besonders bei Vorträgen und Festreden. Sie setzt meist voraus, daß die Zuhörer die Fakten kennen bzw. gleicher Meinung sind: «Wer von Ihnen, meine Damen und Herren, hat noch nicht von dem Volkswagenwerk gehört?» «Wer kann heute diese Erkenntnisse ablehnen?»

Diese Frage trägt wesentlich zur Belebung eines Vortrages bei!

6. Die Gegenfrage
Sie bringt Hintergrundinformationen bzw. oft (Teil-)Revision der ersten Aussage. Beispiel: «Wie meinen Sie das?» Der Gesprächspartner ist gezwungen, seine Aussage zu präzisieren. Nur in den seltensten Fällen gelingt es ihm, die Frage exakt zu wiederholen. So können Sie sich zwischenzeitlich eine Antwort zurechtlegen.

7. Die motivierende Frage
Sie regt den Gesprächspartner an, aus sich herauszugehen, sich zu «öffnen». Sie erzielen damit eine besonders positive Stimmung. Beispiel: «Was sagen Sie als Fachmann zu der von mir entwickelten Marketingkonzeption?»

8. Die Schock- oder Angriffsfrage
Sie können mit dieser Frageform zwei Fliegen mit einer Klappe schlagen. Sie können Ihren Gesprächspartner aus der Reserve locken, und er läßt sich häufig zu unbeabsichtigten Äußerungen hinreißen. Es bleibt jedoch eine sehr gefährliche Frageart, da die positive Stimmung – Grundvoraussetzung für jedes Gespräch und jede Verhandlung – stark darunter leidet: «Wollen oder können Sie mir keine klare Antwort geben?» «Sind Sie von Ihrer Äußerung wirklich überzeugt?»

9. Die Kontroll- oder Bestätigungsfrage
Es ist meist eine geschlossene Frage, mit der Sie das Interesse des anderen überprüfen oder eine Bestätigung Ihrer Meinung suchen. Sie erfahren gleichzeitig, ob er Ihnen überhaupt noch zuhört.

Die Kontrollfrage ist sehr oft auch eine Suggestivfrage: «Stimmen Sie mir zu?» «Haben Sie noch Fragen?»

10. Die sokratische Frage

Wollen Sie zu dem Ergebnis kommen, daß der Gesprächspartner mit «Ja» antwortet, so formulieren Sie drei bis fünf geschlossene Fragen, die der Gesprächspartner mit «Ja» beantworten wird (sokratische Fragen). Dies muß natürlich durch den vorhergehenden Gesprächsverlauf sichergestellt sein. Auch müssen die Fragen logisch aneinandergereiht werden (Frageketten). In 80 bis 90 % aller Fälle wird er bei der (entscheidenden) letzten Frage, die er normalerweise mit «Nein» beantwortet hätte, auch hier mit «Ja» antworten.

Beispiel: Verkauf von Sicherheitsschuhen

a   «Wollen Sie nicht auch mehr Umsatz erzielen?»   «Ja»
b) «Sind Sie auch daran interessiert, Kosten zu sparen?»   «Ja»
c) «Müssen Sie dann nicht Ihre Mitarbeiter vor Unfallgefahren schützen?»   «Ja»
d) «Haben Ihre Mitarbeiter schon öfters Fußverletzungen gehabt?»   «Ja»
e) «Darf ich Ihnen dann für Ihre Mitarbeiter die Sicherheitsschuhe ‹Pedafit› vorschlagen?»   «Ja»

Achten Sie darauf, daß Sie jetzt nicht in das andere Extrem verfallen und in Zukunft alles erfragen. Selbstverständlich darf der Verhandlungs- und Diskussionspartner nicht den Eindruck bekommen, daß Sie selbst nicht bereit sind, Rede und Antwort zu stehen.

Trotzdem liegt mehr als nur ein Körnchen Wahrheit in dem chinesischen Sprichwort: «Wer fragt, ist fünf Minuten dumm; wer nicht fragt, bleibt ein Leben lang dumm.»

Fazit:

Der gezielte Einsatz der Fragetechnik, verbunden mit einem gewissen Maß an rhetorischer Grundkenntnis, hilft Ihnen, in jeder Verhandlungsrunde und Gesprächssituation einen Vorsprung ins Feld zu führen, der vom Gesprächspartner meist nicht mehr eingeholt werden kann.   (ROLF H. RUHLEDER)

---

12 Methoden der Einwandargumentation

Wem ist es noch nicht passiert, daß er Einwänden in Diskussionen, Debatten und sogar in Verkaufsgesprächen «sprachlos» gegenüberstand? Wer dann aggressiv oder auch nur unvollständig antwortet, der wird es unnötig schwer haben, die verlorengegangene Position zurückzugewinnen.

Mit den nachfolgenden Methoden der Einwandargumentation (Bild 2.2) können Sie sich nach gründlicher Vorbereitung getrost auf jede Diskussion und Debatte einlassen; auch im Verkaufsgespräch werden Sie leichter bestehen können. Es gilt bei der Behandlung von Einwänden noch immer der Grundsatz: Recht haben und recht behalten ist noch lange nicht das gleiche!

Folgende Grundregeln sind bei der Behandlung von Einwänden zu beachten:

1. Bleiben Sie ruhig und sachlich. Drücken Sie nicht schon durch Ihre Mimik, Gestik oder Haltung Ihren Unwillen über den Einwand aus (positive Grundeinstellung).
2. Lassen Sie den anderen unbedingt ausreden, und hören Sie ihm interessiert zu (aktives Zuhören).
3. Legen Sie unbedingt eine (Denk-)Pause ein, bevor Sie antworten. Oder stellen Sie sofort eine Gegenfrage, um Zeit zu gewinnen.
4. Versuchen Sie, sich mit den Wünschen (Einwänden) des Diskussionspartners zu identifizieren. Erst müssen Sie verstehen, was er erreichen will, bevor Sie den Einwand beantworten bzw. (noch besser) entkräften können.
5. Antworten Sie knapp und präzise. Versuchen Sie immer, ruhig und sachlich zu sprechen und Ihre Emotionen unter Kontrolle zu halten.

Bei komplizierten Einwänden schlagen Sie vor, einen Spezialisten zu Rate zu ziehen, der sich mit diesem Problem intensiv auseinandergesetzt hat. Dies geht um so leichter, je höher Ihre berufliche Position ist.

Die 5 Stufen der Einwandargumentation

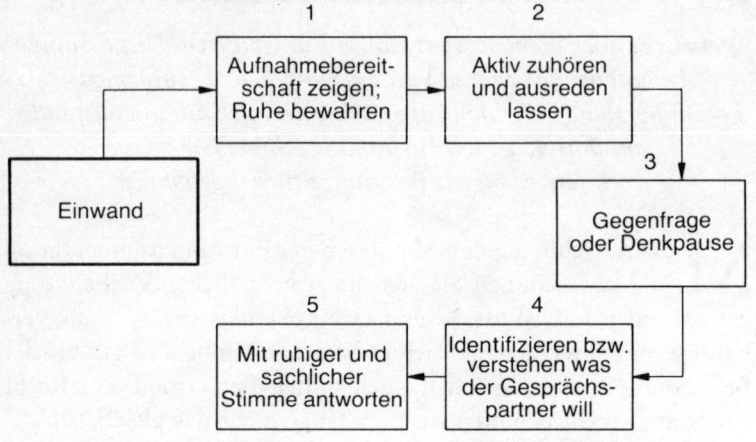

Bild 2.2   Die 5 Stufen der Einwandargumentation

Welche Methoden gibt es, um Einwände zu parieren?

1. Die Rückfrage-Methode:
Die beliebteste Methode, um Zeit zu gewinnen. Der Einwand wird als Frage zurückgegeben, um weitere Informationen – zur Beantwortung des Einwandes – zu erhalten.

Sie werden feststellen, daß sehr oft der Einwand in anderer oder abgeschwächter Form wiederholt wird.

Beispiele:

Aus welchen Gründen können Sie meine bisherigen Ausführungen nicht akzeptieren?
Wie meinen Sie das?
Womit vergleichen Sie den Preis?

2. Die Ja-aber-Methode:
Es ist die Standardmethode, um Einwänden zu begegnen. Gerade deshalb sollten Sie diese in anderer Form einsetzen. Gebrauchen Sie statt des Wortes «ja» eine andere rechtgebende Formulierung, und ersetzen Sie das Wort «aber» durch «allerdings», «jedoch» oder «nur».

Beispiele:
Ich gebe dies gern zu, nur . . .
Gewiß, allerdings . . .
Dieses Argument ist sehr gut, haben Sie jedoch folgendes bedacht . . .

3. Nachteil-/Vorteil-Methode:

Eine Variante der Ja-aber-Methode. Geben Sie bei Einwänden ruhig auch einmal Nachteile zu. Stellen Sie jedoch die Vorteile und die für Sie positiven Eigenschaften besonders heraus.

Beispiele:
Jawohl, diesen Fehler haben wir einkalkuliert, aber bitte beachten Sie folgende drei Vorteile . . .
Die Werbung ist tatsächlich sehr kostspielig, jedoch welchen Gewinn haben wir dadurch erzielt . . .

4. Vorwegnahme-Methode:

Eine interessante Methode, um Einwänden zuvorzukommen. Sie formulieren den Einwand schon im Rahmen Ihres Gespräches.

Beispiele:
Sie könnten nun meinen, daß . . .
Sie scheinen an diesen Fakten zu zweifeln, jedoch . . .

5. Die Eisbrecher-Methode:

Wenn Sie das «eiserne Schweigen» Ihres Gegenübers brechen wollen – um Einwände zu erfahren –, so bleibt als letzter Weg manchmal nur die Provokation. Diese Methode sollten Sie jedoch nur in Ausnahmefällen anwenden, da sie insgesamt mehr Nachteile als Vorteile aufweist.

Beispiele:
Haben Sie eben etwas zu meiner Darstellung gesagt? oder
Können Sie mal von was anderem schweigen?

6. Rhetorische Frage:

Sie wiederholen den Einwand in Frageform. Geschickt ist es, den Einwand für Ihre Zwecke umzuformulieren und den Gesprächspartner gleichzeitig zu motivieren. Die Antwort geben Sie danach selbst.

Zum Beispiel:

Wenn der Einwand kommt «zu teuer» – Damit stellen Sie eine interessante Frage, die Frage nach dem Preis-Nutzen-Verhältnis...

7. Divisions- oder Multiplikations-Methode:
Sie eignet sich besonders bei Verkaufsgesprächen. Der hohe Preis wird zum Beispiel durch die Laufzeit, Menge dividiert oder multipliziert.

Der Direktor eines Wasserwerkes argumentierte vor einiger Zeit in einem Seminar: «Meine Herren, der Liter Wasser kostet Sie doch nur...»

(Vorher wurde der Kubikmeter Wasser von einem Seminarleiter als zu teuer bezeichnet.) Oder

Dieser Vorteil kostet Sie nur 1,– DM täglich mehr als...

8. Umkehrungs-Methode:
Geben Sie den Einwand an den Diskussionspartner zurück. Zweifeln Sie seine Ausführungen an.
Beispiele:

Sind Sie wirklich sicher, daß...?
Das wäre richtig, wenn Sie...

9. Öffnungs-Methode:
Diese Methode hilft Ihnen, Einwände rechtzeitig zu erfahren und zu erkennen. Sie können so stufenweise versuchen, Übereinstimmung in Diskussionen und Debatten zu erzielen.
Beispiele:

Kennen Sie noch zusätzliche Argumente, um das Bild abzurunden?
Gibt es außerdem noch einen Grund, warum Sie meinen Ausführungen nicht zustimmen können?

10. Rückstell-Methode:
Sie beantworten den Einwand nicht sofort, sondern später. Wollen Sie besonders «Wirkung» erzielen, so notieren Sie sich den Einwand. Selbstverständlich können Sie diese Methode nur einige wenige Male einsetzen.

Beispiele:

Erlauben Sie, daß ich darauf später eingehe?
Darf ich Ihre Frage (Ihren Einwand) notieren?

11. Ablenk-Methode:

Wenn Sie zu dem Einwand nicht Stellung nehmen wollen (oder auch nicht können), so bringen Sie einen neuen Gesichtspunkt in die Diskussion.

Beispiele:

Auf der anderen Seite sollten wir uns unbedingt mit folgenden wichtigen Gesichtspunkten befassen . . .
Andererseits können Sie von folgender Überlegung ausgehen . . .

12. Offenbarungs-Methode:

Die letzte Möglichkeit, um einen besonders hartnäckigen Gesprächspartner, der sämtliche Diskussionsbeiträge von Ihnen ablehnt, zu einem vernünftigen Gespräch zu bringen, beginnt immer mit den Worten «Unter welchen Umständen (Bedingungen) . . .?»

Beispiele:

Unter welchen Umständen sind Sie bereit, folgende Thesen zu unterstützen . . .?
Unter welchen Bedingungen sind Sie bereit, mit uns weiter zu diskutieren . . .?

Gehen Sie diplomatisch vor, und lassen Sie sich nicht auf Streitgespräche ein. Machen Sie es sich zum obersten Grundsatz, daß Sie sich immer um eine positive Atmosphäre bemühen.

Fazit:

Einwände zeigen nur das Interesse des Gesprächspartners an dem Thema. Schließlich ist der Gesprächspartner noch bereit, zu diskutieren und zu verhandeln. Sehen Sie den Einwand immer als ein gutes Zeichen. Die Basis – das Miteinander-sprechen-Wollen – ist vorhanden, lediglich ist noch keine Übereinstimmung erzielt.

Wenn es Ihnen gelingt, Gemeinsamkeiten zu finden und den Menschen in Ihrem Gegenüber anzusprechen, so wird er für Sie zum Gesprächspartner. (ROLF H. RUHLEDER)

Bessere Konferenztechnik

Untersuchungen in deutschen Unternehmen haben ergeben, daß 25 bis 40 % der Konferenzzeit unnütz vertan wird. Dies beginnt schon bei der Planung und endet bei der erforderlichen Konferenzkontrolle.

Nach den Management-Funktionen Planen – Organisieren – (Durch-)Führen – Kontrollieren, die jede berufliche und private Tätigkeit durchlaufen sollten, ergibt sich auch bei einer Konferenz folgender Ablauf:

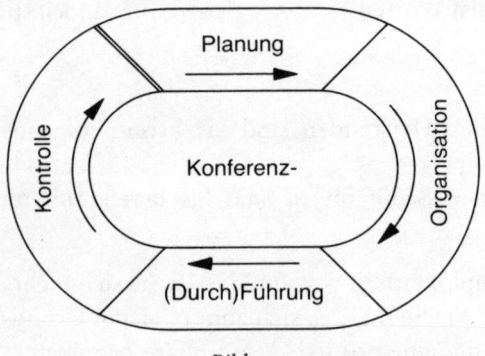

Bild 2.3

1. *Konferenzplanung*

Hier ist als erstes zu überlegen, ob diese Konferenz überhaupt notwendig ist. Mehrere Lösungsmöglichkeiten bieten sich an:

☐ das Einzelgespräch,
☐ die schriftliche Kommunikation,
☐ die Telefonkonferenz.

Im Rahmen der Konferenzplanung muß folgendes überlegt werden:

☐ Ist das vorgesehene Thema präzise formuliert?
☐ Ist mir das Ziel bekannt, das mit der Konferenz erreicht werden soll?
☐ Habe ich mich auf das Niveau der Teilnehmer eingestellt?
☐ Habe ich mich auf unangenehme Fragen genug vorbereitet?
☐ Von welcher Seite erhalte ich Unterstützung, und von welcher Seite muß ich eventuell mit besonderen Angriffen rechnen?
☐ Wen lade ich zu dieser Konferenz ein?

Es sollten möglichst nicht mehr als 15 ausgewählte Personen an einer Konferenz teilnehmen, da sonst die Wortmeldungen nicht entsprechend berücksichtigt werden können.

Auch eine Zahl unter 5 ist nicht empfehlenswert, da dann meist nicht genügend Diskussionspunkte und Meinungen ausgetauscht werden können.

2. Konferenzorganisation

Hier sind zwei Punkte zu berücksichtigen:

☐ die technische Organisation und
☐ der Konferenzraum.

Zur technischen Organisation gehört u. a. die schriftliche Einladung, in die man das genaue Thema, den Ort (unter Umständen Anreisemöglichkeit), die Zeit und die Länge der Konferenz bekanntgibt. Es sollte auch darauf hingewiesen werden, daß um pünktliches Erscheinen gebeten wird.

Die Lage des Konferenzraumes muß möglichst ruhig und störungsfrei sein. Der Tagungsraum muß ausreichend Platz für alle Konferenzteilnehmer haben. Er darf jedoch nicht so groß sein, daß sich die Konferenzgruppe in dem Saal «verliert». Lüftung, Heizung, aber auch Klimaanlage sind – je nach Jahreszeit – zu prüfen und eventuell zu regulieren. Es ist möglichst ein Raum mit Tageslicht zu verwenden.

Auch die Lichtverhältnisse sind zu überprüfen, damit kein Teilnehmer direkt ins Licht schauen muß.

Es soll jedoch nur eine Seite mit Fenstern versehen sein, da sonst die Gefahr der Ablenkung besteht.

Für die nötigen Hilfsmittel ist zu sorgen (Tafel mit Kreide und Schwamm, Flipchart mit Stiften und auch Overheadprojektor).

Bei einem Tisch sollte es sich möglichst um einen runden Tisch handeln. Bei einem Quadrat sollte grundsätzlich nur die Außenseite des Tisches besetzt sein.

Jeder sollte jeden Teilnehmer gut sehen können.

Legen Sie vorher fest, ob geraucht werden darf. Wenn nicht, so entfernen Sie unbedingt vorher die Aschenbecher (Raucher werden Ihnen für Zigarettenpausen dankbar sein).

Bei unbekannten Gruppen sind vorher Namensschilder anzufertigen. Bei Konferenzen in Hotels ist sicherzustellen, daß die Konferenz nicht durch Telefonanrufe gestört wird.

Bei der Wahl des Sitzplatzes ist möglichst den Teilnehmern die freie Wahl zu lassen. Sie sollten nicht schon von vornherein das Gefühl haben, daß sie auf einen bestimmten Platz gesetzt werden.

3. Konferenzdurchführung – eine Checkliste

Merken wir uns 30 Punkte, die für den Durchführenden der Konferenz (den Konferenzleiter) besonders wichtig sind (siehe gegenüberliegende Tabelle):

Auch für den Konferenzteilnehmer gelten viele in dieser Checkliste genannte Grundsätze.

Er sollte grundsätzlich beachten, daß er niemals den Konferenzleiter angreift, da dieser für die Wortmeldungen zuständig ist:

Der Konferenzleiter entscheidet letztlich über das Konferenzergebnis.

4. Konferenzkontrolle

Konferenzleiter wie auch Konferenzteilnehmer können anhand der Checkliste überprüfen, inwieweit sie sich an die Spielregeln gehalten haben und inwieweit sie ihr Konferenzziel erreicht haben. Sie sollten schriftlich festhalten, was sie bei Ihrer nächsten Konferenz beachten und verbessern wollen.

30 Punkte für den Konferenzteilnehmer

Nr.	Der Konferenzleiter	Beachtet Ja	Nein
1	sorgt für den Kontakt unter den Teilnehmern noch vor Beginn der Konferenz	☐	☐
2	ist für den pünktlichen Beginn verantwortlich	☐	☐
3	begrüßt die Teilnehmer und gibt die organisatorischen Einzelheiten bekannt	☐	☐
4	nennt den Zeitraum, der für die Konferenz vorgesehen ist	☐	☐
5	umreißt das Thema mit den zu behandelnden Problemen	☐	☐
6	nennt die Ziele der Konferenz	☐	☐
7	fordert zu Beginn jeden Teilnehmer zu einer Stellungnahme auf, um die persönliche Meinung des einzelnen zu ermitteln	☐	☐
8	ist unparteiisch und liefert keine persönlichen Beiträge	☐	☐
9	fordert die Teilnehmer auf, sich an die vorgegebene Zeit zu halten	☐	☐
10	notiert die Reihenfolge der Wortmeldungen	☐	☐
11	gibt das Wort – außerhalb der notierten Reihenfolge – nur bei direkter Ansprache eines Konferenzteilnehmers	☐	☐
12	unterbricht notfalls, um die anderen Teilnehmer nicht zu benachteiligen	☐	☐
13	spricht die Teilnehmer öfter mit Namen an	☐	☐
14	tritt niemals die Führung ab	☐	☐
15	setzt möglichst visuelle Hilfsmittel ein	☐	☐
16	kann auch aktiv zuhören und spricht selber nur das absolute Minimum	☐	☐
17	faßt nach 30 Minuten spätestens zum ersten Mal zusammen	☐	☐
18	unterbricht Beiträge, die nicht zum Thema gehören	☐	☐
19	sorgt dafür, daß weniger kritisiert und mehr anerkannt wird	☐	☐
20	unterbindet Privatdiskussionen	☐	☐
21	sorgt dafür, daß jeder zuhört und den anderen ausreden läßt	☐	☐
22	hilft unterlegenen Teilnehmern	☐	☐
23	läßt nur Kritik an der Sache, nicht an der Person zu	☐	☐
24	spricht laut und deutlich und setzt dosiert Mimik und Gestik ein	☐	☐
25	beherrscht die Fragetechnik	☐	☐
26	belehrt möglichst selten	☐	☐
27	schließt mit einer neutralen Zusammenfassung	☐	☐
28	dankt allen Teilnehmern und verteilt «Trostpflaster» für die Unterlegenen	☐	☐
29	überlegt sich, ob er am Ende der Konferenz seine Entscheidung bekanntgibt oder diese – was manchmal besser ist – noch einmal vertagt	☐	☐
30	nennt den Termin für die nächste Veranstaltung und legt gleichzeitig fest, wer was, womit und bis wann macht	☐	☐

Fazit:

Werden in jeder Konferenz nur 3 bis 5 zusätzliche Punkte beachtet, so sind Sie nach kurzer Zeit ein perfekter Konferenzleiter bzw. Teilnehmer. Wenn es Ihnen bei der nächsten Konferenz gelingt, nur 10 % mehr Konferenzergebnis – statt Konferenzleerlauf – herauszuholen, so hat sich das Durchlesen gelohnt.

(H. Rieck, R. H. Ruhleder)

Achtung – Lampenfieber!

16 bewährte Tips zur Überwindung

Sind Sie nicht auch nervös und bekommen ein unangenehmes Gefühl in der Magengegend, wenn Sie einen Vortrag vor einer größeren Anzahl von Zuhörern zu halten haben?

Folgende 16 Regeln werden Ihnen bestimmt helfen:

Regel 1: *Gute Vorbereitung ist eine wichtige Voraussetzung für jede Rede und jeden Vortrag.*

Hier gilt der Grundsatz: Je kürzer die Rede, um so länger sollte die Vorbereitungszeit sein.

Wenn Sie in 5 Minuten entscheidende Dinge bringen sollen, so muß Ihre Aussage viel stichhaltiger sein, als wenn Sie über die gleiche Thematik zwei Stunden sprechen dürfen. Es gilt jedoch gleichzeitig der Satz: Man kann über alles sprechen, nur nicht über 20 Minuten.

Regel 2: *Üben Sie sich in Selbstbejahung.*

Nachdem Sie Ihren Vortrag vorbereitet und auch gut «einstudiert» haben, gibt es kein Zurück mehr. Sehen Sie es positiv: Ich werde eine gute Rede halten, da ich sorgfältig und umfassend vorbereitet bin. Rufen Sie sich das zwischendurch immer wieder ins Gedächtnis.

Regel 3: *In Dir muß brennen, was Du in anderen entzünden willst. (Augustinus)*

Sie können nur über eine Sache sprechen, von der Sie innerlich überzeugt sind. Auch müssen Sie wirklich etwas zu sagen haben, wenn Sie eine Rede halten wollen. Sollten Sie mit dem Vortrag und der Thematik nicht einverstanden sein, so geben Sie das Thema zurück, oder weigern Sie sich, diesen Standpunkt zu vertreten.

Nach außen müssen Sie jedenfalls immer ausstrahlen, daß Sie mit der Thematik und dem Inhalt Ihres Referates einverstanden sind. Wenn Sie schon nicht überzeugt sind, wie soll es da der Zuhörer sein!

Regel 4: *Finden Sie heraus, warum Sie Lampenfieber haben.*

Ist es die Angst vor den ungewohnten Räumlichkeiten, den Zuhörern oder dem vorzutragenden Thema?

Wenn Sie erst wissen, was Sie fürchten, können Sie leichter dagegen angehen.

Regel 5: *Ergreifen Sie jede Gelegenheit, um zu üben.*

Nur Übung macht den Meister, und den Erfolg erreichen wir nicht per Fahrstuhl, sondern wir müssen den beschwerlichen Weg über die Treppe nehmen. Leben Sie von den kleinen Schritten.

Beginnen Sie im privaten Rahmen, oder sprechen Sie auch einmal vor Ihrem engeren Führungskreis im Unternehmen. Das gibt Ihnen Sicherheit in schwierigeren Situationen!

Regel 6: *Denken Sie an Entspannungsübungen.*

Autogenes Training ist ein hervorragendes Mittel, um sich zu entspannen. Wer jedoch diese Methode nicht beherrscht, sollte sich nachfolgende Entspannungsübung merken:

Aufrecht stehen, Hände seitlich auf den Bauch legen, tief durch die Nase einatmen (eine gute Atmung erkennen Sie daran, daß die Bauchdecke beim Einatmen herauskommt), dann Arme über den

Kopf nehmen, in die Hocke gehen, die Arme herunternehmen und tief durch den Mund ausatmen.

(Diese Übung 10- bis 15mal möglichst in frischer Luft wiederholen, am Abend und am Morgen vor dem Vortrag.)

Regel 7:   *Essen Sie vor der Rede nur eine Kleinigkeit.*

Schwere Mahlzeiten belasten unnötig beim Denken und Sprechen. Auch hier gilt der Grundsatz: Ein voller Bauch studiert nicht gern. Ein Viertele Wein zum Beispiel kann – von Fall zu Fall – eine Hilfe sein. Vorsicht ist jedoch geboten: Schon ein Schluck zuviel . . .

Regel 8:   *Überprüfen Sie vor der Rede nochmals die technischen Bedingungen.*

Ein zu tief angebrachtes Mikrofon, eine nicht funktionierende Lichtquelle oder Sonnenlicht, das Sie oder die Zuhörer blendet, können für einen noch so guten Vortrag das «Aus» bedeuten. Machen Sie sich deshalb mit den Räumlichkeiten vertraut.

Regel 9:   *Kümmern Sie sich zumindest in den letzten 20 Minuten nicht mehr um Ihren Vortrag.*

Versuchen Sie, sich abzulenken. Es nützt nichts, noch die letzten Korrekturen an Ihrem Manuskript oder Stichwortzettel vorzunehmen. Es beunruhigt Sie erheblich, wenn Sie jetzt nicht mehr zu korrigierende Fehler finden. Gut ist, wenn jemand da ist, der Ihnen noch «Mut» zuspricht.

Merke:
Je wichtiger der Vortrag, um so länger die Entspannungszeit vorher.

Regel 10:   *Atmen Sie tief aus.*

Wenn Sie schon vorher Platz genommen haben, so atmen Sie noch einmal möglichst tief aus, bevor Sie sich erheben. Stehen Sie dann dynamisch auf und gehen mit festen – nicht zu langsamen – Schritten zu dem Platz, von dem aus Sie zu den Zuhörern sprechen werden.

Regel 11:   *Wählen Sie positive Formulierungen für Ihren Vortrag.*

Benutzen Sie den Sie-Standpunkt, das heißt, beziehen Sie die Zuhörer laufend in Ihre Ausführungen ein.

Statt:
«Ich kann Ihnen hier . . .»
besser:
«Sie können hier . . .»

Merke:
Den Zuhörer interessiert nicht, was Sie können, sondern nur, was er von dem Vortrag für sich selbst profitieren kann.

Regel 12: *Haben Sie keine Angst, wenn Sie einmal einen Satz nicht vollenden.*

Außer Ihnen wird es nur wenigen Zuhörern unangenehm auffallen, wenn der unvollständige Satz eine Ausnahme bleibt. Dies wirkt sogar oft sehr viel menschlicher als eine perfekt geschliffene Rede. Merken Sie sich 3 bis 4 Methoden, um eine ungewollte Redepause zu überbrücken:

☐ Wiederholen Sie Ihre letzten Worte.
☐ Lassen Sie sich eine witzige Bemerkung, Anekdote einfallen.
☐ Stellen Sie einfach eine rhetorische Frage.
☐ Fahren Sie einfach fort mit Ihren Ausführungen.

Regel 13: *Denken Sie daran: Ihre Zuhörer sind auch nur Menschen, die kleine Schwächen gern verzeihen.*

Ihr Publikum ist Ihnen doch nicht negativ gesonnen! Vielleicht hilft Ihnen auch Bismarck, der sich einbildete, immer nur zu Kohlköpfen zu sprechen? Wer hat da schon Schwierigkeiten, seine Rede zu halten?

Merke:
Zitternde Knie und der Druck in der Magengegend sind vom Zuhörer kaum zu erkennen.

Regel 14: *Setzen Sie unbedingt Hilfsmittel ein.*

Entsprechend vorbereitete Folien oder auch ein Flipchart können ein hervorragender Rettungsanker sein. Diese Hilfsmittel ersetzen

Ihnen zum Teil sogar den Stichwortzettel, und hinzu kommt ein anderer Effekt: Durch Hören und gleichzeitiges Sehen bleibt das Drei- bis Vierfache vom «Nur»-Hören hängen.

Regel 15: *Suchen Sie sich einen Ihnen positiv gesinnten Zuhörer.*

Was meinen Sie, wie nervös Sie werden, wenn Sie in der ersten Reihe jemand erspähen, der laufend gähnt oder womöglich bei jeder Äußerung von Ihnen abwinkt? Sie werden ihn ständig kontrollieren, und dies wird Sie letztlich negativ beeinflussen.

Suchen Sie sich einen «Plus»-Mann, der ausstrahlt, daß er großes Interesse an Ihrem Vortrag hat. Lassen Sie jedoch letztlich Ihren Blick (langsam) in die Runde gehen. Alle haben doch ein Anrecht auf Ihre Aufmerksamkeit!

Regel 16: *Setzen Sie die 6 Methoden ein, um Sicherheit auszustrahlen.*

1. Lernen Sie den Anfang und das Ende Ihrer Rede auswendig (3 bis 5 Sätze genügen).
2. Stehen Sie aufrecht und gerade. Sie haben so weniger Schwierigkeiten mit Ihrer Atmung.
3. Sammeln Sie die Blicke Ihrer Zuhörer (das heißt, erst Blickkontakt mit dem Zuhörerkreis aufnehmen, bevor Sie sprechen).
4. Sprechen Sie zu Beginn ein wenig lauter. Denn eine leise Stimme signalisiert Unsicherheit.
5. Wenn Sie Gestik einsetzen, machen Sie möglichst weite – offene – Armbewegungen. Solange Sie unsicher sind, halten Sie Ihre Hände meist unterhalb der Gürtellinie, und Sie bewegen nur Ihre Unterarme. Sie wirken gehemmt.
6. Halten Sie unbedingt Blickkontakt mit Ihren Zuhörern. Schauen Sie weder zur Decke hinauf noch aus dem Fenster. Letzteres kann Ihnen als Arroganz ausgelegt werden. Schauen Sie auch nicht auf den Boden. So wirken Sie unsicher auf Ihre Zuhörer.

Zum Schluß sei gesagt:

Jeder gute Redner braucht einen kräftigen Schuß Lampenfieber für seinen Vortrag. Sehen Sie das Lampenfieber positiv. Auch ein guter Schauspieler «fiebert» seinem Auftritt entgegen. Nur wer innerlich aufgeladen ist, besitzt die entsprechende Dynamik und das Durchstehvermögen für eine gute Rede. Wir alle kennen perfekte Redner, die keinen Anklang finden, obwohl Inhalt und Gehalt allen Ansprüchen gerecht werden und sie ihre Stimme hervorragend beherrschen.

Unser Ziel kann es nur sein, Lampenfieber abzubauen und auf ein gesundes Mindestmaß zu reduzieren. Fangen Sie noch heute damit an. Und denken Sie daran:

Der erste Eindruck ist entscheidend, und der letzte bleibt.

Hilfe – mir hört keiner zu!

Wem ist es noch nicht so ergangen: In Team-Verhandlungen, bei Konferenzen oder auch bei einer Unterhaltung im Freundeskreis läuft das Gespräch plötzlich an Ihnen vorbei. Dies gilt insbesondere auch bei Verkaufsgesprächen. Der Chef unterhält sich angeregt mit seinem Assistenten, und der arme Verkäufer sieht keine Möglichkeit, in dieses Gespräch einzugreifen.

Was muß – kann – er tun?

Die erste Regel, die zu beachten ist: Er darf auf keinen Fall zu früh eingreifen. Ruhe bewahren ist die erste Bürgerpflicht!

Wie lang wird eine Minute, wenn wir nur zuhören dürfen. Testen Sie es selbst einmal:

Bei über 100 Rhetorik-Seminaren habe ich mehr als 1000 Teilnehmer gebeten, ihre Uhr abzulegen. Sie sollten Handzeichen geben, sobald ihrer Meinung nach eine Minute um sei.

Die meisten Teilnehmer hatten nach 30 bis 40 Sekunden die Hand oben. Das heißt, sie waren der Meinung, daß eine Minute verstrichen ist. Dies sollte uns sehr nachdenklich stimmen.

Umgekehrt: Sind wir selbst am Zug, das heißt, wenn wir selbst reden, so geht das Zeitgefühl gänzlich verloren. Wir reden und reden und . . .

Welche Methoden gibt es nun, in ein Gespräch – in eine Diskussion – einzugreifen, das zweifelsohne sonst an Ihnen vorbeiläuft und ohne Sie geführt wird?

1. Beitrags-Methode
Wenn Sie es sich zutrauen, so bringen Sie eine gekonnte und wohlüberlegte Zwischenbemerkung. Sie wird Ihnen helfen, das Interesse auf Ihre Person zu lenken.

Besonders geeignet erscheint mir hier auch eine Frage; denn nicht umsonst gilt die Frage als wichtiges Motivations-Instrument – als die «Königin der Überzeugungskunst». Wer fragt, kann eventuell sogar die Führung des Gespräches übernehmen.

Beispiele:

«Darf ich hierzu folgendes beitragen . . .?»
«Könnten Sie folgendes akzeptieren . . .?»
«Haben Sie bedacht, daß Ihr Beispiel . . .?»

2. Finger-Methode
Warum nicht – melden Sie sich einfach!

Nehmen Sie die Hand jedoch nicht ganz so hoch, wie wir es in der Schule gelernt haben.

Provozieren Sie nicht: Sie wollen ja nur Ihren Gesprächspartnern andeuten, daß Sie auch gern einmal «mitspielen» und mitsprechen möchten. Dies verfehlt selten seine Wirkung.

Diese Methode läßt sich insbesondere dann gut einsetzen, wenn Sie mit «Ranghöheren» verhandeln.

3. Dritte-Mann-Methode
Wenn es sich um eine größere Gruppe handelt, so könnten Sie einen anderen Teilnehmer bitten, daß er aktiv wird und er für Sie einmal die Aufmerksamkeit «erkämpft». Dies muß natürlich in einer geschickten und unaufdringlichen Form erfolgen. Es wirkt meist recht überzeugend – und klappt natürlich besonders gut –, wenn der «Dritte» von allen akzeptiert wird. Von der Hierarchie her höhere Gesprächsteilnehmer können hier besonders hilfreich sein.

Beispiele:
«Was meinen Sie, Herr Soli, dazu?»
«Könnte nicht auch Herr Zell an dieser Stelle helfen?»
«Darf ich Herrn Wind bitten, hierzu . . .?»

4. Spielregel-Methode

Diese Methode ist vor allem einsetzbar, wenn Sie eine starke Position haben. Dies bedeutet, daß Sie Konferenzleiter sind oder von der Position her über den Diskutierenden stehen. Hier können Sie jederzeit einmal auf Höflichkeit und Spielregeln verweisen, die selbstverständlich für alle gelten sollten. Überziehen Sie jedoch keinesfalls in Ihrem Tonfall – es könnte sonst belehrend wirken!
   Beispiele:
«Meine Herren, darf ich Sie an die Spielregeln erinnern?»
«Nach den Regeln der Höflichkeit sollte auch ich eine Chance bekommen . . .»

5. Geräusch-Methode

Auch ein gezielt eingesetztes Räuspern bzw. Hüsteln kann Ihnen helfen, die Aufmerksamkeit anderer auf sich zu lenken. Ich halte es für eine legitime und gut einsetzbare Methode, die selten ihre Wirkung verfehlt. Sie sollte jedoch gekonnt eingesetzt werden. Auch können Sie einmal einen Gegenstand fallen lassen, dies kann Ihnen als Überraschungsmoment helfen, um wieder «dabei zu sein».

6. Ablenk-Methode

Sie lenken ab, um einbezogen zu werden!
   Dieser paradoxe Satz hat eine gewisse Berechtigung. Vielleicht besteht die Möglichkeit, andere, die an dem Gespräch nicht beteiligt sind, in einer etwas lauteren Tonlage anzusprechen, um so gegen die Diskutierenden «anzukämpfen»?
   Vielleicht führen Sie ein so interessantes Gespräch, daß die anderen das Gefühl haben, sich plötzlich an Ihrer Unterhaltung oder Diskussion beteiligen zu müssen?
   Beispiele:
«Herr Wirbel, was halten Sie von . . .?»

«Meines Erachtens könnten Sie, Herr Wusch, und ich über folgenden Punkt einmal sprechen . . .»

7. Körpersprache-Methode

Eine Methode, die ich normalerweise im Sinne einer positiven Stimmung ablehne!

Schütteln Sie doch einfach den Kopf, oder machen Sie eine Unmutsbewegung mit den Fingern!

Dies wird auf jeden Fall zu einem Überraschungsmoment bei den Diskutierenden führen, die Sie ja bisher nicht in ihr Gespräch einbezogen haben. Sie deuten Zweifel an den Äußerungen der anderen Partner an. Das reicht oft schon aus, um Sie wieder voll in das Gespräch zu integrieren.

8. Störungs-Methode

Sie können auch bewußt Störungen und (Mini-)Provokationen – in Form von Informationsfragen – in die Diskussion einbringen.

Kann man diese Methode jedoch noch als fair bezeichnen?

Da Sie jedoch nur die Zielsetzung haben, an einem Gespräch – wieder – teilzunehmen, sollte dieses Mittel meines Erachtens in Ausnahmefällen erlaubt sein.

Beispiele:

«Sollten wir nicht einmal frische Luft in den Raum lassen?»
«Darf ich Ihnen – weiter – zuhören?»
«Warum werde ich nicht einbezogen?»

9. Fairneß-Methode

Wenn Sie von höheren Werten sprechen, wie zum Beispiel von Gleichberechtigung und Fairneß, werden Sie selten die gewünschte Wirkung verfehlen. Dies gilt insbesondere, wenn Sie Mitstreiter haben, die ebenfalls nicht zu Wort gekommen sind und Sie hier unterstützen werden.

Beispiele:

«Im Sinne aller möchte ich Sie doch bitten . . .»
«Auch wir können dazu . . .»
«Hat nicht jeder das Recht . . .?»

10. Ich-Methode

Senden Sie Ich-Botschaften, wenn Sie Kritik üben.

Mit den Sie-Botschaften
>>«Sie machen das falsch»,
>>«Sie müssen mich mitdiskutieren lassen»
ist es viel schwieriger, andere für sich zu gewinnen.

Die beispielhaft von Gordon entwickelte Methode besagt, daß Ich-Botschaften helfen, Kritik an anderen geschickt zu verpacken.

Sinngemäß steht hinter jeder Ich-Botschaft: «Ich habe noch ein Problem mit Ihnen . . .».

Beispiele:

«Ich bin irritiert, weil ich nicht an Ihrer Diskussion teilnehmen darf . . .»

«Ich muß etwas falsch gemacht haben, daß Sie mir keine Chance mehr geben . . .»

«Ich kann nicht verstehen, warum ich hier ausgeschlossen werde.»

11. Provokations-Methode

In bestimmten Situationen – wenn gar nichts mehr läuft – können Sie auch einmal provozieren.

So könnten Sie gähnen oder sich demonstrativ abwenden. Auch ein gelangweiltes Betrachten von Prospekten, Bildern oder auch einer Zeitung – während die anderen diskutieren – hat schon zu den gewünschten Ergebnissen bei den Diskutierenden geführt.

12. Überraschungs-Methode

Wenn Sie plötzlich beim Verkaufsgespräch eine Aufmerksamkeit überreichen, erzielen Sie bestimmt die beabsichtigte Wirkung. Natürlich können Sie nicht inmitten einer Diskussion Ihre Visitenkarte herumreichen; doch gibt es – je nach Situation – andere individuelle Möglichkeiten.

13. Distanz-Methode

Jeder von uns verteidigt sein eigenes Revier! Wem ist es nicht unangenehm, wenn die persönliche Zone (0,50 m bis 1,50 m) nicht eingehalten wird. Mein Vorschlag: Vergrößern Sie (mehr als 1,50 m) oder verringern Sie (unter 0,50 m) diese Distanzzone.

Insbesondere die Verletzung des Reviers stimmt manchen Diskutierenden nachdenklich. Dies kann z.B. schon durch eine Berührung des Unterarms des anderen geschehen. Insgesamt sind die Distanzzonen gemäß Bild 2.4 zu beachten.

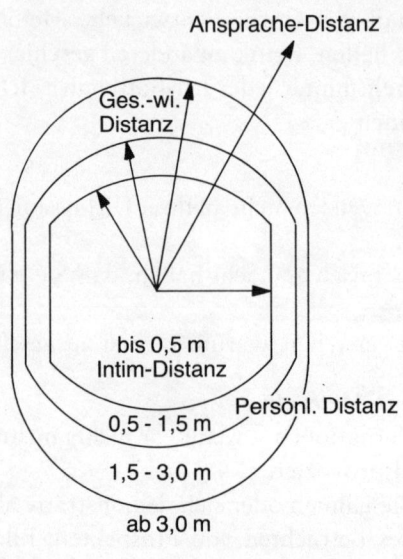

Bild 2.4

14. *Aktiv-zuhören-Methode*
Hören Sie immer aktiv zu!

Bisher sind Sie in diesem Gespräch nur ein passiver Zuhörer. Jetzt greifen Sie ein: Nicken Sie öfters, wenn Sie mit den Ausführungen einverstanden sind.

Wiederholen Sie bestimmte Aussagen der Gesprächspartner – man nennt dies auch «Verstärker». So spricht z.B. einer der Diskutierenden über den Ärger, den er mit dem Lieferanten Karl habe. Der Verstärker von der Seite des Nichteinbezogenen lautet: «Ach, Sie haben sich über Herrn Karl geärgert!»

Sagen Sie auch öfters einmal «Ja», «bestimmt», «richtig», «das kann ich verstehen».

Diese Methode wird meist Erfolg haben, und Sie werden schnell in das Gespräch einbezogen werden.

Welche der genannten Methoden halten Sie für angebracht? Welche würden Sie persönlich einsetzen?

Unterscheiden Sie zwischen privaten Situationen, Verkaufsgesprächen, Konferenzen und Debatten.

Nur eine einzige Methode – zur richtigen Zeit eingesetzt –, und Sie sind wieder aktiv dabei.

Checkliste

	Methode eingesetzt:	
	Ja	Nein
1. BEITRAG-METHODE		
2. FINGER-METHODE		
3. DRITTE-MANN-METHODE		
4. SPIELREGEL-METHODE		
5. GERÄUSCH-METHODE		
6. ABLENK-METHODE		
7. KÖRPERSPRACHE-METHODE		
8. STÖRUNGS-METHODE		
9. FAIRNESS-METHODE		
10. ICH-METHODE		
11. PROVOKATIONS-METHODE		
12. ÜBERRASCHUNGS-METHODE		
13. DISTANZ-METHODE		
14. AKTIV-ZUHÖREN-METHODE		

Kapitel 3

STRESSBEWÄLTIGUNG UND SELBSTMANAGEMENT

Selbstmanagement

*Irgend einmal kommt für jeden eine Periode der Besinnung; wo
stehe ich heute? Wie soll es weitergehen? Was will ich eigentlich
erreichen – was vermeiden? Man berät sich dann wohl mit
Verwandten oder lebenserfahrenen Freunden, kauft sich etwa
auch ein Sachbuch zum Thema, liest es im günstigsten Fall bis zum
Ende und faßt entsprechende Vorsätze – bei denen es dann aber in
den meisten Fällen bleibt. Solche Stunden der Selbstbesinnung
können mehrmals kommen, ohne daß es zum Umsetzen guter
Vorsätze in die Tat kommt. Warum eigentlich? Selbstgestaltung
im weitesten Sinn, das Berufs- wie das Privatleben umfassend, ist
der Gegenstand der folgenden Ausführungen.*

Man möchte zwar bestimmte Ziele erreichen, sein Verhalten
ändern, einmal begangene Fehler nicht wiederholen. Möchten genügt hier offenbar nicht. Und so läßt man sich weiter von
der Strömung des zufälligen Geschehens treiben, läßt sich passiv
leben, anstatt sein Leben überlegt, wissend und wollend zu steuern. Sein Leben bewußt steuern, es einsichtig wollend gestalten
setzt einen gewissen Stand der Persönlichkeitsentwicklung voraus,
wie man ihn etwa bei freiberuflich Tätigen, bei Unternehmern und
Führungskräften voraussetzen kann. Grundsätzlich bei Menschen
in leitender Stellung, die als Vorgesetzte andere Menschen zu
führen haben, um vorgegebene Ziele zu verwirklichen. Organisieren, etwas realisieren, andere Menschen führen beginnt damit,
sich selbst erst einmal zu steuern, um sein Leben bewußt zu führen
und seine Ziele zielstrebig ins Auge zu fassen und auf dem

zweckmäßigsten Weg – rationell – zu erreichen. Erst muß ich das In-Mir gestalten, ehe ich das Außer-Mir gestalten kann. Selbstgestaltung geht Fremdgestaltung vor.

Selbststeuerung

Wir gehen davon aus, daß sich Berufsmensch und Privatmensch nicht trennen lassen. Das Individuum bewahrt seine Identität in beiden Lebensbereichen – Arbeit und Freizeit. Bei Krankheit ist sowohl der Berufstätige wie der Privatmann krank. Stimmungen zu Hause wirken sich auch während der Berufsarbeit aus, Ärger im Beruf läßt sich nur schwer vor den nächsten Angehörigen zu Hause verbergen. Auch wenn dies gelingen sollte, bleiben Nachwirkungen bis in das Privatleben hinein wirksam. Selbststeuerung läßt sich sinngemäß auf alle Lebensbereiche anwenden, auf den persönlich-privaten, den beruflichen, die Arbeitsgestaltung. Gewisse Grundregeln bleiben immer gleich; aktive statt passive Haltung; Vorausdenken; Planen; plangemäßes Handeln, ob es sich um den Gesamtlebensplan, um persönliche Lebensziele, Berufsziele, Arbeitsgestaltung, Gesundheitsplanungen oder Freizeitpläne handelt. Identität der Person im Zeitablauf, Interdependenz der verschiedenen Lebensbereiche, Ganzheit der Person, die sich selbst steuert, in einem, mehreren oder allen Lebensbereichen. Diese Konzeption macht umfassende Selbststeuerung denkbar und machbar.

Bild 3.1 soll in schematischer Vereinfachung grafisch veranschaulichen, daß und wie z.B. Berufszeit und Freizeit zusammenhängen, bei Identität der betreffenden Person, die immer da ist, vor, während und nach der Berufsarbeit, während Berufszeit und Freizeit einander ablösen und nie gleichzeitig da sind.

Ergänzungsmöglichkeiten sind in der Übersicht über Anwendungsgebiete einer Selbststeuerung vorgesehen (Bild 3.2). Für das einzelne Anwendungsgebiet kann eine entsprechende Planungszeitspanne bestimmt werden. Die Wahl bestimmter Lebensbereiche ist als Entscheidung dafür zu betrachten, entsprechende Steuerungspläne festzulegen – und durchzuführen. Systematisch geht man dabei so vor, daß mit den langfristigen Planungen begonnen

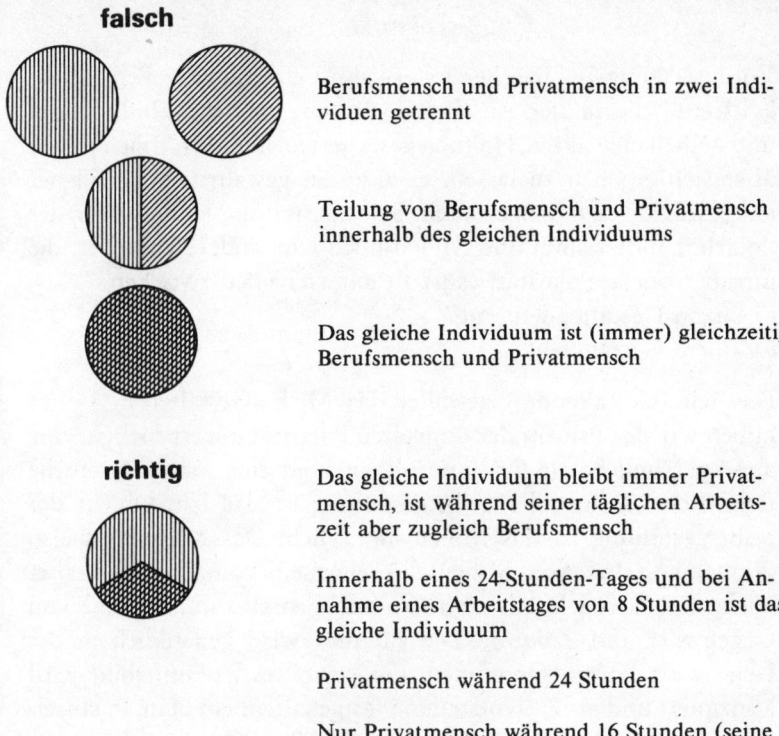

falsch

Berufsmensch und Privatmensch in zwei Individuen getrennt

Teilung von Berufsmensch und Privatmensch innerhalb des gleichen Individuums

Das gleiche Individuum ist (immer) gleichzeitig Berufsmensch und Privatmensch

richtig

Das gleiche Individuum bleibt immer Privatmensch, ist während seiner täglichen Arbeitszeit aber zugleich Berufsmensch

Innerhalb eines 24-Stunden-Tages und bei Annahme eines Arbeitstages von 8 Stunden ist das gleiche Individuum

Privatmensch während 24 Stunden

Nur Privatmensch während 16 Stunden (seine Freizeit)

Privatmensch und Berufsmensch zugleich während 8 Stunden

Nur Berufsmensch
0 Stunden, also nie

Bild 3.1   Schematische Darstellung des Verhältnisses zwischen Berufsmensch und Privatmensch

wird, etwa mit dem Plan der Selbstverwirklichung und Persönlichkeitsentwicklung, aus denen dann die kurzfristigen Planungen abgeleitet werden, sei es in der Privatsphäre, sei es in der Berufssphäre. Damit ist ein Beziehungssystem gegeben, das sich bis in den täglichen Terminkalender hinein auswirkt. Ganz gleich, welches Anwendungsgebiet gewählt wurde, die grundlegenden Schritte des Selbstmanagements sind immer die gleichen.

Polarität

Voraussetzung ist, wie bereits erwähnt, eine gewisse Persönlichkeitsreife, die in der Auseinandersetzung zwischen Individuum und Milieu eine aktive Haltung gestattet; anstatt das Milieu passiv über sich ergehen zu lassen, es aktiv zu gestalten, bescheidener ausgedrückt, es mitzugestalten. Selbstgestaltung kennt außer der Polarität Individuum und Milieu noch eine andere Polarität, die intrapersonelle Polarität: es ist zu unterscheiden zwischen

☐ einem Gestaltenden und
☐ einem Gestalteten.

Das Ich (Gestaltendes) gestaltet das Mich (Gestaltetes). Damit haben wir das Prinzip der doppelten Polarität angesprochen, eine außerpersönliche (Individuum/Milieu) und eine innerpersönliche (Ich/Mich). Träger der Selbstgestaltung ist das Ich. Objekt der Selbstgestaltung ist das Milieu und Mich. Das Mich wird also doppelt gestaltet: vom Milieu, das seinerseits vom Ich mitgestaltet wird, und vom Ich. Als dritte Polarität ist einzuführen jene von Gegenwart und Zukunft. Die Zukunft wird gedanklich in der Gegenwart vorweggenommen. Ein gewolltes Zukunftsbild wird konzipiert und als Zielvorstellung festgehalten: ein Plan. In einzelnen Schritten ist dieser Plan nun in die Wirklichkeit umzusetzen.

Folgeschritte

Sie erfolgen der Reihe nach in einer ersten Annäherung als Vorausdenken – Planen – Handlung bewirken – Handeln. Bei näherer Analyse kommen wir innerhalb dieser Schritte zu Teilschritten.

Hauptschritt Vorausdenken
☐ Für ein bestimmtes Lebensgebiet die Zukunft gedanklich vorwegnehmen; im voraus an verschiedene Entwicklungsmöglichkeiten denken.
☐ Unter mehreren möglichen die gewünschte Zukunftsvariante wählen.
☐ Die gewünschte Zukunftsalternative schriftlich formulieren.

Wichtige Anwendungsbereiche der Selbststeuerung und Planungszeitspanne

Anwendungsgebiet			Zeitspanne						
			über 10 Jahre	3 bis 10 Jahre	1 bis 3 Jahre	½ bis 1 Jahr	Monat	Woche	Tag
privat	individuell	Selbstverwirklichung Allgemeinbildung Gesundheitspflege Altersversorgung Ferienplanung Freizeitplanung Kontakt Freunde, Bekannte							
	sozial	Partnerwahl Beziehungspflege Partner Planung für die Familie							
	beruflich	Berufsausbildung Berufswahl Berufliche Weiterbildung Laufbahnplanung Stellenwechsel Verbesserung Berufsarbeit Pflege Geschäftskontakte Laufende Terminplanung							

Hauptschritt Planen

☐ Den Weg zur Verwirklichung der gewählten Zukunftsalternative im einzelnen festlegen und in einem Zeit- und Handlungsplan darstellen – der Weg ist grafisch sichtbar gemacht.

Hauptschritt Handlung bewirken

☐ Innere Handlungsbereitschaft bewirken durch eine Motivation zum Handeln. Zum Beispiel sich die Nachteile bei Nichterreichen und die Vorteile bei Erreichen des Planzieles bewußtmachen.

☐ Plangemäßes Handeln innerlich selbsttätig auslösen; das Handeln zur Gewohnheit werden lassen, wo immer möglich. Oder durch Autosuggestion.

☐ Planmäßiges Handeln von außen her selbsttätig auslösen; Handlungsanstöße über die Erinnerung durch den Plan im Blickfeld, durch den Terminkalender zu Hause, im Büro, in der Rocktasche – optische in Analogie zu akustischen Weckern.

Hauptschritt Handeln

Die vorausgehenden Schritte sind nur Vorbereitung für den letzten, entscheidenden Schritt – das tatsächliche Handeln. Ein Vergleich: Der Anlauf zum Sprung geht dem Sprung – Weitsprung, Hochsprung, Stabhochsprung – voraus. Die Anlaufschritte können den Sprung selbst nicht ersetzen. Anlaufen ist nicht Springen, Denken nicht Handeln, Planen nicht Tun. Sich selbst steuern wollen ist nicht realisierte Selbststeuerung. Die hier aufgeführten, dem Handeln vorausgehenden Teilschritte sind nötig, aber nicht ausreichend. Der letzte – der Handlungsschritt – muß hinzukommen, um in die andere Dimension vorzustoßen.

Die 8 Schritte des Selbstmanagements halten wir in konzentrierter Form fest als

Merkpunkte

1. Vorausdenken,
2. Zukunftsalternative wählen,
3. gewählte Zukunftsalternative schriftlich formulieren,
4. Verwirklichungsplan festlegen,
5. Handlungsbereitschaft durch Motivation,
6. innere Handlungsanstöße setzen,
7. äußere Handlungsanstöße setzen,
8. Sprung in die – andere – Dimension des Handelns.

Diese 8 Folgeschritte lassen sich auf alle Lebensbereiche sinngemäß anwenden und machen damit ein umfassendes Selbstmanagement möglich. Zur Veranschaulichung spielen wir die Methode hier einmal am Beispiel Gesundheitspflege durch mit Bemerkungen zu jedem der 8 Schritte.

Beispiel Gesundheitspflege

1. Gesundheit ist gar nicht so selbstverständlich, wie man oft meint, Gesundheit heute noch ist nicht notwendigerweise Gesundheit auch morgen. Sie ist auch kein Geschenk für immer, vielmehr Lohn für eine persönliche Leistung, die im voraus zu erbringen ist. So ist die Gesundheit im Alter Frucht gesundheitsbewußter Lebensführung schon in jungen Jahren. Mit anderen Worten, für seine Gesundheit muß man etwas tun, laufend tun, immer in der Gegenwart, denn handeln kann man immer nur in einer Gegenwart. Dagegen kann man schon heute an morgen denken, die Zukunft gedanklich vorwegnehmen. Auch die Zukunft seiner eigenen Gesundheit. Ich frage mich also ernsthaft: Gesund bleiben oder die Gesundheit verlieren, durch Nichttun oder falsches Tun? Entscheide ich mich für die Erhaltung meiner Gesundheit, dann muß ich daraus die Konsequenzen ziehen; muß den Preis meiner Gesundheit der Zukunft jeweils in der Gegenwart im voraus bezahlen.

2. Die gewählte Zukunftsalternative ist: alles, was in meiner Macht steht, zur Erhaltung meiner Gesundheit tun. Das bedeutet

☐ Klarheit gewinnen über meinen gegenwärtigen Gesundheitszustand – durch eine Generaluntersuchung durch den Arzt.

☐ Bei meinen privaten und beruflichen Lebensplanungen meine gesundheitlichen Schwachstellen berücksichtigen.

☐ Entscheidung zwischen Wohnen im Stadtzentrum oder auf dem Land oder am Stadtrand. Mietwohnung oder Eigenheim mit Garten?

☐ Entscheiden, ob ich meinen gegenwärtigen streßreichen Beruf behalte oder einen anderen, weniger streßexponierten Beruf ergreife.

☐ Entscheidung, ob Stellenwechsel oder nicht.

☐ Einem Sportklub beitreten oder nicht?

☐ Meine Freizeit dem Zufall überlassen oder sie berufskompensatorisch gestalten, als Beitrag zur Gesundheitspflege?

3. Ich wähle meine Gesundheit für die Zukunft und bin bereit, den Preis dafür zu zahlen, das heißt u. a.

Was tun?	sofort	Wann?									
		1.	2.	3.	4.	5.	6.	7.	8.	9.	10. Jahr
Termin beim Arzt	×										
Neue Wohnung Stadtrand		×									
Freizeit richtig	×										
Sportklub	×										
Eigenheim auf dem Lande suchen						×					
Ärztlicher Check-up	×	×	×	×	×	×	×	×	×	×	×

☐ Termin bei meinem Arzt zur Generaluntersuchung.

☐ Mir vom Arzt meine gesundheitlichen Schwachstellen schriftlich geben lassen, um mich danach richten zu können.

☐ Stadtwohnung kündigen, Wohnung am Stadtrand suchen in verkehrsgünstiger Lage.

☐ Gegenwärtigen Beruf beibehalten, aber meine Freizeit berufskompensatorisch gestalten; Entspannung, Sport, Hobby.

☐ Ich trete dem Sportklub X bei, Anmeldung noch heute.

☐ Ärztlicher Check-up einmal jährlich.

4. Im Gesamtlebensplan bauen wir einen 10-Jahres-Plan für die Gesundheit ein:

5. Mich über Krankheiten informieren, zu denen ich disponiert bin.

Eine Pflegeanstalt für alte, kranke Leute besuchen.

6. Zu unterscheiden ist hier zwischen einmaligen und sich wiederholenden Handlungen. Bei einmaligen Handlungen, wie Termin beim Arzt zur Generaluntersuchung, neue Wohnung am Stadtrand suchen, Eintritt in einen Sportklub, ist ein ernsthafter Entschluß zu fassen und ein Termin für seine Ausführung, verbindlich sich selbst gegenüber, als Selbstversprechen festzulegen. Am besten werden sie sofort ausgeführt oder zumindest eingeleitet. Wiederholte Handlungen werden dagegen zur Gewohnheit, wie z. B. die berufskompensatorische, gesundheitskonforme Freizeitgestaltung. Dazu ist es vorteilhaft, im Wochen- oder Monatsprogramm bestimmte Tage für die einzelnen Freizeittätigkeiten – Schwimmen, Waldlauf, Gymnastik usw. – festzulegen. Der Anstoß dazu wird dann die Gewohnheit.

7. Den «optischen Wecker» einstellen auf den Handlungstermin; Gesundheitsplan zu Hause griffbereit; einen besonderen Gesundheitsterminkalender anlegen, ins Nachtkästchen oder bei sich führen; Gesundheitsterminkalender in doppelter Ausfertigung, ein Exemplar erhält die Frau mit der Bitte um termingerechte Erinnerung; im vorhandenen Terminkalender Gesundheitstermine eintragen (wenn nötig abgekürzt oder verschlüsselt), immer an der gleichen Stelle im Feld oder mit besonderer Farbe.

8. Bisher haben wir den Weg vom vagen Möchten zum ernsthaften Wollen zurückgelegt, sind aber immer noch außerhalb der Dimension des Handelns, die allein zählt. Genug der Gesundheitsworte, jetzt der Sprung in das Gesundheitstun. Jetzt!

Prinzipien

Der Gegenstand des Selbstmanagements – das menschliche Leben – ist komplex und in seinen mannigfaltigen Zusammenhängen nur schwer faßbar. Jeder Eingriff in seinen spontanen, sich selbst regelnden Ablauf hat daher eine Vielzahl von Auswirkungen, auch wenn jeweils nur ein einzelner Lebensbereich anvisiert ist. Bei der Anwendung der hier vorgestellten Methode des Selbstmanagements in 8 Schritten sind immer die großen Zusammenhänge im Auge zu behalten, Zusammenhänge auf der zeitlichen und auf der strukturellen Ebene.

Jede zeitlich befristete kürzere Planung oder Maßnahme hat Auswirkungen, die in einem größeren zeitlichen Rahmen zu sehen und darin bewußt einzugliedern sind. Letzten Endes ist der Plan über die ganze Lebensdauer zusammengesetzt aus Tages- und Stundenplänen. Daraus leitet sich als Regel ab: Die kürzerfristige Planung in die längerfristige Planung eingliedern; den Tagesplan aus dem Wochenplan, diesen aus dem Monatsplan, den Monatsplan aus dem Jahresplan, den Jahresplan aus den Mehrjahresplänen und diese aus dem Lebensplan ableiten.

In Wirklichkeit sind die verschiedenen Lebensbereiche, auf die das Selbstmanagement angewandt wird, nicht isoliert, sondern Teile eines individuellen Gesamtlebens in seiner vollen Breite und

Tiefe. Wir versuchen, das Leben als System zu begreifen, in das die verschiedenen Teilbereiche als Systemteile eingegliedert sind, die einander gegenseitig beeinflussen. Bei Planungen im Berufsleben ist daher zugleich an den privaten Lebensbereich zu denken, bei der Freizeitgestaltung an den beruflichen Bereich, bei Beruf und Freizeit an Fragen der Gesundheit. Es gibt Zusammenhänge zwischen Ausbildung und Beruf, zwischen beiden und gesellschaftlicher Stellung – und umgekehrt.

Als Regel leitet sich daraus ab: Selbstmanagement ist immer ein Eingriff in das Gesamtleben als System, dessen Teile miteinander in Wechselwirkung stehen. Über unmittelbare Wirkungen auf den anvisierten Lebensbereich hinaus ist immer auch mit Fernwirkungen auf weitere Lebensbereiche zu rechnen, in die das aktuelle Selbstmanagement überlegt zu integrieren ist.

Fazit:

Organisieren, Realisieren, Menschen führen beginnt damit, sich selbst erst einmal zu steuern, um sein Leben bewußt zu führen und seine Ziele rationell zu erreichen. Dazu wurde hier ein Konzept umfassender Selbststeuerung vorgestellt. Worte und Vorsätze allein genügen jedoch nicht. Das letztlich Entscheidende ist entsprechendes Handeln. Die geschilderten Methoden helfen, die Hürde zwischen Vorsatz und Tat zu nehmen.

Die tägliche Streßbewältigung

Streß ist zum Modewort geworden. Nicht alle, die davon reden,
meinen damit dasselbe. Besonders starker Streßbelastung sind
Führungskräfte ausgesetzt. Man kann daher sagen: Mit dem
täglichen Streß im Berufsleben fertig werden ist zu einer
entscheidenden Qualifikation einer Führungskraft geworden. Der
folgende Beitrag handelt vom Umgang mit dem Streß.

Was ist Streß?

Wie jedes Lebewesen, ist auch der Mensch in eine bestimmte
Umwelt, in sein Milieu gestellt. Zwischen Individuum und
Umwelt gibt es Wechselwirkungen. Das Individuum wirkt auf sein
Milieu ein, gestaltet es damit mehr oder weniger stark um. Das
Milieu wirkt seinerseits auf das Individuum ein und zwingt es
damit, sich an die jeweils gegebene Umweltsituation anzupassen.
Diese Anpassung löst seelische Spannung, erhöhte Reaktionsbereit-
schaft aus. Die durch Umweltreize – sogenannte Stressoren –
ausgelöste seelische Spannung wird als Streß bezeichnet. Der
Ausdruck ist aber mehrdeutig. Einmal ist damit eine ganz normale
Spannung gemeint. Meist wird heute aber von Streß gesprochen,
wenn es zu einer allzu großen seelischen Anspannung, zu einer
nervösen Überspannung kommt, die nicht mehr voll zu bewältigen
ist. Im ersten Fall liegt normale Spannung vor – Streß im weitesten
Sinn –, im zweiten Fall Überspannung oder Streß im engeren Sinn.
Streß als nicht mehr zu bewältigende Überspannung kann unter
bestimmten Bedingungen die Gesundheit gefährden, die seelische
Gesundheit. Aber auch die körperliche Gesundheit infolge leib-
seelischer Wechselwirkung, wie sie von der medizinischen Richtung der Psychosomatik erkannt worden ist.

Die Anpassung an die wechselnde Milieusituation erfolgt nach
Professor Selye unter Einwirkung von Stressoren in drei Phasen:

1. Alarmreaktion,
2. Widerstand,
3. Erschöpfungszustand.

Alle drei Phasen zusammen bilden das sogenannte Adaptations-
syndrom oder Streßsyndrom. Syndrom bedeutet die Summe von
einzelnen Symptomen oder erkennbaren Zeichen eines bestimmten Krankheitsbildes. Von Individuum zu Individuum gibt es
Unterschiede in der Streßverträglichkeit. Was bei einem noch als
normaler Streß ohne Mühe zu bewältigen ist, kann bei einem
anderen Menschen zur nicht mehr bewältigenden Überspannung,
zum Streß im engeren Sinn werden, mit allen möglichen Arten
seelischer und körperlicher Krankheitsfolgen.

Streßfaktoren

Subjektiv verschieden reagieren verschiedene Individuen auf die
gleiche objektive Umweltsituation, auf die gleichen objektiven
Streßfaktoren, die wir als Stressoren bezeichnet haben. Im einzelnen Fall wird also die Streßreaktion bestimmt, sowohl durch
objektive Faktoren – die gleich sind für alle Individuen im gleichen
Milieu – und durch subjektive, von Mensch zu Mensch verschiedene Faktoren.

Reaktion auf Umweltreiz = objektiver
Streßfaktor + subjektiver Streßfaktor

Zum Beispiel ist Lärm, ein bestimmter Lärmpegel, ein Umweltreiz,
den jedermann erlebt, gleiche Hörfähigkeit vorausgesetzt. Der
Schwerhörige erlebt ihn weniger intensiv, der Taube überhaupt
nicht. Aber auch bei gleicher Hörfähigkeit gibt es Unterschiede in
der seelischen Lärmverträglichkeit; die einen können, wie sie sagen,
abschalten und auch in lärmiger Umgebung weiterarbeiten. Andere
dagegen sind bei gleichem Lärmpegel unfähig zu konzentrierter
Arbeit. Hier berühren wir eines der Probleme des Großraumbüros
im Vergleich zum isolierten Arbeitsraum für bestimmte Individuen
oder Arbeitsarten.

In der Auseinandersetzung mit dem Milieu gibt es neben Erfolgen
immer wieder Mißerfolge. Hier tritt der subjektive Streßfaktor auf
zwei Arten in Erscheinung:

1. Was als Mißerfolg angesehen wird, hängt ab vom gesetzten Ziel,
   und dieses wird vom einzelnen Menschen, nicht vom Milieu

bestimmt. Nur indirekt spielt hier das Milieu eine Rolle – über die Erziehung und die übermittelte Hierarchie der Werte.

2. Die Reaktion auf eine mißlungene Milieuanpassung ist individuell verschieden; innere Revolte, die Schuld wird bei anderen gesucht, Ansporn zu einem neuen Anlauf, Resignation, aus der Erfahrung lernen, das Ziel überprüfen, die verwendete Methode überprüfen usw.

Eine wichtige Einsicht läßt sich daraus ableiten: Für den Umgang mit dem Streß ist von Bedeutung, daß, wenn man auf den objektiven Streßfaktor keinen Einfluß nehmen kann, der subjektive Streßfaktor in vielen Fällen beeinflußbar ist, indem man sich seinem Milieu gegenüber anders als bisher einstellt. Das ist Anpassung an das Milieu unter Ausschaltung vermeidbarer – subjektiver – Streßbelastung.

Streß im Beruf

Jede Berufsart hat ihre typischen Streßbedingungen. Bei einfacher Handarbeit mit ständiger Wiederholung gleicher Handgriffe im gleichen Takt ist die Monotonie die Streßquelle. Im Gegensatz dazu fehlt es bei Führungskräften im Beruf nicht an Abwechslung – immer wieder sind neue Entscheidungen zu treffen. Hier wird die Verantwortung zur typischen Streßquelle. Ähnliches gilt für freie Berufe, wo zur Verantwortung noch das Risiko der materiellen Existenzsicherung hinzukommt. Wo die Berufsarbeit frei gewählt werden kann, lassen sich am einfachsten objektive Streßquellen ausschalten.

Wir nennen hier einige typische Streßquellen für technische und kaufmännische Führungskräfte, für Manager und Vorgesetzte ganz allgemein:

1. das Arbeitspensum ist zu groß,
2. unter Termindruck arbeiten,
3. vorhandene Mitarbeiter versagen,
4. Mangel an qualifizierten Mitarbeitern,
5. persönliches Einspringen bei Pannen,
6. störende Unterbrechungen der Arbeit,
7. Arbeit bei hohem Lärmpegel,

8. Spannungen im Verkehr mit Untergebenen, Kollegen, Vorgesetzten,
9. schlechtes Betriebsklima, insbesondere im engeren Arbeitskreis,
10. die beruflichen Anforderungen übersteigen die eigenen Fähigkeiten.

Zu diesen durch das Milieu gegebenen Streßquellen kommen die in der Person der Führungskraft selbst liegenden hinzu, wie

11. überstarkes Streben nach sozialem Ansehen,
12. zu hoch gesteckte Laufbahnziele,
13. falsche Einschätzung seiner eigenen beruflichen Qualifikation,
14. der berufliche Aufstieg erfolgt langsamer als erwartet,
15. in eine frei werdende höhere Stellung, auf die man gehofft hatte, rückt ein Kollege auf,
16. Fehler in der Menschenführung,
17. innere Unsicherheit,
18. nicht fit am Arbeitsort sein,
19. nicht abschalten können,
20. fehlender Streßausgleich von einem zum folgenden Arbeitstag.

Ein unter Führungskräften der mittleren Stufe häufig anzutreffender Menschentyp ist der sogenannte «Koronartyp», der besonders bedroht ist von Kreislauf- und Herzkrankheiten, insbesondere Versagen der Herzkranzgefäße (Koronargefäße), was zum Herzinfarkt führt. Als subjektive Streßfaktoren bringt dieser Typ mit eine Kombination von Aggressivität, Ehrgeiz, Energie, Wettbewerbsstreben, Streben nach beruflichem Aufstieg und sozialem Ansehen, innere Unruhe, Ungeduld, Impulsivität.

Streß in der Freizeit

Von der Streßsituation im Berufsleben sollte sich die Streßsituation in der Freizeit grundsätzlich unterscheiden: Wenn im Beruf übermäßiger Streß nicht immer zu vermeiden ist, so sollte er in der Freizeit grundsätzlich ausgeschaltet werden. Freizeit sollte eine Zeit frei von Streß sein, von übermäßigem Streß. Freizeit ist die Zeit für den Streßausgleich. Wo die Chance des Streßausgleichs in der

Freizeit nicht wahrgenommen wird, kommt es zu einer Streßsummierung, einer Streßakkumulation. Zum Berufsstreß kommt der Freizeitstreß noch hinzu. Damit ist die Möglichkeit vertan, den täglichen Streß kurzfristig auszugleichen und die Überspannung auf ein Normalmaß abzubauen. Erst streßfreie Freizeit macht das Ertragen starker Streßbelastung im Beruf möglich. Dieser Zusammenhang zwischen Beruf und Freizeit hat erhöhte Bedeutung für Berufe mit hoher Streßbelastung. Dazu zählen Führungskräfte aller Stufen. Das bedeutet aber: Wer die Laufbahn der Führungskraft wählt, kann nicht mehr beliebig seine berufsfreie Zeit verbringen. Seine berufliche Laufbahn (ebenso wie seine Gesunderhaltung) hängt nicht nur von seiner beruflichen Leistung ab, sondern auch davon, ob er seine Freizeit unter weiterer Streßbelastung oder streßfrei als Zeit für den Streßausgleich verbringt. So betrachtet sind Führungskräfte nicht mehr frei in der Wahl ihrer Freizeitgestaltung. Sie brauchen eine berufskompensatorische Freizeitgestaltung. Für sie ist Entspannung in der Freizeit obligatorisch.

Streßanalyse

Der erste Schritt zur Streßhygiene – richtiges Verhalten im Umgang mit dem Streß – ist die Streßanalyse im Einzelfall. Aus welchen verschiedenen Quellen stammt der Streß? Wie setzt sich das persönliche Streßbündel zusammen? Vorausgehend haben wir 20 für Führungskräfte typische Streßquellen im Beruf aufgeführt. Welche davon treffen im konkreten Falle zu? Welche weiteren kommen eventuell hinzu?

Zu diesen Streßquellen im Beruf kommen die Streßquellen in der Freizeit hinzu, um zu einem umfassenden individuellen Streßbündel zu gelangen. Streßquellen in der Freizeit sind:

1. private Sorgen aller Art,
2. disharmonisches Familienleben,
3. Spannungen im Bekannten- und Freundeskreis,
4. Berufsarbeiten werden zu Hause fortgesetzt,
5. Berufsarbeit am Wochenende, im Urlaub.

Anhand der Liste von beruflichen und privaten Streßquellen läßt sich das individuelle Streßbündel bestimmen als Grundlage individueller Streßhygiene.

Streßhygiene

Anhand des individuellen Streßbündels kann nun der persönliche Streßhygieneplan aufgestellt werden. Dazu sind folgende Fragen zu beantworten:

1. Welcher Streß ist vermeidbar?
2. Wie vermeiden?
3. Welcher Streß ist unvermeidbar?
4. Wie verhält man sich dem unvermeidbaren Streß gegenüber?

Hier gibt es verschiedene Verhaltensweisen:

☐ Unempfindlichkeit gegen die Streßeinwirkung entwickeln (Technik der «harten Haut»).
☐ Einwirkenden Streß sofort seelisch «durchschleusen».
☐ Wo der Streß nicht sofort abreagiert werden kann:
Ausgleich des im Beruf erlebten Stresses in der unmittelbar folgenden Freizeitperiode bis zum nächsten Arbeitstag (Technik des Streßausgleichs im 24-Stunden-Rhythmus).

Streßausgleich im 24-Stunden-Rhythmus

Die irrige Vorstellung ist häufig anzutreffen, daß man im Jahresurlaub oder auch im zweigeteilten Jahresurlaub die im täglichen Berufsleben angesammelten Streßbelastungen ja wieder gutmachen könne. Nichts gegen den Jahresurlaub. Aber als Mittel des kurzfristigen, täglichen Streßausgleichs ist er ungeeignet. Er kann diesen nur ergänzen, nicht aber ersetzen. Chemische Ermüdungsschlacken, seelische Verkrampfung, nervöse Überspannung lassen sich nicht ohne schädliche Folgen über Wochen, Monate, Jahre hinziehen. Eine gute Regel ist hier:

Streßbelastungen spätestens bis zum nächsten Tag ausgleichen. Damit soll erreicht werden, daß die «nervöse eiserne Reserve» überhaupt nicht oder nur kurzfristig und teilweise angegriffen wird. Bis zum Beginn des folgenden Arbeitstages – in der Freizeitperiode zwischen zwei Arbeitstagen – soll der berufliche Streß wieder voll ausgeglichen sein, um auf das alte Energiepotential zu gelangen (Bild 3.2). Zum Vergleich: die dem Techniker vertraute, moderne vorbeugende Instandhaltung. Wenn Teile einer Maschine schadhaft geworden sind, müssen sie repariert oder ausgewechselt werden. Bei einem Reparaturen vorbeugenden Unterhalt wird gar nicht erst gewartet, bis eine Reparatur notwendig geworden ist, sondern es wird durch laufende Pflege dem Verschleiß vorgebeugt; laufende Instandhaltung vor einem Reparaturfall anstelle einer Reparatur im nachhinein. Der Jahresurlaub ist mit der Reparatur im nachhinein zu vergleichen. Die Reparaturen vorbeugende laufende Instandhaltung entspricht dem von uns entwickelten Prinzip des Streßausgleichs im 24-Stunden-Rhythmus – noch ehe sich die täglichen Streßbelastungen ansammeln und größeren gesundheitlichen Schaden anrichten können. Gesundheitspflege statt «Reparatur» im Krankheitsfall.

Berufskompensatorische Freizeitgestaltung

Richtige Freizeitgestaltung für Führungskräfte muß berücksichtigen

1. die objektiven Streßquellen im Beruf,
2. die subjektive Streßwirkung auf die einzelne Führungskraft.

> Objektive Streßquellen bei subjektiver Streßwirkung = persönliche Streßbelastung der Führungskraft.

Als nächster Schritt bietet sich nach unserer Konzeption an:

> Persönliche Streßbelastung in der täglichen Arbeit
> + tägliche individuelle berufskompensatorische Freizeitgestaltung
> = Streßausgleich bis zu Beginn des folgenden Arbeitstages.

Als Streßausgleich in der Freizeit gibt es verschiedene Möglichkeiten, wie Sport, Spiel, Sauna, Wandern, Liebhabereien aller Art, Lektüre, Geselligkeit. Wichtig dabei ist, daß man die gewohnten Berufsprobleme abschaltet. Abschalten allein ist aber kaum möglich, wenn nicht auf andere Interessenschwerpunkte umgeschaltet werden kann.

Typen des täglichen Streßausgleichs

Typ 1: Volle Regeneration im 24-Stunden-Rhythmus ohne Zugriff auf die nervöse eiserne Reserve

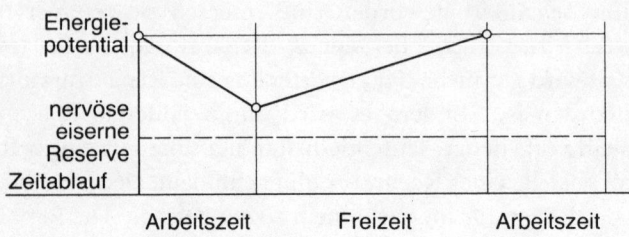

Typ 2: Volle Regeneration im 24-Stunden-Rhythmus mit Zugriff zur nervösen eisernen Reserve

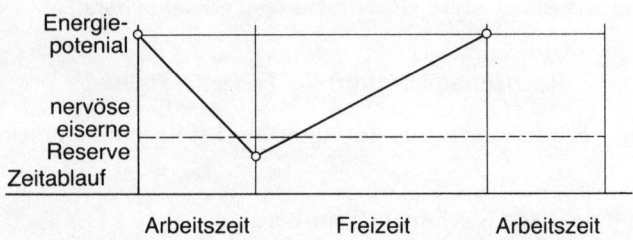

Typ 3: Unvollständige Regeneration im 24-Stunden-Rhythmus mit Zugriff zur nervösen eisernen Reserve

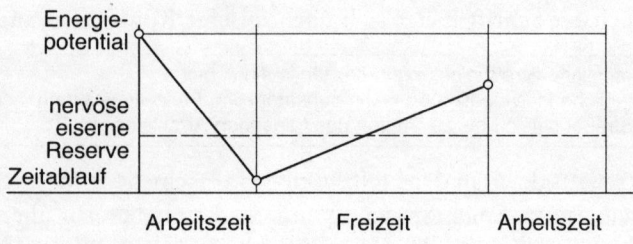

Bild 3.2   Typen des täglichen Streßausgleichs

Daher die Wichtigkeit der Pflege anderer als nur beruflicher Interessen. Wo es an nichtberuflichen Interessen fehlt, kann es zur Erschwerung oder Unfähigkeit eines Abschaltens der Berufsprobleme kommen, die dann abends und bis in die späte Nacht hinein das Denken der Führungskraft ausfüllen und sie nervlich über den Arbeitstag hinaus weiter belasten. Damit wird die Freizeit zweckentfremdet. Die Unfähigkeit, berufliche Probleme aus dem Denken auszuschalten, ist als Alarmzeichen zu werten. Sie wurde in vielen Fällen vor einem gesundheitlichen Zusammenbruch als Folge von Überarbeitung beobachtet.

Typen des täglichen Streßausgleichs

Typ 1: Volle Regeneration im 24-Stunden-Rhythmus ohne Zugriff auf die nervöse eiserne Reserve

Typ 2: Volle Regeneration im 24-Stunden-Rhythmus mit Zugriff zur nervösen eisernen Reserve

Typ 3: Unvollständige Regeneration im 24-Stunden-Rhythmus mit Zugriff zur nervösen eisernen Reserve

Mit der persönlichen Streßhygiene anfangen – am besten gleich jetzt

Bei vertieftem Denken über Gesundheit und Krankheit kommt man zu der Einsicht: Ein wesentlicher Unterschied zwischen beiden besteht darin, daß Krankheit etwas Aktuelles, in der Gegenwart Erlebtes ist. Gesundheit dagegen hat keinen festen Punkt im Zeitlauf; sie wird entweder zeitlos betrachtet oder dann als Erinnerung an ein verlorenes Paradies in der persönlichen Vergangenheit, wenn an ihre Stelle Krankheit getreten ist. So läßt sich erklären, warum Menschen im allgemeinen zu spät an ihre Gesundheit denken, dann nämlich, wenn sie nicht mehr in Gegenwart oder Zukunft, sondern in vergangenen Tagen liegt, als Erinnerung an frühere Gesundheit. Für die Streßhygiene bedeutet das sinngemäß: man kann zu spät an sie denken, nie aber zu früh damit beginnen. Streßhygiene ist als vorbeugendes Verhalten zu verstehen. Daher ist es immer an der Zeit, damit zu beginnen. Eine tägliche Maßnahme, mit der man am besten gleich beginnt, wenn man auf ihre Notwendigkeit aufmerksam geworden ist.

Jetzt beginnen. Das heißt praktisch:

1. seine persönliche Streßanalyse durchführen und
2. darauf aufbauend seinen individuellen Streßhygieneplan aufstellen.

Streßhygiene zur Gewohnheit werden lassen

Das Schwerste ist immer der Anfang, eine alte Lebensweisheit. Nachher geht es viel leichter – von innen her gewissermaßen. Leichter jedenfalls, als man ursprünglich erwartet hatte. So verhält es sich auch mit der täglichen Streßhygiene. Am Anfang stehen der Entschluß und die Überwindung der natürlichen Trägheit durch den Willenseinsatz. In dem Maße, wie das richtige Verhalten zur Gewohnheit geworden ist, läuft es wie von selbst ab, ohne Willensanstrengung. Der neue Anlauf ist nicht mehr täglich nötig. Streßausgleich und damit Gesunderhaltung durch Vermeidung von Streßschäden erfolgen dann täglich und selbsttätig. So erhält Gesundheit Dauer über die Gegenwart in die Zukunft hinein und wird nicht, abgelöst von Krankheit, zur Erinnerung an frühere Tage.

Fazit:

Vom normalen Streß in der Auseinandersetzung mit dem Milieu ist der vom Individuum nicht mehr bewältigte Streß als seelische Überspannung zu unterscheiden. Streßhygiene beginnt mit der individuellen Streßanalyse und einem darauf aufbauenden Streßhygieneplan. Mittel der Streßhygiene sind:

1. vermeidbaren Streß durch organisatorische Maßnahmen ausschalten,
2. nicht vermeidbaren Streß durch «harte Haut» abfangen,
3. nicht vermeidbaren Streß sofort «seelisch durchschleusen»,

4. nicht vermeidbaren Streß spätestens bis zu Beginn des nächsten
   Arbeitstages abreagieren; Streßhygiene im 24-Stunden-Rhyth-
   mus zur Gewohnheit werden lassen. (E. BREUER)

Die energokybernetische Strategie (EKS)

*Dieser Beitrag beschäftigt sich mit der EKS-Methode von
Wolfgang Mewes. Ausgangspunkt ist die ebenso überzeugende wie
frappierende Erkenntnis, alle persönlichen und geschäftlichen
Energien auf den richtigen, nämlich den kybernetisch
wirkungsvollsten Punkt zu konzentrieren.*

Die herrschende Führungsweise basiert auf Kalkulationen. Jeder
Betrieb steht vor unübersehbar vielen Entscheidungs-Alterna-
tiven. Er kalkuliert ihre voraussichtlichen Kosten und Erträge
voraus, um sich dann für die gewinnversprechendste Alternative zu
entscheiden. Schon 1970 haben Spitzenkräfte der Wirtschaft in der
Raymond-Stiftung über die zunehmende Unzuverlässigkeit dieser
Vorauskalkulation geklagt. Sie würden immer früher und immer
grundsätzlicher von nicht vorhersehbaren Einflüssen durchkreuzt.
Am Anfang jeder Investition steht die Vorauskalkulation bzw.
Wirtschaftlichkeitsberechnung. Aber bis eine Anlage produktions-
reif wird, vergehen Jahre und haben sich die Verhältnisse mit
Sicherheit schon wieder verändert. Nur weiß leider keiner wie.

Die Vorauskalkulationen haben schon in den fünfziger und
sechziger Jahren nicht gestimmt. Aber weil die Entwicklungen in
der Regel sehr viel günstiger verliefen, als man vorauskalkuliert
hatte (Wirtschaftswunder), wurde nicht danach gefragt. Inzwischen verlaufen die Entwicklungen aber negativer. In Vorsorge für
die Zukunft hatte beispielsweise das Volkswagenwerk Hunderte
von Millionen in das Werk Emden investiert. Was als Vorsorge für
die Zukunft kalkuliert war, erwies sich Jahre später als Belastung.
Ganze Wirtschaftszweige, wie beispielsweise die chemische Industrie, müssen eingestehen, daß sie sich verkalkuliert haben.

Was jeder Praktiker am eigenen Leibe spürt, hat Professor Riebel theoretisch erklärt. Durch die zunehmende Verflechtung aller betrieblichen und sozialen Vorgänge wird es immer unmöglicher, die Kosten, Erträge und Gewinne auf den einzelnen Vorgang zuzurechnen. Mit anderen Worten: Man kann seine Entscheidungen genausogut aus dem Gefühl heraus treffen. Und es gibt überzeugende Beispiele dafür, daß diejenigen, die sich an ihrer Intuition orientieren, bessere Entscheidungen getroffen haben.

An die Stelle der Vorauskalkulationen tritt bei der EKS die Orientierung an dem in der jeweiligen Situation kybernetisch wirkungsvollsten Punkt. In jeder Situation gibt es einen Minimum-faktor und innerhalb von diesem Minimumfaktor einen kyberne-tisch wirkungsvollsten Punkt. In diesem Punkt löst man mit den zur Verfügung stehenden Kräften die in der gegebenen Situation größt-möglichen Wirkungen aus. Zwar lassen sich die eintretenden Wirkungen nicht im einzelnen vorausberechnen, aber mehr, als mit den gegebenen Kräften in der gegebenen Situation die größtmögli-che Wirkung zu erzielen, kann sowieso niemand tun.

Kybernetisches statt lineares Denken

In Wissenschaft und Schule wird zum einlinigen bzw. linear-kausalen Denken und Handeln erzogen; zum Optimieren einzelner Faktoren statt des Ganzen. Unter dem Ziel, die Produktivität zu steigern, hat man beispielsweise trotz zunehmender Bedenken die Arbeiter auf immer kleinere Arbeitsgänge spezialisiert. Was anfangs Segen war, wurde zum Fluch. Man steigerte zwar die Produktivität in einem vorher nicht vorstellbaren Maße, aber Interesse, Engagement und Kreativität der Arbeiter wurden zer-stört.

Der Fehler ist, jeden Faktor für sich allein zu sehen. Er steht in Wechselbeziehungen zu allen übrigen. Viele Betriebe erfassen beispielsweise nur, wieviel sie an einem Produkt verdienen, aber ob und wieweit die Käufer zufrieden sind, wiederkommen und andere zum Kauf motivieren oder unzufrieden sind, nicht wiederkommen und andere vom Kauf abhalten, wird nicht erfaßt. Sie erfassen also nur die unmittelbarsten Folgen für den Faktor Gewinn, aber nicht die unterschwelligen Folgewirkungen auf die Käufer, ihre Umwelt und auf den Betrieb wieder zurück.

Man setzt stillschweigend voraus, daß bei der Vermehrung des einen Faktors alle anderen Faktoren gleich bleiben (ceteris-paribus-Klausel). Aber genau das Gegenteil ist der Fall: In lebenden Systemen stehen alle Faktoren in einem dynamischen Zusammenhang. Vermehre ich den einen, geschieht auch irgend etwas bei den anderen. Und deren Veränderungen wirken auf den ersten Faktor zurück.

Tatsache ist, daß ein Betrieb ein lebendes Ganzes ist und daß man seine inneren und äußeren Wechselbeziehungen nicht einmal analysieren, geschweige berechnen kann. Man steht bei seiner Führung vor der zunächst aussichtslos erscheinenden Aufgabe, die Entwicklung eines lebenden Systems zu fördern, ohne seine inneren und äußeren Wechselbeziehungen zu kennen. Justus v. Liebig hat vor dem gleichen Problem gestanden. Nur, daß das lebende System eine Pflanze war. Er hat dabei die zentrale kybernetische Regelfunktion des Minimumfaktors entdeckt: die Tatsache, daß man das Wachstum jedes lebenden Systems von seinem Minimumfaktor her beliebig beschleunigen, aber auch drosseln, also regeln kann.

Unter den vielen Faktoren, die eine Pflanze zum Wachsen braucht, ist einer der knappste. Die Pflanze kann nur so weit wachsen, wie es dieser Minimumfaktor erlaubt. Auch wenn alle anderen Faktoren, die zum Wachstum erforderlich sind, überreichlich zur Verfügung stehen, können sich diese Faktoren nur so weit biologischem Wachstum integrieren, wie es der Minimumfaktor zuläßt. Ein Landwirt braucht deshalb nur den Minimumfaktor seiner Pflanzen zu analysieren und zuzusetzen, um sie bioautomatisch ganz von selbst weiterwachsen zu lassen. Mit einem Gramm Kali kann er, sofern das Kali der Minimumfaktor ist, die unübersehbar vielen Einzelvorgänge in Gang setzen, die eine Pflanze wachsen lassen.

Aber je stärker der Landwirt den Minimumfaktor vermehrt, desto eher wird der Mangel an ihm überwunden und ein anderer Faktor zum Minimumfaktor. Von diesem Moment an wird sein bisher richtiges Verhalten falsch, und zwar, weil es nicht mehr den empfindlichsten Mangel des Systems beseitigt, sondern einen Überschuß vergrößert. Die gleiche Phosphorsäure, deren Beigabe, solange sie Minimumfaktor war, das Wachstum der Pflanzen gefördert hat, übersäuert nun den Boden und beeinträchtigt es. Was bisher systembildend gewirkt hatte, wirkt jetzt systemzerstörend – statt positiv negativ.

Die gleichen Gesetzmäßigkeiten, die Liebig in Entwicklung und Zerfall biologischer Systeme entdeckt hat, hat die Energo-Kybernetik in Entwicklung und Zerfall sozialer Systeme nachgewiesen. Was bedeutet, daß man die Entwicklung eines Betriebes mit der im Prinzip gleichen Methode und mit den im Prinzip gleichen Wirkungen fördern kann. Die Wirkung, die Liebigs Entdeckung auf die Entwicklung der Pflanzen und die biologischen Erträge hatte, wurde damals für ein unbegreifliches Wunder gehalten.

Das einlinige bzw. linear-kausale Denken ist auf die Vermehrung eines einzigen Faktors gerichtet. Beispielsweise auf die Vermehrung des Kapitals. Es wirkt so lange systemfördernd, wie der geförderte Faktor Minimumfaktor ist, in allen anderen Fällen wirkt es negativ. Man braucht aber nur dem Wechsel des Minimumfaktors konsequent zu folgen, also sein Handeln statt an einem speziellen Faktor ganz allgemein am jeweiligen Minimumfaktor zu orientieren, um die Entwicklung des Systems in jeder Situation und krisenlos zu fördern.

Jahrhundertelang war der Faktor Kapital der Minimumfaktor der sozialen Entwicklung. In dem Maße, wie man ihn vermehrte, entwickelten sich automatisch Wirtschaft und Gesellschaft. Aber unter der zunehmenden Orientierung aller Überlegungen und Maßnahmen auf die Vermehrung des Kapitals ist inzwischen ein anderer Faktor, nämlich das Know-how, zum Minimumfaktor geworden. Und dadurch wurde das von Mensch, Betrieb und Staat jahrhundertelang gewohnte kapitalorientierte Verhalten falsch – statt systemfördernd wirkt es jetzt systemzerstörend. Dirigieren Mensch, Betrieb und Regierungen ihre Überlegungen und Kräfte von der Vermehrung des Faktors Kapital auf die Vermehrung des Faktors Know-how um, wächst das Gesamtsystem aus seinem jetzigen Niveau heraus krisenlos weiter. Das schneller wachsende Know-how saugt den inflationären Überhang an Geld und Produktionsmitteln auf. Es schafft neue Produkte und Investitionsmöglichkeiten, für die sein Geld auszugeben sich lohnt.

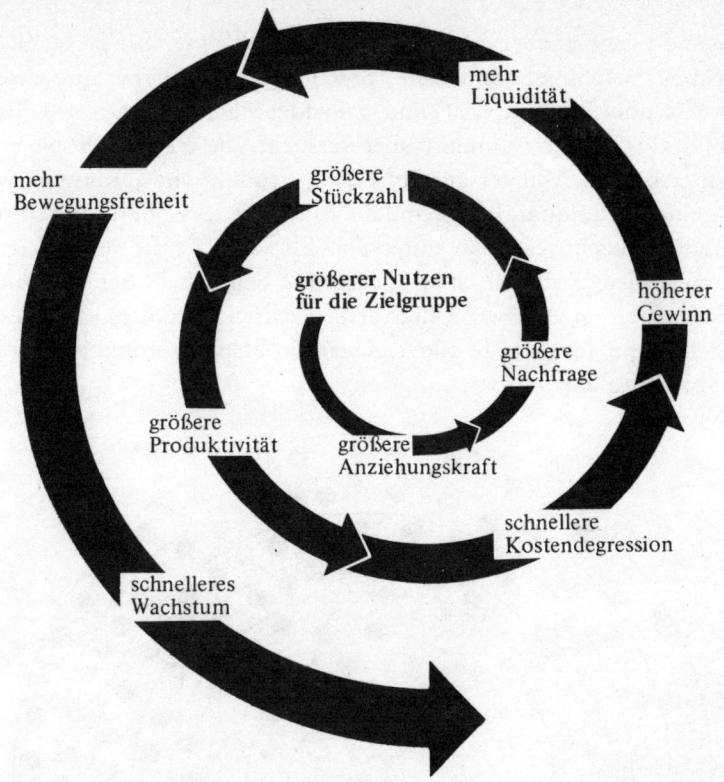

mehr
Liquidität

mehr
Bewegungsfreiheit

größere
Stückzahl

größerer Nutzen
für die Zielgruppe

höherer
Gewinn

größere
Nachfrage

größere
Produktivität

größere
Anziehungskraft

schnellere
Kostendegression

schnelleres
Wachstum

Bild 3.3 In dem Maße, wie ein Mensch oder Betrieb seinen Nutzen für seine Zielgruppe erhöht, erhöhen sich über wachsende Anziehungskraft, Stückzahl, Produktivität und Kreativität Gewinn, Image, Liquidität, Bewegungsfreiheit (Macht) und Wachstum von selbst. Und zwar sicherer, stärker und dauerhafter, als es unter den bisherigen Methoden erreicht werden konnte. Allerdings muß diese Optimierung des Nutzens genauso methodisch verfolgt werden wie bisher die Optimierung des Gewinns.

Soziozentrisches statt egozentrisches Denken

Die herrschende Betriebswirtschaftslehre lehrt, seine Entscheidungen am eigenen Gewinn zu orientieren. Das ist egozentrisches Denken. Die EKS weist aber nach, daß man unter soziozentrischem Verhalten deutlich erfolgreicher wird. Statt am größtmöglichen Gewinn für sich selbst muß man sich am größtmöglichen Nutzen für eine konkrete Zielgruppe orientieren. Dann wächst der eigene Gewinn über wachsende Anziehungskraft auf diese Zielgruppe, wachsende Stückzahl, Beschleunigung der Lernprozesse, wachsende Produktivität und fallende Stückkosten von selbst (Bild 3.3). Während man bisher versucht, die eigenen Probleme, wie z. B. den Mangel an Aufträgen, Produktivität, Know-how, Gewinn, Liquidität, Image und die Macht, jedes isoliert für sich zu lösen, konzentriert man unter den EKS alle Kräfte darauf, das brennendste Problem einer Zielgruppe deutlich besser als seine Konkurrenten zu lösen. Unter dem wachsenden Nutzen für diese Zielgruppe lösen sich alle eigenen Probleme automatisch von selbst (Bild 3.4).

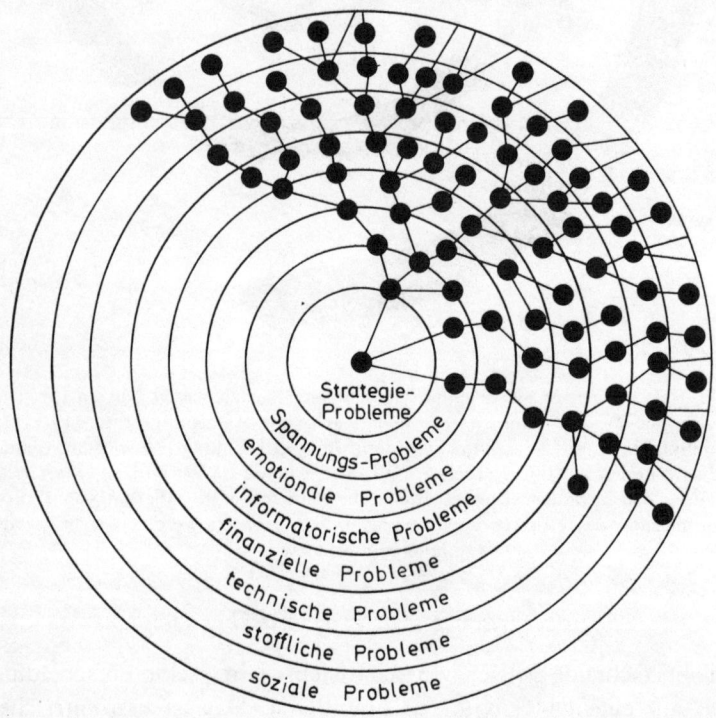

Bild 3.4   Das Strategieproblem, d.h. die Frage, wie ein Mensch oder Betrieb seine Energien einsetzt, ist das zentrale Problem. In dem Maße, wie er seine Strategie verbessert, vermindern sich seine Spannungs-Probleme, seine emotionalen, informatorischen, finanziellen, technischen, stofflichen und sozialen Probleme von selbst.

Dieser «Sozio-Automatik» liegen naturwissenschaftlich gesicherte Zusammenhänge zugrunde. Sie basiert auf dem in den Naturwissenschaften bekannten synergetischen Effekten. Voraussetzung ist allerdings, diese Nutzen-Optimierung genauso methodisch zu betreiben, wie man bisher die der Gewinn-Optimierung betrieben hat.

Unter der EKS orientiert man sich nicht mehr an seinem finanziellen Gewinn, sondern an seinem wachsenden Nutzen für die anderen. Ziel ist, sich mit den übrigen Kräften seines Bereichs, also den Bedarfern, Lieferanten, Arbeitnehmern, Konkurrenten, Geldgebern und Ideen, optimal zu integrieren. Vom gemeinsamen Minimumfaktor her wird man zum «Zünglein an der Waage» ihres Zusammenwirkens. Daß dabei der eigene Gewinn, die eigene Existenzsicherheit und die eigene Macht am stärksten wachsen, versteht sich aus dieser konsequenten Entwicklung in die Schlüsselstellung seines Marktes von selbst. Das ist aber nicht Ziel, sondern automatische Folge.

Energetisches statt materialistisches Denken

Gruppe, Abteilung, Betrieb, Wirtschaftszweig, Markt, Staat usw. sind «soziale Systeme». Und zwar «offene Systeme», also Systeme, die nach allen Seiten mit anderen Systemen verflochten sind. Und zwar so vielschichtig verflochten, daß es nicht vollständig analysierbar ist.

Diese Systeme haben gemeinsam, daß sie eine sichtbare materielle und eine unsichtbare energetische Struktur haben. Der menschliche Körper hat beispielsweise eine sichtbare Struktur aus Knochen und Fleisch und eine unsichtbare Struktur aus Psyche und Spannungen. Ein Betrieb hat eine sichtbare Geld- und Güterstruktur, wie sie sich in seiner Bilanz zeigt, und eine unsichtbare psychische Struktur. Eine Armee hat eine sichtbare Truppen- und Waffenstärke und eine unsichtbare psychische und Spannungsstruktur. Selbst ein Stück Metall hat eine sichtbare Außenstruktur und ein unsichtbares atomares Energiefeld, wie ja schon die Elementarteilchen eine sichtbare Masse und eine unsichtbare Ladung haben.

Alle bisherigen Lösungsversuche sind darauf gerichtet, die Systeme von ihren vordergründigen materiellen Strukturen her zu verbessern, wobei man hofft, daß sich die unterschwelligen energetischen Strukturen dann von selbst verbessern. In Wahrheit ist es aber genau umgekehrt: Man braucht nur die unsichtbaren energetischen Strukturen zu verbessern, um sich die materiellen Verhältnisse ganz von selbst, nämlich «automatisch», verbessern zu lassen.

Das bedeutet für Mensch und Betrieb, daß sie nur ihre Strategie, d. h. die Art, wie sie ihre Energien einsetzen, zu verbessern brauchen, um sich über die Spannungsverhältnisse, die hormonalen, emotionalen und informatorischen Verhältnisse ihre finanziellen, materiellen und sozialen Verhältnisse ganz von selbst verbessern zu lassen. Mit anderen Worten: In dem Maße, in dem sie ihre Strategie verbessern, verbessern sich automatisch Motivation, Sensibilität, Informationsstand, Kreativität, Know-how, Produktivität, Gewinn, Liquidität und Macht. Und zwar sicherer, stärker und vor allem dauerhafter, als es durch die bisherigen, unmittelbaren Eingriffe zu erreichen war.

Alle Wissenschaften und damit das gesamte Denken begründen sich auf den Grundsatz, «daß die Energie ein Teil der Materie sei», in Wirklichkeit ist es aber umgekehrt: Die Materie ist ein Teil der Energie. Man braucht deshalb nur das unsichtbare Energie- bzw. Spannungsfeld zu verbessern, um sich alle materiellen Strukturen automatisch verbessern zu lassen.

Mensch und Betrieb haben somit zwei grundverschiedene Möglichkeiten, ihre Probleme zu lösen: entweder die sichtbaren materiellen Verhältnisse direkt zu verbessern oder die unsichtbaren energetischen Verhältnisse zu verbessern und sich die materiellen dann automatisch verbessern zu lassen. Alle bisherigen Lösungsversuche gehen den ersten Weg, die EKS den zweiten. Es ist naturwissenschaftlich exakt begründet, daß er wirkungsvoller und vor allem natürlicher, harmonischer und krisenloser ist.

Der Weg, den die EKS damit im sozialen Bereich einschlägt, ist nicht neu. Es ist der gleiche Weg, den die Kernphysik im physikalischen, die Biochemie im biologischen, Köhnlechner u. a. im medizinischen Bereich eingeschlagen haben: die Systeme statt mit Gewalt von außen gewaltlos von innen heraus zu verbessern.

Die beiden wichtigsten Prinzipien der EKS-Strategie

Die geschilderten Wechselwirkungen zwischen Energie und Materie machen das Energie-Problem zum zentralen Problem. Sie eröffnen Mensch und Betrieb eine grundsätzlich neue Verhaltensweise: Sie brauchen nur den Einsatz ihrer Energien, also ihre Strategie, zu verbessern, um sich ihre materiellen Verhältnisse von selbst verbessern zu lassen. Zur zentralen Frage wird: Wie setze ich die mir zur Verfügung stehenden Energien am wirkungsvollsten auf das mich umgebende soziale Spannungsfeld ein, und zwar 1. in welcher Form — beispielsweise breit gestreut oder spitz konzentriert — und 2. auf welchen Punkt?

Das Prinzip der Konzentration

Jede Energie gewinnt durch Konzentration an Wirkung. Der Mensch wird aber von frühester Jugend angehalten, seine Energien zu verzetteln. Die Wirkung der Konzentration auf den Menschen selbst und auf seine Umwelt wird völlig unterschätzt.

Wie sich unter der Konzentration auf ein bestimmtes Problem nicht nur die inneren, sondern auch die äußeren Verhältnisse eines Menschen verändern, läßt sich an der Entwicklung eines Pianisten erkennen: Am Anfang muß er mühsam für jeden Finger die richtige Taste suchen, aber je länger, desto automatischer setzen sich die Noten über Auge, Gehirn und Muskeln fast von selbst in entsprechende Fingerbewegungen um. Die Konzentration aufs Klavierspielen, zu der man ihn anfangs zwingen muß, macht ihm je länger desto mehr Spaß. Statt ihn zum Üben drängen, muß man ihn nun bremsen.

Und auch seine Umwelt verändert ihre Haltung: Statt schimpfend auszureißen, fühlt sie sich von seinem Spiel angezogen und bezahlt schließlich noch dafür. Mit ihrer Zuwendung, ihrem Beifall, ihrem Geld wächst seine Motivation. Folge: Mit immer mehr Spaß und immer weniger Anstrengung verdient er immer sicherer und mehr.

Was ist hier geschehen? Der Pianist hat sich auf ein bestimmtes Problem konzentriert. Als automatische Folge haben sich seine emotionalen, körperlichen, finanziellen und sozialen Verhältnisse dem Zweck entsprechend strukturiert. Sein Gehör, seine Reflexe, seine Muskeln, seine Gelenke, aber auch seine Motivation (Interessen) und selbst seine soziale Umwelt haben sich grundlegend neu organisiert. Wenn man es genau betrachtet: in einer nicht im einzelnen analysierbaren und regelrecht «wunderbaren» Weise. Und zwar nicht durch unmittelbare Eingriffe, sondern ganz einfach dadurch, daß er seine Energien auf ein bestimmtes Problem konzentrierte.

In Beruf und Betrieb geht es nicht darum, Klavierspielen zu lernen, sondern ganz konkrete Probleme zu lösen. Aber das kann man auf die gleiche automatische Weise und mit den gleichen automatischen Strukturveränderungen lernen. Das Beispiel zeigt: Unter der andauernden Konzentration entwickeln sich nicht nur die persönlichen, sondern auch die Umwelt-Voraussetzungen für eine immer schneller wachsende Wirkung und einen immer schneller wachsenden Erfolg von selbst. Und zwar schneller, sicherer und vor allem harmonischer, als man sie einzeln strukturieren kann.

Daß die Wirkung eines Menschen nicht von der Größe seiner eigenen Energie abhängt und deshalb selbst der einfachste Geist grenzenlose Wirkung auslösen kann, läßt sich am Beispiel der Sonnenenergie erklären: Auch ihre Wirkung ist normalerweise spürbar gering; konzentriert man sie mit Hilfe eines Brennglases, wird sie schon stärker und schließlich so stark, daß sie in ihrer Umwelt schlummernde Energien (z.B. einen Holzstoß) entzündet. Durch Konzentration kann also selbst eine normalerweise kaum spürbare Energie eine vorher nicht vorstellbare Wirkung bekommen. Nicht durch ihre eigene Größe, sondern durch die Größe der Energien, die sie entzündet.

Wichtig ist, seine Energien nicht nur irgendwie, sondern auf den «brennbarsten Punkt» zu konzentrieren. Auf den Punkt, an dem die in seiner Umwelt schlummernden Energien am leichtesten zu entzünden sind. Beispiel: Ein jahrzehntelang ziemlich erfolgloser Farbchemiker hat sich unter dem Einfluß der EKS auf das Problem der Straßenmarkierungsfarben konzentriert und als zwangsläufige Folge seiner spitzeren Konzentration eine für diesen speziellen

Zweck deutlich besser geeignete Farbe entwickelt. Sie hat das Interesse der Fachpresse, Anwender, Fabrikanten und auch einiger Geldleute «entzündet». – Er selbst hat praktisch nur die Initialzündung gegeben und wurde dann von den Energien, die er bei den anderen entzündet hat, zu immer größeren Mitteln, zu immer besseren Lösungen und schließlich zu einem weltweiten Erfolg emporgetragen.

Bisher hat man den manchmal tausendfach größeren Erfolg einzelner Menschen mit größerer Energie, Genialität oder ähnlichen Phänomenen zu erklären versucht. Aber die Menschen unterscheiden sich gar nicht so sehr voneinander. Entscheidend ist nicht die Größe ihrer eigenen Energie, sondern die Größe der fremden Energien, die sie entzünden.

Der kybernetisch wirkungsvollste Punkt

Wenn schon die Konzentration an sich ein Schlüssel zu wirtschaftlichem Erfolg ist, welchen Effekt muß dann erst die Konzentration der Kräfte auf den kybernetisch wirkungsvollsten Punkt haben? Also auf den Punkt, in dem die in der Umwelt schlummernden Energien am sichersten zu entzünden sind?

Um den kybernetisch wirkungsvollsten Punkt zu finden, muß man nicht nur seine rationalen, sondern auch seine intuitiven Wahrnehmungen auf ein konkretes Problem einer konkreten Zielgruppe verengen.

Man muß sich aus der verwirrenden Vielfalt und Vielschichtigkeit der Probleme und Interessen ein übersehbares Stück herausschneiden. Das geschieht in den folgenden neun Phasen:

1. Phase: Welche besonderen Eigenschaften hat mein Betrieb? – Der bisherige Fehler ist, die Unterschiede der Individuen «über einen Kamm zu scheren», die Betriebe also zunehmend ähnlicher zu machen, statt sie ihre Unterschiede, wie es die Natur tut, gezielt ausprägen zu lassen. Statt einer wie der andere sollte jeder zur optimalen Ergänzung anderer werden. – Selbst Benachteiligungen können als besondere Eigenschaft wichtig sein. Beispielsweise ist ein Gehbehinderter durch die Konzentration auf das ihm beson-

181

ders nahestehende Problem der orthopädischen Schuhe in diesem Bereich zu einem der führenden Manager geworden.

2. *Phase: In welchen Eigenschaften unterscheide ich mich von meinen Konkurrenten?* – Aus dem Vergleich der besonderen Eigenschaften ergibt sich ein unverwechselbares Eignungsprofil. Man sieht handgreiflich vor sich, in welchen Eigenschaften man stärker oder schwächer als seine Konkurrenten ist. Es ist wichtig, sich seiner Unterschiede zu den anderen bewußt zu werden, um seine Stärken gezielt zu profilieren, und nicht, wie es bisher geschieht, die führenden Betriebe mehr oder weniger nachzuahmen. Durch die bewußte Ausprägung seiner Stärke, beispielsweise seiner geringeren Gemeinkosten, kann ein Kleinbetrieb auf einem Teilgebiet den Großbetrieben deutlich überlegen werden.

3. *Phase: Welche Aufgaben lassen sich mit dem Eignungsprofil am besten lösen?* – Jeder Betrieb ist ein soziales Werkzeug. Er hat spezielle, sich nicht wiederholende Eigenschaften. Frage ist: Welche speziellen Aufgaben kann er mit seinen speziellen Eigenschaften am besten lösen? Man muß die Aufgaben suchen, deren Anforderungsprofil optimal in sein Eignungsprofil paßt.

4. *Phase: Welche Zielgruppen haben diese Probleme?* – Man braucht eine konkrete Zielgruppe als «Widerlager» für seine Überlegungen. Man braucht ihr Feedback, um sich nicht an Idealvorstellungen, sondern an ihren Realitäten zu orientieren. Das Feedback einer leibhaftigen Zielgruppe hat eine sehr unterschätzte gruppendynamische, Intuition und Kreativität fördernde Wirkung. Den Erfolg entscheidet nicht die Größe der Intelligenz, Kenntnisse und Mittel, sondern die präzisere Integration seiner Fähigkeiten in das «brennendste Problem» seiner Zielgruppe. Man muß sich eine ganz konkrete Zielgruppe mit einer ganz konkreten Problemstellung herausschälen, um sich in ihre Gedanken versetzen, sie befragen, mit ihr diskutieren zu können. Zur «Zündung ihres Interesses und ihrer Energien» muß das eigene Angebot möglichst genau in ihr brennendstes Problem treffen.

5. Phase: Aus den Überlegungen ergeben sich in der Regel zunächst mehrere Probleme mehrerer Zielgruppen, auf die man sich konzentrieren könnte. Durch gegenseitigen Vergleich sind die besonders erfolgversprechenden von den weniger erfolgversprechenden zu trennen.

6. Phase: Die Auswahl zwischen den Möglichkeiten läßt sich nur bis zu einem gewissen Grade theoretisch treffen, zum Schluß bleiben einige Problemstellungen und Zielgruppen, die gleich gut geeignet erscheinen. In einer Stufenfolge praktischer Erprobungen und analytischer Vergleiche schält sich die erfolgversprechendste Problemstellung und Zielgruppe in einem Zusammenspiel von logischer Überlegung, Intuition und zunehmender Faszination von selbst heraus. Die Entscheidung rein rechnerisch treffen zu wollen wäre falsch.

7. Phase: Differenzierung der Zielgruppe. – Jede zunächst ins Auge gefaßte Zielgruppe ist zu groß. Sie hat in aller Regel noch nicht die erforderliche Transparenz. Man muß sie methodisch unterteilen, und zwar so lange, bis die Größe der Zielgruppe zu der Größe der zur Verfügung stehenden Kräfte paßt. Auf dem Touristik-Markt leben beispielsweise zwischen den Großunternehmen viele kleine Spezialisten. Und nicht selten besser. Einer von ihnen ist der «Wander-Unternehmer Waltz». Seine Zielgruppe sind die Wanderfreudigen unter den Touristen. Ein anderer hat sich auf Reiterferien, wieder ein anderer auf Anglerferien spezialisiert – das sind Aufgaben, die ein Großbetrieb gar nicht wirtschaftlich lösen könnte.

8. Phase: Suche nach Minimumfaktor, Minimumgruppe und schließlich kybernetisch wirkungsvollstem Punkt. – Je kleiner die Zielgruppe und je homogener die Problemstellung, desto übersichtlicher werden die Verhältnisse und desto deutlicher läßt sich über Minimumfaktor und Minimumgruppe der kybernetisch wirkungsvollste Punkt schon «mit bloßem Auge» erkennen. Für größere Betriebe ist die Bilanz zu einer Spannungsbilanz weiterentwickelt worden, in der sich der kybernetisch wirkungsvollste

Punkt und seine Veränderungen wie auf einem Radarschirm abzeichnen.

9. Phase: Orientierung auf die konstante soziale Grundaufgabe. – Hinter jedem aktuellen Bedarf steht ein grundsätzlicher Bedarf. Hinter dem Bedarf an Armbändern und Ringen steht beispielsweise das Grundbedürfnis nach Schmuck. Die Stoffe, Techniken und Mittel, mit denen sich die jeweiligen Bedürfnisse am besten erfüllen lassen, verändern sich, aber das Grundbedürfnis bleibt konstant. Je konsequenter sich ein Betrieb durch die aktuellen Bedürfnisse hindurch auf eine solche konstante Grundaufgabe orientiert, desto schneller wächst er und desto stabiler und unangreifbarer wird seine Position. Er gewinnt einen festen sozialen Standort, aus dem er auf den schnellerwerdenden Wandel schneller und konsequenter als die anderen reagieren kann.

Fazit:

Unter der EKS-Strategie bohrt sich der Betrieb über das jeweils «brennendste Problem» zunehmend tiefer und grundsätzlicher in die Problemstellung seiner Zielgruppe hinein. Es entsteht eine Synergie, ein Schlüssel-Schloß-Verhältnis: Je konsequenter der Betrieb seinen Nutzen für seine Zielgruppe steigert, desto besser entwickelt er sich selbst.

Gesundheit als Managementaufgabe

Die Gesundheitspflege leitender Angestellter, Führungskräfte, Manager und vergleichbarer Berufskategorien läßt noch viel zu wünschen übrig. Der folgende Beitrag zeigt, was der Manager selbst für seine Gesundheit tun kann: die eigene Gesundheit als Managementaufgabe betrachten.

1. Der Managerberuf bedingt gewisse Gesundheitsprobleme. Zu bestimmen sind die beruflichen Anforderungen im einzelnen Fall. Eine bedeutende Rolle spielen dabei die berufsbedingten Streßbelastungen.

   Sie sind Ansatzpunkte der Bestandsaufnahme beruflicher Anforderungen an den Manager im konkreten Falle, die seine Gesundheit beeinträchtigen können.

2. Die Persönlichkeit des Managers bedingt spezifische Gesundheitsprobleme; jeder Manager hat seine angeborenen gesundheitlichen Schwachstellen, konstitutionelle Erkrankungsdispositionen. Hinzu kommen die durch die angewöhnte Lebens- und Ernährungsweise bedingten Risikofaktoren. Managerpersönlichkeit ist nicht gleich Managerpersönlichkeit. Eine Bestandsaufnahme der individuellen – ererbten und erworbenen – Risikofaktoren bietet sich an.

3. Die persönliche Einstellung zur Gesundheit ist verschieden von Mensch zu Mensch. Außerdem kann sie sich im Laufe des Lebens ändern – mit zunehmender Persönlichkeitsreife, mit zunehmendem Alter, nach einer Erkrankung, mit dem Bewußtwerden eigener Verantwortung der Familie, anderen Menschen, der Gesellschaft gegenüber.

Gesundheit ist mehr als Freisein von Krankheit, ein Wohlbefinden von Leib und Seele, das Gedanken an das Gegensatzpaar Gesundheit/Krankheit gar nicht aufkommen läßt. Leib-seelisches Wohlbefinden, ohne daran zu denken, bedarf einer Einschränkung; die sogenannten Zivilisationskrankheiten treten schleichend auf. Man kann also z.B. an Krebs erkrankt sein ohne fühlbare Beschwerden – also bei subjektivem leib-seelischen Wohlbefinden. Zum subjektiven Kriterium des Sichwohlfühlens muß daher hinzukommen das objektive Kriterium des medizinisch festgestellten Wohlseins.

Gesundheit heute gewährleistet nicht Gesundheit morgen oder gar übermorgen. Eine Art Zeitpuffer liegt zwischen Gesundheit heute und Krankheit morgen. Und der Wechsel von Gesundheit zu Krankheit erfolgt nicht an einem Zeitpunkt – wir sehen hier vom plötzlich auftretenden Unfall ab –, sondern entlang einer Zeitstrecke, eben der Zeitpuffer-Zone zwischen den beiden Polen, und zwar in beiden Richtungen. Kein Grenzpfosten markiert, wo Gesundheit aufhört und Krankheit beginnt. Vielmehr besteht eine mehr oder weniger ausgedehnte Übergangszone, ein Kontinuum, entlang welchem der Gesundheitszustand abnimmt und in gleichem Maße der Krankheitszustand zunimmt. Diese Zwischenzone ist heute zu einem guten Teil noch medizinisches Neuland. Es ist das Gebiet der Frühdiagnose.

Also: 1. Sich das Anhalten der Gesundheit bestätigen lassen, und 2. sich Verhaltensregeln zum Gesundbleiben geben lassen.

Im Gegensatz zum Gesunden steht der Kranke unter Zugzwang. Damit auch der Gesunde zum Handeln gebracht wird, muß er dazu richtig motiviert werden.

Nicht Überwindung einer Krankheit, auch nicht nur Gesundsein, sondern Gesundbleiben muß das Ziel lauten. Die grafische Darstellung in Bild 3.5 soll uns bei der Fortsetzung unserer Analyse helfen.

Links der Pol der Gesundheit, rechts der Pol der Krankheit. Dazwischen die Zone des kontinuierlichen Übergangs – in beiden Richtungen – mit der an den Gesundheitspol angrenzenden Teilzone «noch gesund» und der an den Krankheitspol angrenzenden Teilzone «noch nicht krank», die fließend ineinander übergehen.

In der Medizin wird der der manifesten Krankheit, eigentlich der erkennbaren Krankheit vorausgehende Zustand, der unserer Teilzone «noch nicht krank» entspricht, als prämorbid bezeichnet. Der Patient ist zwar nicht mehr ganz gesund, aber auch noch nicht ausgesprochen krank. Unser Denkmodell erlaubt nun die Zuordnung von Krankheitsarzt und Gesundheitsarzt schematisch vereinfacht: In der linken Hälfte wird der Gesundheitsarzt tätig = am Pol der Gesundheit und in der Teilzone «noch gesund»; für die rechte Hälfte = Teilzone «noch nicht krank» und Krankheitspol wird der Krankheitsarzt zuständig.

In unsere Zwischenzone fällt auch die erwähnte so wichtige Frühdiagnose – je näher dem Gesundheitspol um so besser. Lieber die Frühdiagnose «noch gesund» durch den Gesundheitsarzt als die Frühdiagnose «noch nicht krank» durch den Krankheitsarzt.

Damit sind wir der Zielformulierung einen Schritt nähergekommen: den Pol der Gesundheit nicht verlassen, um im Zuständigkeitsbereich des Gesundheitsarztes zu bleiben. Dazu ist eine der Voraussetzungen der periodische Besuch des Gesundheitsarztes. Nehmen wir nun die zeitliche Dimension hinzu, so ergibt sich als Ziel: bestmögliche Gesundheitsqualität von möglichst langer Dauer. Anzustreben ist danach hochqualitative Langzeitgesundheit (Bild 3.5).

Um dies zu erreichen, ist die Barriere gegen eine Gesundheitsminderung, im idealen Falle zwischen dem Gesundheitspol und der Teil-Zwischenzone «noch gesund» so widerstandsfähig als nur möglich zu machen. In unserer «Gesundheitsgeographie» ist die Barriere z. B. innerhalb des Gesundheitspols bei I/3 stärker als bei I/1, die Barriere zwischen Gesundheitspol und der Teilzone «noch gesund» widerstandsfähiger bei II/3 als bei II/2. Mit II/1 sind wir dagegen schon in die Teilzone «noch gesund» eingedrungen, was die Differentialdiagnose des Gesundheitsarztes festzustellen hätte, um daraus entsprechende Verhaltensregeln abzuleiten. Noch gesünder als gesund ist gesund mit Gesundheitsreserven! Es gilt daher, Gesundheitsreserven anzulegen. Damit strecken wir den Zeitpuffer zwischen Gesundheit und Krankheit, bleiben länger bestmöglich gesund.

Methoden der Gesundheitspflege

1. *Die übliche Methode:* Interventions-Zeit/Ort VI und VII. Vor einer Erkrankung wird nichts unternommen. Erst die Krankheit löst die Handlung aus – als Reaktion auf die Erkrankung als «Aktion». Die Zielvorstellung ist hier Gesundheitsreparatur durch den Krankheitsarzt. Dieses Paradox fällt darum kaum auf, weil man sich in gesunden Tagen mit der Problematik des Verhältnisses

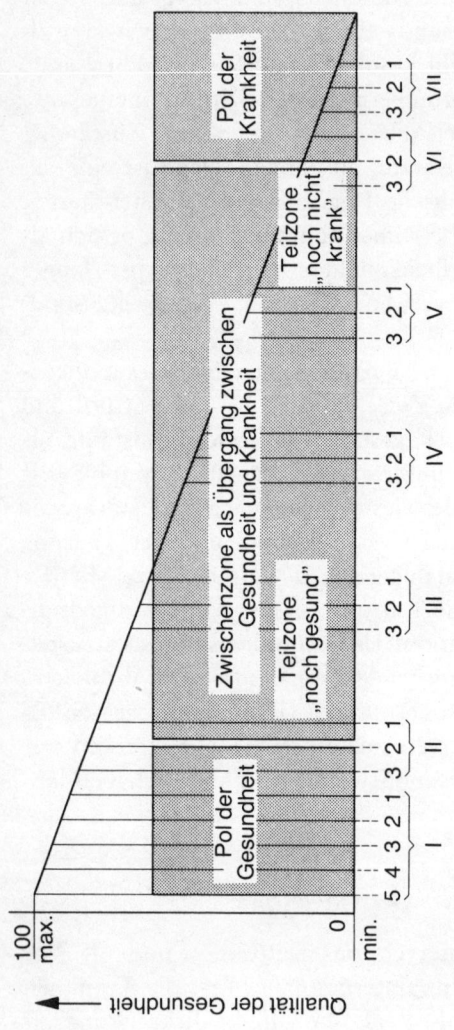

Bild 3.5

Die *Qualität der Gesundheit* wird durch die Höhe der den Interventionszeitpunkt/-ort markierenden senkrechten Linie ausgedrückt. Je näher am Gesundheitspol, um so höher die Qualität, je näher am Krankheitspol, um so niedriger die Qualität. Gesundheitsqualität o ist identisch mit Lebensende.

Gesundheitsdauer: Wenn die Annahme einer positiven Korrelation zwischen Gesundheitsqualität und Gesundheitsdauer – gegebene Konstitution und gleichbleibende Lebensweise als Gesundheitsfaktoren vorausgesetzt – zutrifft, läßt sich an unserem Denkmodell aus der Höhe der Interventionslinie die Dauer der Gesundheit, Kurzzeit- oder Langzeitgesundheit, ablesen. Sinngemäß wird in der rechten Hälfte der Grafik aus Qualität der Gesundheit Schwere der Krankheit, die mit der Annäherung an den Wert o zunimmt.

Zeit/Ort der Intervention: I, II, III, IV, V, VI, VII, wobei I in den Gesundheitspol und VII in den Krankheitspol fallen. Die sieben Zeiträume oder Zeitzonen sind unterteilt in verschiedene Zeitpunkte 3, 2, 1, wobei die Gesundheitsreserve z.B. bei I/3 größer ist als bei I/2, als bei I/1. Noch größer wäre die Gesundheitsreserve an einem angenommenen Punkt I/4, maximal bei I/5.

zwischen Gesundheit und Krankheit nicht auseinandersetzt und nach Erkrankung die Wahl eines Krankheitsarztes bereits entschieden ist.

2. *Krankheitsvorbeugung:* Interventions-Zeit/Ort I bis VII. Medizinischer Check-up mit der Zielvorstellung, bestehende Erkrankungen festzustellen (VI/2, VI/1, VII/3, VII/2, VII/1) und/oder durch Frühdiagnose prämorbide Zustände zu erkennen.

3. *Gesundheitspflege:* Nach unserer «Gesundheitsgeographie» Interventions-Zeit/Ort I bis VII. Zielvorstellung: Gesundheitskontrolle systematisch zur Vorbeugung einer Gesundheitsminderung, Frühdiagnose oder Diagnose manifester Erkrankung, Beratung zur Gesundheitspflege und -stärkung, Behandlung prämorbider Zustände oder manifester Krankheiten durch den zuständigen Spezialarzt.

4. *«Gesundheitsgewissen»:* «Gesundheitsgeographie» Interventions-Zeit/Orte I/3 bis II/1, evtl. bis III oder IV. Zielvorstellung ist laufende instinktive oder unterbewußte Gesundheitsüberwachung als Frühwarnsystem, gesundheitsstärkende und korrigierende Lebensweise aus Gewohnheit. Eine Art biologischer Gesundheitskybernetik. Voraussetzung ist hier eine Aktivierung des «Gesundheitsgewissens», auf seine Stimme hören und seine Mahnung befolgen.

5. *Kombinierte Methode:* Teamwork von «innerem Arzt» und Gesundheitsarzt – wo der erstere aussetzt, springt der letztere ein. Ein Verhältnis der Komplementarität. In unserer «Gesundheitsgeographie» wird hier das gesamte Feld bestrichen, von I bis VII. Zielvorstellung ist hier systematische Erhaltung und darüber hinaus vorbeugende Stärkung der eigenen Gesundheit durch persönlichen Einsatz. Erhaltung der Gesundheit wird nicht von außen, auch nicht vom Gesundheitsarzt erwartet, dieser berät nur, ebenso wie der «innere Arzt». Gesundheitspflege wird nicht delegiert, sondern als eigene Aufgabe verstanden. Diese Methode entspricht

unserer Zielsetzung als «Sicherung hochqualitativer Langzeitgesundheit». Je früher der Interventionszeitpunkt, um so höher die
Gesundheitsqualität und je höher die Gesundheitsqualität, um so
länger die Gesundheitsdauer, vergleichbare Lebensweise vorausgesetzt. (EDMOND BREUER)

Fazit:

Bestimmen Sie Ihren eigenen Standort:

☐ Wo liegt Ihr Interventionszeitpunkt/Ort?
☐ Was ergibt die – obige – Analyse Ihrer Gesundheitsterminpra-
xis für die Wahl des richtigen Terminkalenders in Ihrem Falle?
☐ Welche der behandelten fünf Methoden wählen Sie?
☐ Wie formulieren Sie Ihr selbstgesetztes Ziel Ihres persönlichen
Gesundheitsmanagements?
☐ Wann soll die Realisierung Ihres Gesundheitszieles beginnen?
☐ Was ergibt die Analyse Ihrer berufsbedingten gesundheitlichen
Belastung für Ihr Gesundheitsmanagement?
☐ Welches Datum trägt Ihr letzter medizinischer Check-up?
☐ Was haben Sie – zusammenfassend – als Brückenschlag von
Ihrem Gesundheitsvorsatz zu Ihrem Gesundheitstun vorge-
sehen?

Berufskompensatorische Urlaubsplanung

Urlaub als Bestandteil der Selbstverwirklichung

Urlaub irgendwie? Irgendwo? Die Auswahl an Urlaubsformen und -orten wird ständig größer, die Angebote der touristischen Industrie mehren sich und überbieten einander in Preis, Auswahl, Originalität, Urlaubsgenüssen, Bequemlichkeit bis Luxus. Urlaubmachen leicht gemacht: Man wählt anhand eines suggestiven Farbprospektes, zahlt den Pauschalpreis und geht dann in Urlaub – alles inbegriffen. Nicht inbegriffen ist dabei allerdings die Gewähr, den individuell richtigen Urlaub gewählt zu haben. Im folgenden soll das Prinzip des individuell richtigen Urlaubs für Manager und vergleichbare Berufskategorien als Grundlage praktischer Urlaubsgestaltung behandelt werden.

Berufliche und persönliche Faktoren

Ein Gesichtspunkt bei der Wahl des Urlaubs ist ohne Zweifel der Beruf, im vorliegenden Falle die für den Managerberuf typischen Belastungen im Arbeitsalltag. An Manager, Führungskräfte aller Stufen, Vorgesetzte, freiberuflich Tätige und sonstige Verantwortungsträger in vergleichbarer Berufssituation stellt das Berufsleben spezifische Anforderungen. Managerberuf ist aber nicht gleich Managerberuf. Im konkreten Fall wird daher das gegebene Aufgabenpaket zu berücksichtigen sein, um daraus berufsbedingte Belastungen – und Überlastungen – abzuleiten.

Es gilt auch: Manager ist nicht gleich Manager. Wie ist das Persönlichkeitsprofil des Managers im konkreten Fall beschaffen? Intelligenz, Affektivität, Arbeitsweise, Gesundheitszustand, Streßtoleranz, Umgang mit Vorgesetzten, Kollegen und anvertrauten Mitarbeitern, berufliche Laufbahnvorstellung, gesellschaftlicher Ehrgeiz, Leistungsmotivation, Lebensweise, Erholungsbedarf und Erholungsgewohnheiten, introvertierter oder extrovertierter Menschentyp und vieles andere charakterisieren das Individuum und wie es auf gegebene berufliche Anforderungen und damit verbundene Ermüdung oder Verschleiß reagiert. Bei gleichen

Berufsaufgaben wird für verschiedene Individuen der Erholungsbedarf und damit auch die richtige Urlaubswahl anders sein.

Krankheits-Risikofaktoren

Die vielfachen Zivilisationsschäden führen zu einem ganzen Bündel von Krankheiten, wie sie in hochzivilisierten hochindustrialisierten Ländern auftreten, als Preis für den erreichten höheren Lebensstandard: vegetative Dystonie als Störung des neurovegetativen Systems, seelische Störungen, wie Schlaflosigkeit, Depressionen, Neurosen verschiedener Formen. Und die wichtige Gruppe der psychosomatischen Erkrankungen, deren seelische Ursachen ihren Niederschlag im Organischen finden.

Überwiegend arbeiten Manager in Ballungszentren, in Orten also, die Zivilisationskrankheiten begünstigen. Naturferne; beschleunigtes Tempo; Lärm; Verschmutzung der Luft, Wasser, Nahrungsmittel; hohe Siedlungsdichte, die nach neueren Forschungen Aggressionstendenzen auslöst, deren Unterdrückung wieder zu seelischen Komplikationen, Neurosen führt. Zu den für den Arbeitsort in einem Ballungsraum genannten Umweltbedingungen kommt hier hinzu: schlechte Erholungsqualität des Milieus durch Reizüberflutung, während Wohnort und Wohnung ihrer Funktion nach als Erholungsraum zur berufskompensatorischen Freizeitgestaltung konzipiert sein sollten.

Selbstverwirklichung in Beruf und Freizeit

Der individuell richtige Urlaub ist also bestimmbar; vom Beruf und vom Milieu her. Als Ausgleich für erlittene Berufs- und Milieuschäden. Diese liegen beide in der Vergangenheit, also vergangenheitsbezogene Urlaubsgestaltung. So behandeln wir den Urlauber aber wie eine Maschine; Reparatur, Ersatz für verschlissene Teile, neuer Schutzanstrich. Nach dem Reparatururlaub zurück in den Produktionsprozeß. Nun ist der Mensch aber mehr als nur Mittel zu einem außer ihm liegenden Zweck, er ist Selbstzweck. Auch der Manager ist nicht nur Manager und Mittel im Wirtschafts- oder Produktionsprozeß, sondern seiner eigenen Selbstverwirklichung verpflichtet, deren Maßstab aus dem in der Zukunft liegenden Ideal abzuleiten ist. Was bedeutet das für seine Urlaubsgestaltung? Daß sie nicht nur vergangenheitsbezogen, sondern auch zukunftsbezogen sein muß. Bestimmt von seiner zukünftigen idealen Selbstverwirklichung als Ziel. Seine Selbstverwirklichung vollzieht sich in dem aus Beruf und Freizeit gebildeten Gesamtzeitsystem.

Langfristige Urlaubsplanung

Urlaub ist bestimmbar, von der Vergangenheit und von der Zukunft her. Damit ist die zeitliche Dimension in die Urlaubsüberlegungen eingeführt. Leben ist ein Prozeß, Selbstverwirklichung ein Sichselbstwerden. Über den einzelnen Urlaub hinweg richtet sich der Blick nun auf eine Vielzahl einander folgender Urlaube, eine Urlaubskette, das Urlaubsganze als Summe aller Einzelurlaube (Bild 3.6). Aus solcher Sicht erscheint es sinnvoll, den einzelnen Urlaub als Glied einer längeren Urlaubskette zu sehen, um aus Urlaubsstückwerk ein Urlaubsgesamtwerk zu gestalten; eine Art Urlaubsarchitektur im Gegensatz zu einem amorphen Einzel-Urlaubshafen. Wir kommen zu einer langfristigen Urlaubsplanung, in die sich der Einzelurlaub mit bestimmten Inhalten sinnvoll eingliedert.

Beispiele

Ein Beispiel wäre etwa ein Zehnjahresplan zur Vervollständigung der Allgemeinbildung des Managers, für die im hektischen Betrieb des beruflichen Alltags kaum ausreichend Zeit bleibt, z.B. die klassischen Kulturen Roms und Griechenlands an Ort und Stelle studieren; kunstgeschichtliche, kunstkritische Studienreisen; Begegnung mit asiatischer Lebensweisheit in Indien, Japan, China, nach vorausgehender Einführung in das entsprechende Gedankengut; die Länder der Erde kennenlernen – in jedem Urlaub eine andere Ländergruppe, in Ost, West, im Norden und Süden des Globus; ein Sprachlehrprogramm – je Jahr oder mehr eine neue Sprache erlernen und im Urlaub im Sprachgebiet selbst üben; jeder Urlaub für ein neues Hobby usw. Analog kann man langfristige

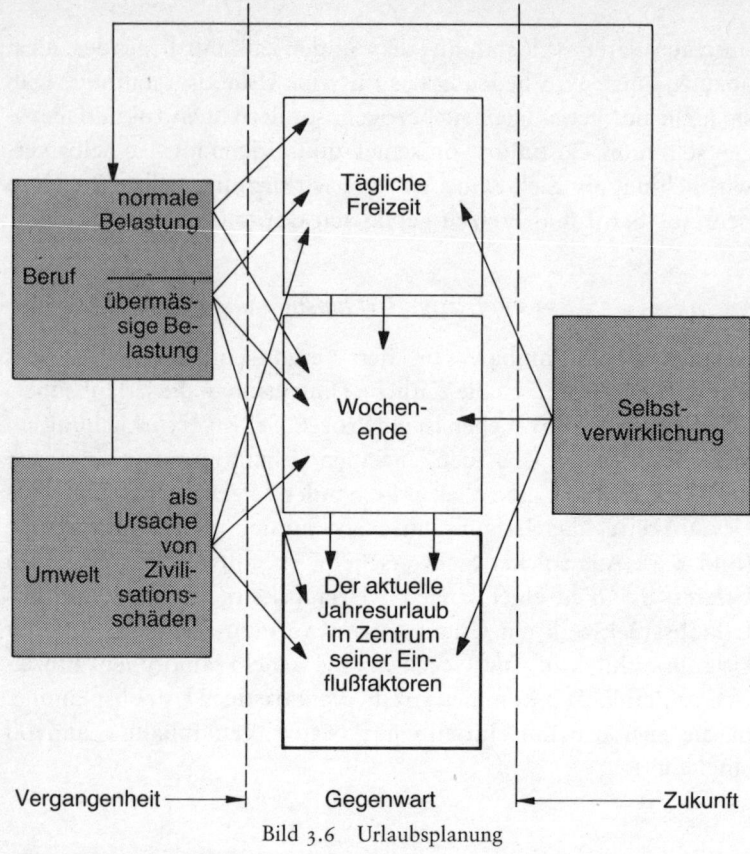

Bild 3.6   Urlaubsplanung

Urlaubspläne machen für die Entwicklung der kreativen Kräfte, ein Gesundheits- oder Kurprogramm, ein Besuchsprogramm zu Verwandten und Freunden in aller Welt. Es versteht sich, daß man im einzelnen Jahresurlaub auch mehrere Programme kombinieren kann, die schöpferische Muße nicht zu vergessen, sie bildet ein wesentliches Element gekonnter Urlaubsarchitektur.

Die komplexen Zusammenhänge zwischen Beruf, Freizeit, Milieu und Selbstverwirklichung sind in unserer Abbildung veranschaulicht. Ein Blick darauf vor dem nächsten Urlaub soll helfen, daraus einen erfüllten Lebensabschnitt zu machen; Managerurlaub nach individuellem Maß.

194

Mit wem verbringe ich meinen Urlaub? Ist mein Urlaubswunsch: altersgerecht? gesundheitsgerecht? realistischerweise erfüllbar? ein Ausgleich für meine Berufstätigkeit? Ergänzung meiner täglichen und wöchentlichen Freizeit? meiner Selbstverwirklichung entsprechend? Wo und wie verbringe ich meinen Urlaub am besten? Was sagt der Arzt?

Fazit:

Die hier vorgestellte Urlaubskonzeption versetzt den Manager in die Lage, den für ihn persönlich richtigen Urlaub aus den Urlaubsfaktoren Beruf, Freizeit, Umwelt und Selbstverwirklichung systematisch abzuleiten. Die den Urlaub bestimmenden Faktoren werden als Hilfe zur Urlaubswahl in einem Übersichtsschema dargestellt. Außerdem wird als Prinzip eine langfristige, mehrjährige Urlaubsplanung empfohlen, als Rahmen für die optimale Gestaltung des jeweiligen Einzelurlaubs. (E. BREUER)

Hilfe durch autogenes Training

Das autogene Training ist eine wissenschaftliche Methode der körperlich-seelischen Stabilisierung durch autosuggestive Übungsformeln. Es wird international auf immer breiterer Basis als Mittel gegen Dauerstreß und streßbedingte Erkrankungen eingesetzt. Nach einer Anleitungszeit durch einen Arzt kann diese Therapie von jedermann selbständig weitergeführt werden. Mit einem Minimun an täglichem Zeitaufwand wird eine maximale Erholung zwischen den Streßphasen erzielt. Hierdurch werden Leistungs- und Termindruck, Ärger, Angst und andere Belastungen besser verkraftet und ein ruhiges konzentriertes Arbeiten wieder erreicht. Das autogene Training spielt heute u. a. eine wichtige Rolle bei der Prophylaxe des Herzinfarkts und der Rehabilitation des Infarktgeschädigten. Zu seinen Heilanzeigen gehört auch die Wiedererlangung der natürlichen Schlaffunktion.

Angst im Nacken

Das autogene Training wird erfahrungsgemäß am schnellsten von demjenigen beherrscht, der dringend eine Hilfe sucht und etwa folgende Fragen mit Ja beantworten muß: Sitzt Ihnen häufig oder sogar ständig die Angst im Nacken, daß Sie Ihr Arbeitspensum nicht mehr bewältigen? Fühlen Sie sich wie in einer Tretmühle, die Sie langsam zermürbt und Ihnen die Arbeits- und Lebensfreude nimmt?

Spüren Sie oft, daß Sie Ihre letzten Kraftreserven angreifen? Setzen Sie alle Hoffnung auf ein paar freie Tage, die Sie dann doch nicht genießen können, da Sie nach der nervösen Überspannung erschöpft und lustlos in sich zusammensacken? Schlafen Sie schlecht oder nur mit Hilfe von Tabletten? Grübeln Sie herum, wie Sie sich von diesem Joch befreien können? Vielleicht haben Sie auch Herz-Kreislauf-Störungen, Magen- und Darmbeschwerden oder häufige Kopfschmerzen, und nun fürchten Sie zusätzlich die Krankheit oder den plötzlichen Zusammenbruch? Sie waren schon mehrfach beim Arzt, der Ihnen sagte, daß es sich um nervöse Störungen handle und Sie «kürzertreten» müßten? Tabletten haben Ihnen nur vorübergehend geholfen?

Raubbau an sich selbst

Falls diese Schilderung auf Sie zutrifft, so befinden Sie sich in guter und zahlreicher Gesellschaft. Sie leiden unter Dauerstreß, dieser Summe von umweltbedingten schädigenden Faktoren, die heute bei immer mehr Menschen aller Berufsgruppen zu Leistungsabfall, chronischer Erschöpfung und Krankheit führen. Herzspezialisten wissen heute aufgrund von Beobachtungen, daß chronischer Streß ein Hauptfaktor bei der Entstehung des Herzinfarkts ist. Ärzte, Krankenkassen und Institute verfügen über alarmierendes Zahlenmaterial. So steigt etwa die Kurve der Herz-Kreislauf-Toten Jahr für Jahr steil an. Der in erschreckendem Maße zunehmende Mißbrauch von Nikotin, Alkohol, Tabletten und Drogen ist gleichfalls ein Symptom für die Tatsache, daß immer mehr Menschen mit dem Leben nicht mehr fertig werden.

Eine der Ursachen für die Zunahme von streßerzeugenden Belastungen ist in der stetigen Beschleunigung des Arbeitstempos durch einseitige Ausrichtung auf materielle Güter und wirtschaftliches Wachstum zu suchen. Die Angst vor dem Zurückbleiben und Versagen spielt hierbei eine gefährlichere Rolle als die Arbeitsbelastung selbst. Wissenschaftler in aller Welt warnen vor dem ungeheuren Raubbau, den der Mensch an den natürlichen Rohstoffquellen seines Lebensraumes begeht. Diesem Raubbau an der Natur entspricht ein Raubbau am Menschen. Für eine grundlegende Therapie wäre ein allgemeiner Umdenkungsprozeß notwendig. Da hierfür jedoch kaum Anzeichen vorhanden sind, muß jeder einzelne zunächst für sich Bilanz ziehen und sich fragen: Was kann ich zu meinem persönlichen Selbstschutz tun, wie kann ich ökonomischer leben?

In 10 Minuten erholt

Im autogenen Training zeigt sich ein Weg auch für denjenigen, der keinerlei Möglichkeiten hat, mehr Freizeit für sich zu gewinnen. Das ist häufig bei Führungskräften oder Angehörigen der freien Berufe der Fall. Das autogene Training erfordert nur einen minimalen täglichen Zeitaufwand. Auch bei Berücksichtigung individueller Verschiedenheiten werden kaum mehr als insgesamt 10 Minuten benötigt. Diese 10 Minuten lassen sich ohne weiteres als Pause in das tägliche Arbeitsprogramm einschalten. Führungskräfte im Management und freiberuflich Tätige, die ständig unter Zeit- und Termindruck stehen, haben mit dem autogenen Training ein ideales Mittel zur Hand, in wenigen Minuten sich so zu erholen, daß ein anschließendes Arbeiten in Frische und Ausgeruhtheit wieder möglich ist. Bei gut Trainierten kann die Erholung für mehrere Stunden andauern. Das Training kann sogar während einer Dienstreise, in einer Tagungs- oder Besprechungspause absolviert werden. Die investierte Zeit zahlt sich um ein Vielfaches aus durch verstärktes oder wiedererlangtes Wohlbefinden, mehr Arbeitsfreude, gesteigerte Konzentrations- und Arbeitsfähigkeit.

Vegetative Umschaltung

Das autogene Training stabilisiert die körperlich-seelischen Kräfte, seine Effektivität beruht auf einer Umschaltung auf Ruhe, Lösung der Spannungen und der dadurch bewirkten positiven Beeinflussung der nervös belasteten und daher fehlgesteuerten Organe und Organsysteme. Die durch Dauerstreß auftretenden Störungen und Krankheitssymptome wie etwa funktionelle Herz-Kreislauf-Störungen, Magen- und Darmbeschwerden, Schlaflosigkeit beruhen auf einer Gleichgewichtsstörung im Bereich des vegetativen Nervensystems, das die grundlegenden Lebensvorgänge wie Kreislauf, Herzarbeit, Atmung, Verdauungstätigkeit steuert. Derartige vegetative Entgleisungen werden heute noch häufiger verharmlost. Sie können jedoch zu späterem Versagen zum Beispiel am Herz-Kreislauf-System führen. Etwa zwei Drittel aller Magen- und Darmgeschwüre entstehen gleichfalls auf dieser Basis. Da vegetative Störungen auch organische Erkrankungen begleiten können, ist es notwendig, daß der Arzt die Ursache feststellt.

Eine Beeinflussung des vegetativen Nervensystems ist über den Willen nicht möglich. Medikamente bieten nur unzureichende Übergangshilfen und bringen zudem noch die Gefahr der Gewöhnung und der Nebenwirkungen mit sich.

Muskel- und Gefäßentspannung

Der Begründer des autogenen Trainings, der 1970 verstorbene Berliner Nervenarzt Prof. Dr. J. H. Schultz, stellte jedoch bei seinen Forschungsarbeiten fest, daß das vegetative Nervensystem über die Hypnose «ansprechbar» ist. Testpersonen berichten, daß sie bei den hypnotischen Versuchen regelmäßig Schwere und Wärme in den Gliedern empfunden hätten. Das Auftreten von Schwere aber zeigt an, daß eine Entspannung der Muskeln stattgefunden hat, die Erscheinung der Wärme, daß eine Entspannung der Blutgefäße und damit eine verstärkte Blutzufuhr eingetreten ist. In der Hypnoseerforschung war früh erkannt worden, daß bei der Hypnose eigentlich eine selbsthypnotische Umschaltung beim Patienten oder der Versuchsperson vorliegt. Auf diesen Beobachtungen baute Schultz die Methode des autogenen Trainings auf. Seinen Versuchspersonen gelang es dann auch, bei entspannter Haltung selbst Schwere und Wärme hervorzurufen und damit die körperlich-seelische Umschaltung zu erreichen.

Zur Übungstechnik

Über den Bereich der Muskel- und Blutgefäßentspannung in Armen und Beinen hinaus zielt das autogene Training nach Schultz durch weitere Übungsformeln auf Ruhigstellung in den Körperbereichen Herz, Atmung, Leiborgane, Kopf. Diese Übungen werden erst dann angeschlossen, wenn Schwere- und Wärmeübung beherrscht werden. Nach Beendigung der Übungen wird das Training durch Öffnen der Augen, tiefes Atmen und Anspannung der Armmuskeln «zurückgenommen».

Bereits durch die beiden ersten Grundübungen kommt es nach den Beobachtungen der Ärzte zu einer Ruhigstellung und folgenden Besserung oder Heilung von funktionellen Beschwerden.

Für die insgesamt 6 Übungen können wahlweise 3 Körperhaltungen eingenommen werden: 1. entspannte Lage im Liegen, 2. Sitzen bei angelehntem Rücken und Kopf, 3. die sog. «Droschkenkutscherhaltung», wobei der Rücken gekrümmt ist und Kopf und Arme herunterhängen. Im Rahmen dieser Ausführungen ist es nicht möglich, die Technik des autogenen Trainings mit Haltungen und genauen Übungsformeln zu erläutern. Dies ist Sache des Arztes oder auch eines Buches.

Möglichkeiten zum Erlernen

Die Anleitung kann erfolgen in der Praxis eines Arztes oder in Gruppenkursen an Volkshochschulen. Vielfach besteht auch in Sanatorien und Kurhäusern die Möglichkeit zur Erlernung des autogenen Trainings. Schultz forderte für das autogene Training eine ärztliche Anleitung und Kontrolle, da falsch ausgeführtes autogenes Training nicht nur erfolglos bleibt, sondern auch zu neuen Gesundheitsstörungen führen kann. Diese Forderung nach ärztlicher Anleitung stellt auch die «Deutsche Gesellschaft für ärztliche Hypnose und autogenes Training». Der Arzt Dr. Hannes Lindemann zog jedoch die Konsequenzen aus der Schwierigkeit, das autogene Training in breitem Rahmen zu vermitteln, da es nicht genug Ärzte gibt, die das autogene Training lehren. Er verfaßte ein leichtverständliches Übungsbuch mit Skizzen und genauen Anweisungen, die notfalls ein autodidaktisches Erlernen möglich machen. Lindemann hat das autogene Training selbst bei Schultz erlernt und eine breite Erfahrungsbasis in seinen Kursen gewonnen. (Buchtitel im Literaturverzeichnis.) Die Lektüre dieses Buches ist auch dann unbedingt zu empfehlen, wenn eine Anleitung durch einen Arzt, allein oder in einer Gruppe, erfolgen kann, da es dem Arzt aus zeitlichen Gründen nicht möglich sein wird, alle Details zu erläutern, die zu einem vertieften Verständnis des autogenen Trainings gehören.

Wann hat man Erfolg?

Neben der genauen fachlichen Anleitung sind weitere Voraussetzungen für ein erfolgreiches autogenes Training:

1. Die Feststellung, daß man Hilfe braucht sowie eine positive Einstellung und Bereitschaft.
2. Tägliches Üben. Ärzte empfehlen 2- bis 3mal für einige Minuten oder bei perfekter Beherrschung mindestens 1mal für etwa 10 Minuten. Tägliches Üben erfordert Konzentration und Durchhaltevermögen, fördert aber andererseits auch die Konzentrationsfähigkeit und Charakterfestigkeit.
3. Eine genaue Einhaltung der Übungsformeln nach Reihenfolge und Wortlaut. Diese sind einfach gehalten und erfordern keine besondere Gedächtnisleistung.
4. Eine passiv-abwartende Einstellung, d. h., die Übungen müssen ohne Willensanstrengung und Leistungsforderung erfolgen, da der Wille neue Anspannung bewirkt und gegenteilige Impulse auslösen kann. Hierzu ein erläuterndes Beispiel: Es ist allgemein bekannt, daß die bewußte Anstrengung, sich beim Reden nicht zu versprechen oder zu stottern, ein Versprechen oder ein Stottern geradezu provoziert.

5. Konsequentes Weiterüben, auch wenn der Erfolg auf sich warten läßt. Manche Übende brauchen mehrere Wochen, bis sie die Anfangsübungen beherrschen. In Einzelfällen stellt sich der Erfolg auch erst nach Monaten ein.

Suggestive Zielvorstellung

Gedankliche Vorstellungen sind dynamische Kräfte, die nicht nur körperliche Reaktionen hervorrufen können, sondern auch die Tendenz haben, sich zu verwirklichen. Ständige negative Erwartungen und Vorstellungen können den Menschen krank und erfolglos machen, positive Erwartungen können dagegen Gesundheit und Erfolg bedeuten. Die Vorstellung von Ausweglosigkeit vermag sogar zu töten, eine Tatsache, die auch durch Tierversuche bestätigt wurde.

Im autogenen Training erfahren diese Beobachtung und andere mit posthypnotischen Suggestionen gemachte Erfahrungen eine positive praktische Anwendung durch den zusätzlichen Einbau sogenannter «formelhafter Vorsätze» in die Übungen. Hier kann die Formel individuell auf das zielen, was man als wichtigstes Nahziel anstrebt. Hierfür einige Beispiele: «Ich schaffe es», «Arbeiten fällt leicht», (gegen Angst): «Ich bin frei und mutig», (bei Alkoholabhängigkeit): «Alkohol gleichgültig», (bei Schlafstörungen): «Ich schlafe fest die ganze Nacht durch». Die formelhaften Vorsatzbildungen in der autogenen Konzentration erreichen das Unterbewußtsein, von wo aus sie später wirksam werden. Die Einstellung zum Leben wird insgesamt positiver.

Als der Arzt und Leistungssportler Dr. Lindemann im Jahr 1956 allein in einem Faltboot den Atlantik überquerte, rettete ihm die seit Monaten eingeprägte Vorsatzbildung «Ich schaffe es – nicht aufgeben» das Leben. Beim Kentern seines Bootes im Sturm tauchten diese Formeln wie Signale aus seinem Unterbewußtsein auf und hinderten ihn daran, sich fallenzulassen. Autogenes Training, das zeigt dieses Bild einer extremen Situation, leistet eine wirksame Hilfe auch in den Krisensituationen des Lebens.

Fazit:

Wer autogen trainiert, geht ökonomischer mit seinen Kräften um, er steigert seine Belastbarkeit, denn das autogene Training bewirkt Ruhigstellung und Erholung im Alltag, es bessert oder behebt nervös bedingte funktionelle Beschwerden und verhilft zu einem tablettenfreien Schlaf. Es bringt Erleichterung auch bei vielen anderen physischen und psychischen Erkrankungen und läßt Krisensituationen besser überwinden. Nur wenige Minuten Zeitaufwand sind täglich erforderlich. (CHR. WARDA)

Berufliche Krisen

Berufliche Krisen sind Situationen, die jeder, der im Berufsleben steht, kennt und erlebt. Die sogenannte «Midlife-crisis» ist nur eine von ihnen, der Karriere-Knick oder die Aufstiegsunzufriedenheit sind andere. Auch das Ende der Berufslaufbahn aus Altersgründen ist eine Krise, die bewältigt werden muß.

Die Krise der Berufswahl

Die ersten Krisen oder zumindest Schwierigkeiten beginnen schon mit der Berufswahl. Für den jungen Menschen, der vom Schulleben in das Berufsleben eintreten will, ist die Berufswahl ein echtes Abenteuer, aber leider ein gefährliches, bei dem er leicht Schiffbruch erleiden kann. Befragungen haben gezeigt, daß über 50 % der Jugendlichen mit dem von ihnen gewählten Beruf nicht zufrieden sind. Nur ein Drittel zeigte sich von seiner Berufswahl befriedigt. Diese Zahlen sind alarmierend, vor allem auch deshalb, weil sich im Laufe der Jahre der Prozentsatz erhöht, wobei dann allerdings zwischen Arbeitern und Angestellten starke Abweichungen auftreten. Andererseits muß man die Unzufriedenheit im Beruf aber auch relativieren, denn Unzufriedenheit ist gleichzeitig auch ein Faktor für Fortschritt und Karriere.

Die Entscheidung für einen Beruf ist eine der schwierigsten Entscheidungen überhaupt. Er bedeutet den Übertritt in eine neue Lebensphase, auf die man meist nur sehr mangelhaft oder überhaupt nicht vorbereitet ist, die aber andererseits das ganze zukünftige Leben wesentlich bestimmt. Deshalb sollte in unseren Schulen der berufskundlichen Ausbildung eine sehr viel höhere Aufmerksamkeit gewidmet werden, als dies bisher der Fall ist. Die berufliche Krise beginnt also bereits beim Berufsanfänger, weil der berufliche Alltag mit Disziplin, seinen Normen und seinem leistungsbezogenen Denken andere Maßstäbe kennt als das Studentenleben. Der Ausbilder im Betrieb oder der erste Chef des Berufsanfängers sollte diese Probleme kennen und den Jugendlichen mit Verständnis und Einfühlungsvermögen den Übergang in den beruflichen Alltag erleichtern.

Laut Statistik wechseln 35% aller Berufsanfänger nochmals ihren Beruf – das ist auf der einen Seite eine Verschwendung an eingesetzter Zeit, an Kapital und Leistung und damit volkswirtschaftlich schädlich, auf der anderen Seite aber sicherlich notwendig zur Selbstverwirklichung und beruflichen Zufriedenheit. Die Berufswahl ist insofern ein Glücksspiel, das über Erfolg und Chance in der Zukunft entscheidet.

«Industrieuntauglich»

Ein Phänomen in diesem Zusammenhang sind allerdings die sogenannten «desintegrierten Persönlichkeiten», die immer unzufrieden sind, sowohl mit sich als auch mit ihrer Umwelt. Es handelt sich um leistungsschwache, unglückliche und unruhige Personen, die sich nur schwer oder überhaupt nicht in das Wirtschaftsleben einordnen lassen. Sie sind, wie Kroeber-Keneth sagt, «industrieuntauglich», d. h., es sind Menschen, die den besonderen Anforderungen des industriellen Lebens nur unzulänglich angepaßt sind. Für sie ist die berufliche Krise permanent. Psychologisch und soziologisch ist diese Gruppe noch nicht zufriedenstellend durchleuchtet.

Normalerweise hat jeder Mensch die Hoffnung, es in seinem Beruf zu etwas zu bringen. Bleibt der Erfolg aus, wächst die Unzufriedenheit bis zur Krise. Das Ausbleiben des Erfolges kann verschiedene Ursachen haben:

1. *Die übersteigerte Selbsteinschätzung*
Zunächst gibt es eine Diskrepanz zwischen Selbsteinschätzung und Fremdeinschätzung. Auch Selbsterkenntnis gibt es nur in gewissen Grenzen. Psychologische Experimente beweisen, daß kein Mensch von sich selbst das richtige Bild hat. Weder von seinem Charakter noch sogar von seiner Gestalt und seiner Stimme. Daraus folgt, daß andere ihn stets anders sehen, als er sich selbst sieht oder gern sehen möchte. Man hat deshalb meist eine höhere Meinung von sich selbst als die Umwelt und traut sich selbst mehr zu als andere. Diese subjektive Überbewertung des eigenen Erfolgs führt zu Frustrationen, wenn dieser Erfolg nicht so anerkannt wird, wie man sich das erhofft. Resignation und Mißmut sind die Folge.

2. *Das Peter-Prinzip*
Eine andere Ursache der Erfolglosigkeit ist gegeben, wenn die Stufe der eigenen Inkompetenz erreicht wird. Dieses nach seinem Erfinder Peter genannte Peter-Prinzip sagt, daß jeder Beschäftigte in einer Hierarchie dazu neigt, bis zu seiner Stufe der Unfähigkeit aufzusteigen. Es handelt sich um ein merkwürdiges Phänomen, das geradezu einem Karriereterror gleichkommt: Jedermann ist versessen darauf, auf der Erfolgsleiter immer höher zu steigen, bis er dann Aufgaben übernimmt, die ihn überfordern und letztlich scheitern lassen.

Daraus ergibt sich ein Karriere- oder Aufwärts-Knick. Aus dem Peter-Prinzip folgert, daß nach einer gewissen Zeit jede Position von einem Mitarbeiter besetzt ist, der unfähig ist, seine Aufgaben zu erfüllen. Die Arbeit wird dann von den Mitarbeitern erledigt, die ihre Stufe der Inkompetenz noch nicht erreicht haben.

3. Die Überschulung

Auch eine Umkehrung des Peter-Prinzips ist möglich, die genauso zu Erfolglosigkeit und Unzufriedenheit und damit zur beruflichen Krise führt. Hierbei handelt es sich um das Prinzip der sogenannten Überschulung. Die Überschulung ist das Mißverhältnis zwischen Können und Aufgabe. Der Mitarbeiter hat Aufgaben zu erledigen, die weit unterhalb seiner Leistungsfähigkeit und seines Könnens liegen. Er ist nicht überfordert, sondern unterfordert. Er kann mehr, als man ihm zutraut. Er sitzt nicht auf dem richtigen Arbeitsplatz. Sein Fortkommen ist blockiert. Das kann so weit gehen, daß besonders befähigte Mitarbeiter entlassen statt befördert werden. Superkompetenz ist genauso gefährlich wie Inkompetenz. Der Superkompetente kann die Hierarchie gefährden und wird deshalb ausgestoßen.

4. Betriebsorganisation und Überstabung

Auch Faktoren, die nicht Individualcharakter haben, sondern in der betrieblichen Organisation liegen, können Ursachen zu beruflichen Krisen sein. Die bekannte Aufgabenteilung zwischen Linie und Stab kann, wenn die Organisation nicht richtig installiert ist, zu einer «Überstabung» führen. Eine Inflation von Stabsleuten und ihr ständiges Hereinreden in Entscheidungen der Linie kann Quelle fortwährenden Verdrusses werden.

Im Zusammenhang hiermit steht die Mitarbeiterführung selbst. Unsachliche Vorgesetzte, falsche psychologische Behandlung der Mitarbeiter, unklare Anweisungen, nicht exakt festgelegte Aufgaben, Verantwortungsbereiche und Kompetenzen, Machtkämpfe und Intrigen können Krisen sehr schnell herbeiführen.

5. Die Krise um die Lebensmitte

Die «Midlife-crisis», die Krise um die Lebensmitte, ist ein psychologisches altersbedingtes Phänomen. Man sieht den Höhepunkt seines Lebens überschritten, die Leistungsfähigkeit schwinden, Alterserscheinungen wachsen. Das führt zu manchmal unkontrollierten Handlungen, weil der von der Krise Erfaßte meint, das Ziel seines Lebens nicht erreicht zu haben oder nicht mehr erreichen zu können. Merkwürdige Knicke in der beruflichen Laufbahn sind die Folge, die durchaus erfolgreich verlaufen oder aber ins berufliche Abseits führen können.

Da beendet z. B. ein erfolgreicher Manager seine Karriere und wird Klavierlehrer, weil er eigentlich die Musik viel mehr liebt als die Härte des Geschäftslebens. Ein anderer dagegen bricht zu einer Weltumseglung auf, um sich einen Jugendtraum endlich wahrzumachen, und findet den Anschluß nicht wieder.

Schließlich im Alter zwischen 50 und 60 kann eine Phase der Angst vor dem Alter, vor der Pensionierung, die das Ende des aktiven Berufslebens bedeutet, eintreten.

Strategien gegen berufliche Krisen

Die hier erwähnten Krisenursachen erheben keinen Anspruch auf Vollständigkeit, sind jedoch die wichtigsten. Andere Krisen sind denkbar, lassen sich aber teilweise den genannten zuordnen.

Die Krisen zeigen ihre Symptome nicht nur in Unzufriedenheit, sie können bis zu schwerwiegenden Erkrankungen führen. Müdigkeit, Nervosität, Unausgeglichenheit oder Reizbarkeit sind zunächst sichtbar werdende Symptome. Es können Alkohol- oder Tablettensucht folgen bis hin zu Magengeschwüren und Herzinfarkt.

Der von einer beruflichen Krise erschütterte Mensch sollte aber in der Lage sein, seine Situation nüchtern zu überdenken und geeignete Maßnahmen zu entwickeln, die ihn aus der Krise herausführen, die seinen vermeintlichen Mißerfolg transponieren können in einen Erfolg – wenn vielleicht auch auf anderer Ebene.

Was Erfolg bedeutet

Beruflicher Erfolg in seiner Gesamtheit ist mehr als die Summe von Einzelerfolgen. Er ist sozialer Aufstieg verbunden mit einer Mehrung an Besitz, Macht und Geltung, eine Erhöhung des Sozialprestiges. Einstein entwickelte eine Formel des Erfolges, von der aber nichts überliefert ist, wie ernst er sie gemeint hat. Seine Formel lautet:

$$A \text{ (Erfolg)} = X \text{ (Arbeit)} + Y \text{ (Spiel)} + Z \text{ (Maul halten)}$$

Diese Formel besitzt einen wahren Kern. Erfolg (A) ist sicher nur möglich, wenn man eine Arbeit (X) leistet, die qualitativ und quantitativ herausragt, andererseits diese Leistung aber nicht mit Verbissenheit vollbringt, sondern locker und mit sportlichem Ehrgeiz (Y) und sie mit wachem Verstand prüft, ehe man sie von sich gibt (Z).

Die eigene Laufbahnplanung

Generell kann eine realistisch gesehene Laufbahnplanung berufliche Krisen mindern. Es ist kaum realistisch, wenn ein Mittzwanziger in 3 Jahren Vorstand sein will – sieht er seine Karriere so, programmiert er den Mißerfolg schon mit ein.

Was sich lernen läßt, ist, sich nur die Ziele zu setzen, die erreichbar sind, und auf Ziele zu verzichten, die die eigenen Kräfte übersteigen. Die Frage, wo die Ziele zu setzen sind, muß jeder selbst entscheiden. Aber sicher gibt es auch hier einen «break-even-point» zwischen sinnvoll geplanter Karriere und dem Karrierezwang, der zum Herzinfarkt führt.

Bereitschaft zur Mobilität

Innerhalb dieser generellen Grenzen ist die Bereitschaft zur Mobilität, also zum Stellenwechsel, eine Strategie, berufliche Krisen zu meistern.

Berufliche Krisen zeigen sich zunächst durch Karrierestopp und Stagnation. Wer in diese Sackgasse gerät, hat Chancen meist nur durch den Stellenwechsel, es sei denn, er steht kurz vor dem Rentenempfang. Ein sinnvoll geplanter Stellenwechsel bedeutet Risikobereitschaft, Unternehmensfreude, Selbständigkeit und bietet die Chance zum neuen beruflichen Aufstieg. Wer bei einer Bewerbung den Sprung schafft, sollte den Wechsel vollziehen, wenn er in seiner bisherigen Position in einer Sackgasse ist.

Der Weg zur Selbständigkeit

Ein anderer, aber sehr risikobehafteter Weg aus der beruflichen Krise ist der in die Selbständigkeit. In vielen Berufen ist dies möglich: Der Media-Mann kann seine eigene Agentur gründen, der Steuerfachmann selbständiger Wirtschaftsprüfer werden, der Baustatiker sein eigenes Büro aufmachen.

Dazu aber muß man ein aktiver Macher sein, der nicht die Weisungen des Chefs abwartet, um zu arbeiten. Der Mut zum Risiko, wirtschaftliches Grundwissen und Kostenverständnis gehören dazu, Ideenreichtum und – viel Glück.

Die Selbstbescheidung

Berufliche Krisen lassen sich auch durch Selbstbescheidung vermeiden. Wer nicht will, muß den Karrierezwang, der lt. Peter-Prinzip bis zur Stufe der eigenen Unfähigkeit führt, nicht mitmachen. Peter weist darauf hin, daß die Ablehnung einer Beförderung durchaus sinnvoll sein kann nach dem Sprichwort «Schuster, bleib bei deinem Leisten». Das Motto «Tue nie so viel, wie Du glaubst tun zu können» ist zwar nicht gerade leistungsfördernd, vermeidet aber andererseits auch die Überforderung und kann damit durchaus zu beruflicher Zufriedenheit führen.

Altersangst und Lebensphasen

Derjenige, dessen berufliche Krise in der Angst vor dem Alter und dem Rentendasein besteht, muß sich darüber klar werden, daß das aktive Berufsleben nur eine Phase, aber nicht Höhepunkt und Ziel des Lebens ist und auch nicht sein kann. Das Berufsleben dauert meist 30 bis 40 Jahre, davor liegt die Kindheits- und Lernphase, die auch bis zu 30 Jahren dauern kann, dahinter die Altersphase, die bei guter Gesundheit vielleicht auch nochmals 30 Jahre währen könnte.

Hier zeigt sich, daß das Berufsleben etwa ein Drittel oder vielleicht auch etwas mehr unseres ganzen Lebens ausmacht, wir aber meist die Phase unseres Lebens sehr überdehnt betrachten, so als ob sie unser ganzes Leben ausmacht. Der Lebensabend, der neue

Ziele und Werte setzt, wird fälschlicherweise häufig als ein Tabu betrachtet.

Fazit:

Berufliche Krisen erlebt jedermann. Ihre Ursachen sind unterschiedlich. Sie zu erkennen, ist schon ein Weg, sie zu meistern oder zu vermeiden. Allgemeine Rezepte gibt es nicht, wohl aber Verhaltensregeln, um mit der Krise fertig zu werden. (H. Frese)

Die Lehre von Oscar Schellbach

Wenn man einen «erfolgreichen Menschen» analysiert, stößt man immer – ganz gleich ob Mann oder Frau – auf ein stark entwickeltes Selbstbewußtsein. Oscar Schellbach studierte die Lebensläufe vieler erfolgreicher Menschen und fand so die Gesetze des Erfolges. Mit seinen 16 Denkgesetzen vermittelt er den Weg zur Entfaltung der Persönlichkeit.

Die Kunst der Selbstbehandlung

Warum ist nun das Selbstbewußtsein die Quelle aller großen Leistungen? Das Gegenteil von Selbstvertrauen heißt Hemmungen, Komplexe, Minderwertigkeitsgefühle. Hemmungen – das Wort sagt es schon – hemmen, wirken entfaltungsverhindernd. Hemmungen hemmen, blockieren, verkrampfen. Ein gehemmter Mensch ist isoliert, ja er isoliert sich selbst, denn er lebt in der Angst, etwas falsch zu machen. Aber so verhindert er jede Weiterentwicklung. Er wird hastig, fahrig, nervös, wird immer von der Angst geplagt – bewußt oder unbewußt –, seine Chancen zu verpassen. Nicht er veranlaßt andere zur Reaktion, sondern er reagiert auf die anderen. Der gehemmte Mensch besitzt keine Freiheit.

Nun gibt es aber keinen Menschen, der keinerlei Hemmungen hätte. Entscheidend ist es aber, diese Blockierungen zu überwinden.

Hier nun setzt das Oscar-Schellbach-System an. Diese Erfolgsmethode geht von den folgenden zwei Grunderkenntnissen aus:

- ☐ Der Mensch bleibt unter dem Niveau seiner Möglichkeiten. Er nutzt nur ein Zehntel seiner Fähigkeiten aus.
- ☐ Der Mensch *ist* nicht begabt, er *wird* begabt.

Aus diesen und anderen Gründen entwickelte Oscar Schellbach die Kunst der Selbstbehandlung, das ist die Fähigkeit, aus sich selbst etwas zu machen, das eigene Leben nicht dem Zufall zu überlassen. Denn wenn wir erfolgreich sein wollen – so sagt Schellbach –, dann zuerst durch uns und mit uns selbst.

An zweiter Stelle steht die Kunst der Menschenbehandlung, denn immer brauchen wir bei der Realisierung unserer Wünsche und Ziele die Hilfe und Mitarbeit unserer Mitmenschen. Die Kunst der Selbstbehandlung geht davon aus, daß alles erst möglich wird durch uns selbst. Zwei Wege bieten sich hier an:

- ☐ Schwächen zu überwinden,
- ☐ positive Anlagen zu verstärken.

Da der Mensch kein vollkommenes Wesen ist, wird er bis zum Ende seiner Tage mit Fehlern behaftet bleiben. Er wird sich anstrengen, oft überanstrengen, und behält doch immer noch Schwächen. Dieser Weg bleibt bis zum Schluß ein Weg des Mißerfolges und des Versagens. Auf diesen Mißerfolgserlebnissen aber wachsen gerade die Hemmungen.

Es gibt viele Arten von Hemmungen – vom Schweißausbruch bis zur zittrigen Stimme –, die größte Hemmung aber ist das Gefühl, unbegabt zu sein. Darum geht der zweite Weg davon aus, daß der normale Mensch nicht an Überschätzung, sondern an Unterschätzung leidet. Wer aber an Unterschätzung leidet, wird niemals seine vorhandenen Begabungen aktivieren. Nur wer von seinen Fähigkeiten und Talenten überzeugt ist, geht mit großem Elan an die Entfaltung seiner Persönlichkeit heran.

Verstärkt man all seine Stärken, Talente, Begabungen, wird bald niemand mehr von unseren Schwächen, sondern nur noch von unseren Begabungen, Erfolgen und guten Seiten sprechen. Man kann sich dann sogar Fehler leisten!

Dieser Weg – also seine Begabungsreserven zu aktivieren – ist der Weg der Erfolgserlebnisse, auf die kein Mensch ohne Schaden auf Dauer verzichten kann.

Damit sind wir bei der Praxis des Oscar-Schellbach-Systems, nämlich die Zweifel an sich selbst zu ersetzen durch das Gegenteil, den starken Glauben an sich selbst. Diesen Weg zeigen uns die 16 Denkgesetze auf der umliegenden Seite.

Der Platz hier reicht nicht aus, um alle Denkgesetze zu erklären, darum greifen wir nur einige als Anregung und Beispiel heraus. Im 15. Denkgesetz heißt es:

Alle Antriebe in uns existieren aus der Beachtung und hören auf zu sein durch Nichtbeachtung.

Der Erfolg beginnt immer mit dem Wunsch nach Erfolg.

Beachten Sie in Zukunft also mehr Ihre Erfolge statt Ihre Mißerfolge. Beachten – und verstärken Sie damit – auch die kleinen Fortschritte und Erfolge, denn auch das größte Mosaikgemälde besteht aus vielen kleinen Splittern. Eine große Leistung wird auch erst möglich durch viele kleine Erfolge. Überlegen Sie jeden Tag während einiger ruhiger Minuten: Was habe ich heute gut gemacht? Wie kann ich das Gute noch verbessern? Automatisch bekommen Sie so zu Ihrer Arbeit eine viel positivere Einstellung. Erfolgserlebnisse werden dadurch selbstverständlich. Ihr Selbstwertgefühl stabilisiert sich. Sie lernen durch sich selbst und ertragen Kritik anderer viel besser, denn diese werten Sie jetzt auf Hinweise, wo Ihre eigene Arbeit verbessert werden könnte. Damit haben wir auch gleich das erste und wichtigste Denkgesetz angesprochen:

Bewußtsein ist Schöpfung.

Das Bewußtwerden Ihrer Erfolge bewirkt Aktivität, Tätigsein auf vielen Ebenen, denn der heutige Mensch ist vielseitig interessiert. Doch nur wenige interessieren sich für sich selbst, für ihre eigenen Möglichkeiten.

Erkenne dich selbst! sagte schon das Orakel von Delphi. Der richtige Mann am rechten Platz, so heißt es in der Wirtschaft. Sind Sie nun die richtige Person am rechten Platz? Oder arbeiten Sie schon seit Jahren gegen Ihre Natur? Selbsterkenntnis sollte Ihnen hier Ihren ganz persönlichen, ihren individuellen Weg zeigen.

Robert Jungk, der Futurologe, beginnt sein Buch «Der Jahrtausendmensch» mit einem Zitat von Goethe:

«. . . unsere Wünsche sind Vorgefühle der Fähigkeiten, die in uns liegen. Vorboten desjenigen, was wir zu leisten im Stande sein werden. Was wir können und möchten, stellt sich unserer Einbildungskraft außer uns und in der Zukunft dar. Wir fühlen eine Sehnsucht nach dem, was wir im stillen schon besitzen.»

Dieses Zitat sollte sich tief in Ihr Gedächtnis einprägen. Auch hier arbeiten Sie schon wieder mit dem ersten Denkgesetz: Bewußtsein ist Schöpfung.

Der Mensch ist ein Gewohnheitstier. Nun gibt es natürlich nicht nur gute, sondern leider auch negative Gewohnheiten. Nicht unsere guten Absichten, sondern vielmehr unsere negativen Gewohnheiten verhindern unsere Erfolge. Darum lernt ein Meister in der Kunst der Selbstbehandlung, wie er sich neu programmieren kann, wie er neue und bessere Gewohnheiten erwerben kann. Diese neuen Programme werden die Antriebe, die in Zukunft das richtige Erfolgsverhalten automatisch (das heißt unbewußt) steuern. Da aber jeder Fortschritt nur aus der inneren Kraft und Ruhe erwächst, hier zuerst ein Programm, das Ihre innere Gelassenheit, Ruhe und Sicherheit verstärkt:

3 Übungen:

1. Entwicklung innerer Ruhe

Ich atme ganz langsam, ruhig und tief und fühle dabei, wie ich innerlich immer ruhiger werde.

Diese Ruhe ist eine Wohltat für mein Gemüt und meine Nerven, ich fühle es an meinem Herzen. Es schlägt immer gleichmäßiger, immer gelassener, immer entspannter.

Es ist ein wunderbares Gefühl, innerlich ganz ruhig und ganz entspannt zu sein, ganz ruhig und entspannt.

Das kräftigt die Nerven, das macht seelisch stark. Das gibt Kraft und macht innerlich ausgeglichen und harmonisch.

So friedlich und ruhig wie ich atme, so friedlich und ruhig pulst das Blut in mir, so ruhig und friedlich schwingt mein Gemüt. Ich bin in allen Fasern meines Körpers ganz entspannt. Es ist wunderbar, in allen Nerven so gelassen und entspannt zu sein. Das gibt Harmonie in allen Gedanken. Das macht frei von aller Hast und Unruhe und aller Disharmonie.

Ich fühle, wie ich innerlich immer ruhiger und ruhiger werde, ganz ruhig, so wie mein Atem, ganz ruhig, so wie mein Atem, ganz ruhig, ganz ruhig, ganz ruhig . . .

Diesen Text, verehrter Leser, liest man auch tatsächlich ganz ruhig und völlig gelassen, sowohl in Körperhaltung als auch in Atmung und Sprache. Sobald sich diese Gedanken in Ihrem Gedächtnis eingeprägt haben, sobald Sie sie also auswendig können, tritt automatisch innere Ruhe, innere Sicherheit und Gelassenheit ein.

Gesetze des Denkens

16 Kernsätze zur Erschließung der großen Möglichkeiten des schöpferischen Neudenkens.

1. Kernsatz:
Bewußtsein ist Schöpfung
2. Kernsatz:
Anfang und Ursache jeder Erscheinung und Wirkung ist die Idee, als Urbild und Seele der Erscheinungen und Wirkungen
3. Kernsatz:
Dasein erlangt die Idee in der «Werkstatt der Seele» durch unsere eigene Schöpferkraft oder durch äußeren Einfluß
4. Kernsatz:
Die «Werkstatt der Seele» ist das Unterbewußtsein. Dort verdichtet sich die Idee von der einfachen Vorstellung bis zum ausgereiften starken Gedanken, der dadurch zum Wesen mit zielgerichtetem eigenem Willen wird.
5. Kernsatz:
Gedanken, die unser Gefühl beherrschen, lenken und leiten uns, lassen uns siegen oder untergehen
6. Kernsatz:
Aufmerksamkeit ist das Mittel zur Beseelung der Gedanken
7. Kernsatz
Konzentration sammelt und lenkt die Aufmerksamkeit auf bewußtem und unbewußtem Wege

8. Kernsatz:
Wünsche, Interessen, Neigungen, Ängste, Gewohnheiten, Triebe und Leidenschaften lenken unbewußt die Aufmerksamkeit (unbewußte Konzentration)

9. Kernsatz:
Bewußte Konzentration ist Sache von Interesse, Willensfreiheit, Übung und Nervenleistung

10. Kernsatz:
Willensfreiheit ist Kraftfreiheit, Willensschwäche ist Krafthemmung (Wille gesehen als Funktion)

11. Kernsatz:
Im Kampf mit dem Gefühl siegt der Wille durch Kraftwirkung und Anstrengung in den Nerven, daher schwacher Wille bei geringer Nervenkraft

12. Kernsatz:
Kampf gegen die Nerven ist Kampf gegen Wirkungen, daher falscher Krafteinsatz

13. Kernsatz:
Nicht in der Ablehnung, sondern in der Bejahung liegt das Geheimnis größter geistiger Machtentfaltung

14. Kernsatz:
Fortdauernde Behauptung einer Möglichkeit wird zum Glauben und aktiviert dadurch die Kräfte zur Verwirklichung der Behauptung

15. Kernsatz:
Alle Antriebe in uns existieren aus der Beachtung (durch Gegenwirkung) und hören auf zu sein durch Nichtbeachtung (Aufhebung der Gegenwirkung)

16. Kernsatz:
Wiederholung, bewußt oder unbewußt, verstärkt die Antriebe bis zum Automatismus der Vorgänge, begünstigt und bewirkt also Zwangsabläufe körperlicher, geistiger und seelischer Art, und zwar ebensowohl in negativer wie in positiver Hinsicht (Gesetz der Gewohnheit)

Die zweite Neuprogrammierung Ihres Unterbewußtseins wird immer aktiv, dynamisch, überzeugt gesprochen. Und zwar laut:

2. Auch ich habe große Ziele!

Alles, was vor uns entstehen soll, findet seine Ursache in unserem Denken. Ein Gedanke, eine Idee, deren Verwirklichung wir ausdauernd verfolgen, muß schließlich sichtbar in Erscheinung treten.

Auch ich habe große Ziele. Alle Kräfte, die ich zur Verwirklichung meiner Wünsche benötige, schlummern in mir. Durch die Macht der Gedanken werden diese Kräfte zu treuen Helfern bei meinem Werk. Warum sollte ich nicht mehr erreichen, als andere mir zutrauen! Ich wachse mit allen Aufgaben, die ich mir selber stelle. Ich werde mein Ziel erreichen! Ganz bestimmt! Ich fühle meine Kräfte und Fähigkeiten wachsen. Ich glaube an mich und an meine Ziele, so wie alle die Menschen an sich geglaubt haben, die Großes vollbracht haben.

Bei unserer dritten Programmierung geht es noch mehr um die Erfolgsfähigkeiten des täglichen Lebens:

3.z

Sprechen

Wer erfolgreich werden will, muß im Sprechen beherrscht und im Tonfall seiner Stimme absolut sicher sein. Ich weiß, daß für die Macht der Sprache die innere Sicherheit ausschlaggebend ist. Das ist eine Frage des Vertrauens zur eigenen Kraft. Ich kann im Sprechen nur dann sicher sein, wenn ich innerlich sicher bin. Ich bin innerlich sicher, vollkommen sicher und frei von allen Hemmungen!

Bei diesen drei äußerst wichtigen Programmierungen für ein erfolgreiches Leben sollten Sie wieder nach den Denkgesetzen arbeiten.

Im 14. Denkgesetz heißt es: Fortdauernde Behauptung einer Möglichkeit wird zum Glauben und aktiviert dadurch die Kräfte zur Verwirklichung dieser Behauptung.

Im 16. Denkgesetz heißt es: Wiederholung – bewußt oder unbewußt – verstärkt die Antriebe bis zum Automatismus der Vorgänge, begünstigt und bewirkt also Zwangsabläufe körperlicher, geistiger und seelischer Art, und zwar ebenso in negativer wie in positiver Hinsicht.

Durch das Wiederholen dieser positiven Programmierungen entstehen und verstärken sich in Ihrem Unterbewußtsein starke positive Antriebe. Wie sollte nun diese Arbeit in der Praxis aussehen? Wie wird man ein Meister in der Kunst der Selbstbehandlung? Sie nehmen sich für einen Monat nur einen Text vor. Zunächst nehmen Sie das Programm zur Entwicklung innerer Ruhe und zur Stärkung Ihrer Konzentrationsfähigkeit vor und lesen es einmal täglich viermal hintereinander mit einer warmen, weichen, ruhigen und suggestiven Stimme vor. Nach einigen Tagen können Sie das Programm auswendig. Erst wenn Sie die Programmierung auswendig können, wird sich die Wirkung zeigen.

Beim zweiten und dritten Programm verfahren Sie ähnlich. Sie stellen sich mitten in einen Raum, nehmen Ihr Programm in die Hand und lesen diesen Text viermal hintereinander kräftig beseelt, betont und voller Dynamik vor. Nach einigen Tagen können Sie auch dieses neue Programm auswendig. Trotzdem wird weitergeübt. Mindestens 4 Wochen lang täglich mit dem gleichen Text. Immer stellen Sie sich mitten ins Zimmer und sprechen viermal hintereinander kräftig, überzeugt und dynamisch. Erst nach frühestens einem Monat beginnen Sie dann das dritte Programm. Auch das mindestens 28 Tage täglich viermal hintereinander laut, sinngemäß betont, voller Überzeugung trainieren.

Sie werden erleben, wie sich Ihre gesamte Persönlichkeitsstruktur von innen her verändert und wie viele Erfolge sich jetzt automatisch einstellen.

Die Kunst der Menschenbehandlung

Unsere Mitmenschen sind keine Gedankenleser.

Wer es gelernt hat, sich selbst positiv zu beeinflussen, hat damit auch gleichzeitig die Möglichkeit, andere günstig zu beeinflussen. Damit sind wir bei der zweiten Säule des Oscar-Schellbach-Systems: die Kunst der Menschenbehandlung. Kein Erfolg ist möglich ohne die Hilfe des anderen, des Nächsten. Dazu aber brauchen wir Achtung, Vertrauen und Zuneigung.

Achtung, Vertrauen und Zuneigung aber sind kein Produkt des Zufalls, sondern können durch Training erworben werden. Dazu wieder 2 Beispiele:

1. Stellen Sie sich vor: Die Tür geht auf und ein gehemmter Mensch tritt ein. Wie verhält er sich? Malen Sie sich eine solche Person und Szene einmal genau aus. Stellen Sie sich seine gebeugte Haltung – also seine eindeutige Körpersprache –, seine unsichere Stimme, seine entschuldigenden Worte, sein linkisches Gehabe genau vor.
2. Noch einmal geht die Tür auf und ein selbstbewußter Mensch tritt ein. Worin liegt der Unterschied?

Wie treten Sie auf?

Wir beschäftigen uns mit der Psychologie des ersten Eindrucks und stellen fest, daß dieser erste Eindruck entsteht

☐ durch unser Verhalten
  (Körpersprache),
☐ durch unsere Augen,
☐ durch unsere Sprache.

Drei Dinge also, die man verbessern und trainieren kann. Auch hier gilt: Von nichts kommt nichts. Rhetorik nimmt daher im Oscar-Schellbach-System einen besonderen Rang ein. Hier wird Rhetorik ganz neu, ganz progressiv formuliert: Rhetorik ist die Lehre von der Wirkung des Menschen.

Es kommt nun darauf an, uns bewußt zu machen, wie der Mensch seine Wirkung steigern kann. Die charismatische Begabung ist für das Oscar-Schellbach-System keine Zufallserscheinung, sondern kann von jedem Menschen entfaltet werden. Nicht umsonst sprechen wir von der Macht der Persönlichkeit. Durch Arbeit an sich selbst ist es möglich, das Auftreten, die Haltung und die Gestik und Mimik zu verändern. Der unstete und unruhige Blick kann fest, ruhig und sicher werden. Auch die Stimme des Menschen kann sich verändern. Der nervöse Mensch hat eine nervöse Stimme. Der zornige Mensch hat eine zornige Stimme. Der gelassene Mensch hat eine beherrschte Stimme. Der ruhige und sichere Mensch hat auch eine ruhige, ja beruhigende und sichere Stimme. Die Stimme kommt aus dem Innern. Sie spiegelt die Stimmungslage.

Wer an seiner Stimme arbeitet und sie verändert, verändert auch seine Persönlichkeit. Sie erinnern sich an Rainer Barzel. Wir behaupten, er hätte die Wahl damals gewonnen, wenn seine Stimme zwei Töne dunkler gewesen wäre. Wie war denn seine Stimme? Hell, scharf, bestimmt und aggressiv. Eine dunkle Stimme aber strahlt mehr Ruhe, Sicherheit und Gelassenheit aus und erzeugt Sympathie. Damit haben wir einen weiteren entscheidenden Punkt des Oscar-Schellbach-Systems.

Der Tempel der tausend Spiegel

Wenn der Mensch ein Produkt seiner Umwelt ist, dann sind wir für unsere Mitmenschen Umwelt. Das heißt: Wir bestimmen, wie andere uns behandeln. Sie erkennen daraus, wie wichtig es ist, an sich selbst zu arbeiten, und daß es sich lohnt, an sich selbst zu modellieren und sich zu einer starken und dynamischen Persönlichkeit zu entwickeln.

Lassen Sie uns diese kurze Einführung in das Oscar-Schellbach-System abschließen mit einem alten indischen Märchen, dem Märchen vom Tempel der tausend Spiegel:

Eines Tages besuchte in Indien ein Hund den Tempel der tausend Spiegel. Nach wochenlanger Wanderung gelangte er zu diesem Gebäude, stieg die hohen Stufen hinauf, ging durch die Drehtür, betrat den Tempel der tausend Spiegel, schaute in die tausend Spiegel, sah tausend Hunde, knurrte und bekam Angst. Tausend Hunde knurrten zurück. Mit eingekniffenem Schwanz verließ der Hund den Tempel in dem Bewußtsein: Die Welt ist voller böser Hunde. Er hat diesen Tempel nie wieder betreten.

14 Tage später kommt ein anderer Hund in den gleichen Tempel. Auch er steigt die Stufen empor, geht durch die Drehtür und betritt den Tempel der tausend Spiegel, sieht in den tausend Spiegeln tausend andere Hunde, freut sich und wedelt mit dem Schwanz. Und tausend Hunde freuen sich und wedeln zurück. Dieser Hund verläßt den Tempel in dem Bewußtsein: Die Welt ist voller freundlicher Hunde.

Fazit:

Nichts ändert sich – außer wir ändern uns! In dem Moment, wo Sie sich positiv verändern, wandelt sich auch Ihre Umwelt. Die Welt ist nur ein Spiegelbild unserer selbst. Lachen Sie die Welt an – und sie strahlt zurück! (NIC. B. ENKELMANN)

Literaturverzeichnis

Arlt, Fritz:
In den Wind geredet,
Schule der Rhetorik und Dialektik,
Deutsche Industrieverlags-GmbH,
Köln.

Beelich/Schwede:
Denken – Planen – Handeln,
Vogel-Buchverlag, Würzburg.

Breuer, Edmond:
Selbstgestaltung – Methode und
Arbeitshilfen
Im Selbstverlag des Autors: Edmond
Breuer, Postfach 88, CH-1211 Genf 7
(Servette), Schweiz.

Dröll/Jaensch:
Der Aufwärtsknick,
Verlag Moderne Industrie, München.

Fermer, Henry:
Wie verbessere ich meine Arbeits-
technik?
Taylorix-Fachverlag, Stuttgart.

Gross, Herbert:
Die Chancen ändern sich – Gedanken
zum Wachstum,
Econ-Verlag, Düsseldorf.

IFA-Arbeitsmappe:
Institut für Führungs- und Arbeitsmethodik, Schriesheimer Straße 11,
6900 Heidelberg.

Kenneth, C. Hutchin:
Die Gesundheit der Führungskräfte,
Econ-Verlag, Düsseldorf, Wien.

Kröber, Keneth:
Die Auslese der Begabten,
Düsseldorf.

Lauterbach, Eberhard:
Planung für Krisen.

Lay, Ruppert:
Dialektik für Manager,
Verlag Langen-Müller/Herbig,
München.

Lindemann, Dr. med., H.:
Überleben im Streß, Autogenes
Training,
Bertelsmann-Ratgeberverlag,
Gütersloh.

Plant, H. G.:
Krisenmanagement,
in Management-Enzyklopädie,
Fischer Taschenbuch-Verlag.

Ruhleder, Rolf H.:
Rhetorik – Kinesik – Dialektik,
Verlag wwt, Bad Harzburg.

Schellbach, Oscar:
7mal Lebenskunst,
Oscar-Schellbach-Verlag,
Baden-Baden.

Schlicksupp, Helmut:
Innovation, Kreativität & Ideen-
findung,
Vogel-Buchverlag, Würzburg.

Stangl, Anton:
Das Buch der Verhandlungskunst,
Econ-Verlag, Düsseldorf.

Stefanic-Allmayer, Karl:
Die Technik der Entscheidungsbildung,
Verlag Moderne Industrie, München.

Weilmann, Gottfried:
Arbeitstechnik im Büro,
Verlag des Schweizerischen kauf-
männischen Vereins, Zürich.

Stichwortverzeichnis